Justice médicale et offre sanitaire

Murphy Kelvy MBERI

Justice médicale et offre sanitaire

L'Harmattan
Congo-Brazzaville

219, Avenue Nelson Mandela; Brazzaville

http:// www.harmattan-congo.com

ISBN : 978-2-336-57452-3
EAN : 9782336574523

Remerciements

Mes remerciements s'adressent à toutes celles et à tous ceux qui, de près ou de loin, ont contribué à l'élaboration de cette œuvre consacrée au droit de la santé. Je pense tout particulièrement à mes compagnons de lutte, ces vaillants soldats avec lesquels nous avons mené le combat contre l'ignorance sur le front de la faculté de droit de Brazzaville. Leur engagement, leur solidarité et leur persévérance ont été une source constante d'inspiration.

Ma gratitude s'étend aussi à la grande famille judiciaire, à laquelle j'appartiens avec fierté. Magistrats, greffiers, avocats, experts médicaux, universitaires et autres acteurs du monde du droit, vous êtes pour moi une communauté de rigueur, de sagesse et de responsabilité, qui m'inspire chaque jour à œuvrer pour une justice humaine et éclairée.

A la grande Promotion Emergence (Cameroun-Congo), symbole de fraternité et d'amour. Sans oublier la grande association Cameroun uni.

Je n'oublie pas ma famille, pilier discret mais essentiel, dont le soutien moral, les sacrifices et la confiance ont été d'un secours inestimable à chaque étape de ce chemin. Que chacun d'eux trouve ici l'expression sincère de ma reconnaissance.

SOMMAIRE

Préface

La justice médicale constitue l'un des domaines les plus sensibles où le droit croise la science, où l'humain rencontre la technique, et où les institutions judiciaires se trouvent confrontées à des situations de détresse, de souffrance ou de perte. Dans un monde où la santé devient un enjeu majeur de société, il est plus que jamais nécessaire de penser la médecine à la fois comme un art de guérir, et comme un espace de responsabilité, de transparence et de justice. C'est dans cette perspective que s'inscrit le présent ouvrage, « Justice médicale et offre sanitaire », qui vient éclairer avec rigueur les relations complexes entre l'univers médical et l'ordre juridique.

L'auteur nous invite à pénétrer au cœur de l'expertise médico-légale, outil fondamental de vérité dans les procédures judiciaires. Il met en lumière la manière dont les preuves issues du monde médical, qu'elles soient cliniques, biologiques ou post-mortem, participent à l'administration de la justice. Chaque chapitre révèle l'importance de la précision scientifique dans la recherche des responsabilités, tout en rappelant que la santé, bien qu'encadrée par la technique, reste d'abord une réalité humaine, marquée par la vulnérabilité et l'incertitude.

Le livre se distingue par sa capacité à articuler des concepts juridiques pointus avec des situations pratiques rencontrées dans les prétoires comme dans les hôpitaux. Il souligne les défis spécifiques rencontrés dans les systèmes judiciaires africains, notamment le manque de structures médico-légales, l'insuffisance des formations spécialisées et les obstacles à une justice équitable en matière de contentieux médicaux. À travers une analyse méthodique, il propose des pistes concrètes pour réconcilier le droit et la médecine au service du justiciable.

Loin d'être un simple manuel technique, cet ouvrage est un plaidoyer pour une justice humaine, respectueuse de la dignité des patients, mais aussi attentive aux droits des professionnels de santé. Il appelle à une réforme systémique, qui tienne compte des réalités locales, tout en s'inspirant des standards internationaux en matière d'expertise médicale, de procédure contradictoire et de respect des droits fondamentaux.

Ce livre s'adresse aux magistrats, avocats, médecins, experts, étudiants, mais aussi à tous ceux qui, soucieux de l'équité et de la vérité, croient encore à une justice capable de réparer, de protéger et d'honorer la vie. Qu'il serve de repère et d'outil à tous les acteurs du système judiciaire et sanitaire, afin que la vérité scientifique soit toujours mise au service de la vérité judiciaire, dans le respect des principes fondamentaux de l'État de droit.

Murphy Kelvy MBERI

AVANT-PROPOS

Le présent ouvrage, intitulé Justice médicale et offre sanitaire, s'inscrit dans une démarche de valorisation d'un domaine du droit encore trop peu exploré dans les cursus juridiques classiques. Pourtant, à l'intersection du droit et de la médecine, ces matières soulèvent des enjeux fondamentaux liés à la protection de la vie, de l'intégrité physique, des droits des patients, et à la responsabilité des professionnels de santé.

Dans une époque où la judiciarisation croissante des actes médicaux est une réalité, il devient essentiel que les juristes soient formés aux mécanismes de la preuve en contexte médical. De même, les professionnels de santé doivent comprendre les implications juridiques de leurs actes, afin d'assurer une meilleure sécurité juridique pour eux-mêmes et pour leurs patients. Le dialogue entre le droit et la médecine est donc non seulement souhaitable, mais nécessaire.

Ce livre entend poser les fondations d'une réflexion rigoureuse sur les relations entre la justice et la médecine. Il s'articule autour de cas concrets, d'analyses doctrinales et de commentaires jurisprudentiels, avec pour ambition d'offrir aux lecteurs des repères clairs, pratiques et accessibles. L'approche est à la fois académique et pragmatique, adaptée aux besoins des professionnels de terrain comme à ceux du monde universitaire.

Nous espérons que cet ouvrage permettra de susciter une prise de conscience sur les lacunes actuelles de la formation et de la pratique dans ce domaine. En effet, la justice médicale n'est pas uniquement l'affaire des experts ou des spécialistes : elle interpelle tous ceux qui concourent, de près ou de loin, à la défense des droits fondamentaux en matière de santé.

Ce travail s'adresse principalement aux magistrats, avocats, médecins, experts judiciaires, mais aussi aux étudiants en droit et en médecine, appelés à jouer un rôle clé dans la consolidation de ce champ disciplinaire. Il leur offre une base de réflexion et d'action pour mieux appréhender les litiges médicaux et comprendre les spécificités de la preuve scientifique dans le procès.

Enfin, que cet ouvrage serve à ouvrir un espace de dialogue entre le droit et la médecine, entre la justice et la vérité scientifique, dans le respect des principes éthiques et des droits humains. Puisse-t-il contribuer, modestement mais résolument, à une justice plus éclairée, plus humaine et plus efficace dans le domaine de la santé.

INTRODUCTION

L'article 36 de la Constitution congolaise[1] du 25 octobre 2015 dispose que « L'Etat est garant de la santé publique… ». L'État congolais, en sa qualité de garant de la santé publique, porte l'obligation morale, juridique et institutionnelle de veiller à ce que chaque citoyen bénéficie d'un accès effectif à des soins de qualité, traduisant ainsi l'engagement de la puissance publique à préserver la dignité humaine par une politique sanitaire juste et inclusive.

En tant que garant moral, juridique et institutionnel du bien-être de sa population, l'État congolais se doit de consacrer, chaque année, un budget conséquent à la santé publique. Cette responsabilité implique la mise en place d'une offre sanitaire adéquate, accessible et de qualité, capable de répondre efficacement aux besoins de tous les citoyens. Un tel engagement financier traduit non seulement le respect des droits fondamentaux à la santé, mais aussi la volonté politique de bâtir un système de santé.

La participation active de la République du Congo à de nombreux événements internationaux portant sur les questions de santé témoigne de son engagement à améliorer l'offre sanitaire nationale. Cette présence sur la scène mondiale permet au pays de s'aligner sur les standards internationaux, de bénéficier d'échanges d'expertise, de renforcer ses partenariats stratégiques et d'accéder à des ressources techniques et financières. Elle illustre une volonté politique affirmée de moderniser le système de santé congolais et de répondre efficacement aux besoins croissants de la population en matière de soins de qualité.

Lors de la conférence d'Abuja tenue au Nigeria en avril 2001[2], marquée par la présence de la République du Congo, les chefs d'États africains ont pris un engagement historique : consacrer au moins 15 % de leurs budgets nationaux au financement du secteur de la santé. Cette déclaration, connue sous le nom « d'Engagement d'Abuja », visait à inverser la tendance dramatique de la sous-finance sanitaire en Afrique et à répondre de manière plus efficace aux défis posés par les grandes pandémies telles que le VIH/SIDA, la tuberculose et le paludisme. Elle marquait une prise de conscience collective de l'importance stratégique de la santé publique pour le développement durable des nations africaines.

---

[1] Article 36 de la Constitution congolaise du 25 octobre 2025

[2] Organisation de l'Unité Africaine (OUA), Déclaration d'Abuja sur le VIH/SIDA, la tuberculose et d'autres maladies infectieuses, Abuja, Nigeria, 24-27 avril 2001.

Cet engagement s'inscrivait également comme un acte de réparation face aux conséquences néfastes des Programmes d'Ajustement Structurel (PAS)[3] imposés par les institutions financières internationales dans les années 1980 et 1990. Ces réformes, souvent menées sans considération suffisante pour les réalités sociales des pays africains, ont conduit à une réduction drastique des dépenses sociales, en particulier dans les domaines de la santé et de l'éducation. La déclaration d'Abuja a ainsi représenté une volonté politique de rompre avec cette logique austéritaire, en reconnaissant la santé comme un droit fondamental et un levier de développement humain et économique.

Malheureusement, plus de deux décennies après la Déclaration d'Abuja, de nombreux pays africains peinent encore à respecter l'engagement de consacrer 15 % de leur budget national à la santé. Les priorités budgétaires restent souvent orientées vers des secteurs jugés politiquement plus visibles ou stratégiques, reléguant la santé publique au second plan. Dans certains États, les dépenses réelles allouées à la santé ne dépassent pas 5 % du budget, compromettant gravement les capacités des systèmes de santé à répondre aux besoins croissants des populations.

Cette situation a pour conséquence directe une offre sanitaire extrêmement faible, aussi bien en milieu urbain que rural. Les infrastructures hospitalières sont délabrées, mal équipées, et souvent en rupture de médicaments essentiels. Le personnel soignant, démotivé par des conditions de travail précaires, est en sous-effectif chronique. L'accès aux soins devient alors un parcours d'obstacles pour les citoyens, en particulier les plus vulnérables, qui doivent parfois parcourir de longues distances ou recourir à des systèmes informels, au péril de leur santé.

Ainsi, l'hôpital africain se retrouve dans une pauvreté structurelle[4], symptôme d'une gouvernance sanitaire insuffisante et d'un manque de volonté politique soutenue. Pendant ce temps, les populations subissent au quotidien les conséquences de cette fragilité : décès évitables, épidémies mal contenues, absence de soins spécialisés et précarité sanitaire généralisée. Ce drame silencieux appelle un sursaut collectif, afin que l'engagement d'Abuja ne reste pas lettre morte, mais devienne enfin une réalité tangible au service de la dignité et de la vie humaine.

---

[3] Banque mondiale et Fonds monétaire international, Les Programmes d'ajustement structurel : politique, mise en œuvre et impact social en Afrique, Washington D.C., 1994 ; voir aussi : Cornia, G.A., Jolly, R., & Stewart, F., Ajustement avec un visage humain : la protection des personnes vulnérables, UNICEF, Oxford University Press, 1987.

[4] Ridde, V. & Dagenais, C. (dir.), Les systèmes de santé en Afrique francophone : l'expérience des réformes et des politiques publiques, Les Presses de l'Université de Montréal, 2012 ; voir aussi : Organisation mondiale de la Santé (OMS), Renforcement des systèmes de santé en Afrique : défis et perspectives, Genève, 2010.

L'inaction de la justice médicale face aux conséquences des Programmes d'Ajustement Structurel (PAS[5]) constitue l'une des faillites éthiques et juridiques majeures de notre époque, traduisant un recul manifeste des droits fondamentaux, en particulier le droit à la santé et le droit à la vie. Alors que les réformes économiques ont affaibli les systèmes de santé publique et rendu l'accès aux soins conditionné par le pouvoir d'achat, aucun cadre juridico-sanitaire efficace n'a été mobilisé pour protéger les populations vulnérables. Cette passivité a favorisé l'enracinement d'un modèle inégalitaire et injuste, contraire aux principes des droits de l'homme.

La justice médicale, entendue ici comme l'ensemble des mécanismes juridiques et institutionnels destinés à garantir l'équité en santé, n'a ni contesté la marchandisation des soins ni dénoncé les politiques sanitaires discriminatoires instaurées par les PAS. L'absence de recours judiciaires, de litiges stratégiques ou de mobilisation des ordres professionnels de santé montre à quel point l'appareil juridique est resté silencieux face à une crise qui frappait les couches les plus démunies. Ce mutisme a permis une normalisation de la souffrance évitable, trahissant ainsi les obligations positives des États en matière de droits économiques, sociaux et culturels.

Ce recul des droits humains appelle à une réappropriation urgente du droit à la santé, qui ne peut plus être considéré comme une simple aspiration mais comme une exigence normative contraignante. Le droit international des droits de l'homme, notamment à travers le Pacte international relatif aux droits économiques, sociaux et culturels (PIDESC)[6], impose aux États de garantir l'accès aux soins de santé sans discrimination et dans des conditions de dignité. La faiblesse des réactions judiciaires face à la dégradation sanitaire des années PAS souligne la nécessité de renforcer les mécanismes de

---

[5] Le Programme d'Ajustement Structurel (PAS) est un ensemble de réformes économiques imposées ou recommandées par des institutions financières internationales comme le Fonds Monétaire International (FMI) et la Banque mondiale, principalement à partir des années 1980. Ces programmes visaient à redresser les économies des pays en développement confrontés à de graves déséquilibres macroéconomiques (endettement, inflation, déficit budgétaire). Le PAS imposait des mesures de rigueur budgétaire, de réduction des dépenses publiques, de libéralisation des marchés, de privatisation des entreprises publiques et de suppression des subventions. Cependant, les conséquences sociales et politiques des PAS ont souvent été sévères. Dans de nombreux pays africains, ces programmes ont entraîné un affaiblissement de l'État providence, une hausse du chômage, une dégradation des services publics (éducation, santé), et une accentuation des inégalités sociales. Les PAS ont été critiqués pour avoir privilégié les équilibres macroéconomiques au détriment du développement humain, sans tenir suffisamment compte des spécificités nationales. Cela a conduit à une remise en question de leur efficacité, et à la recherche de politiques de développement plus inclusives et respectueuses des souverainetés nationales.

[6] Nations Unies, Pacte international relatif aux droits économiques, sociaux et culturels, adopté par l'Assemblée générale des Nations Unies dans sa résolution 2200 A (XXI) du 16 décembre 1966, entré en vigueur le 3 janvier 1976, article 12.

justiciabilité du droit à la santé, notamment par la création de recours spécifiques, de juridictions sociales et de normes nationales précises.

La justice médicale doit aussi se positionner comme un contre-pouvoir capable de freiner toute dérive technocratique, qu'elle vienne des institutions internationales ou des gouvernements nationaux. En cela, elle doit participer à la refondation d'un pacte social où la santé n'est plus une marchandise, mais un pilier de la dignité humaine. En réalité, la réappropriation du droit à la santé et du droit à la vie implique une réconciliation entre économie et justice, entre politique publique et droits fondamentaux. Cela passe par une éducation juridique des professionnels de santé, une mobilisation des juges, et un renforcement des capacités des citoyens à revendiquer leurs droits. Ce combat pour la justice médicale est non seulement une exigence morale, mais aussi une condition indispensable à l'édification d'États africains véritablement souverains, humains et résilients.

Au demeurant, la justice médicale trouve ses racines dans les premières civilisations organisées, où la relation entre le soignant et le patient était déjà encadrée par des règles strictes. Dans l'Antiquité, la médecine n'était pas simplement un art de guérir, mais un acte social soumis à des normes juridiques. L'un des exemples les plus anciens et emblématiques se trouve dans le Code d'Hammourabi[7], rédigé vers 1750 av. J.-C. en Mésopotamie. Ce texte législatif imposait des sanctions sévères aux médecins : si un praticien causait la mort de son patient lors d'une opération, il pouvait lui-même être mis à mort, en vertu du principe de réciprocité. Ainsi, la responsabilité médicale était directement engagée, avec une vision punitive et exemplaire.

Cette rigueur témoigne d'une volonté précoce de réguler l'acte médical et de protéger la vie humaine, bien que les sanctions fussent extrêmement sévères selon les standards contemporains. L'idée sous-jacente était de garantir la qualité des soins et la confiance du public dans les thérapeutes. Au fil des siècles, cette justice médicale a évolué vers des formes plus équilibrées, intégrant la notion de faute, d'expertise et de proportionnalité des peines. Toutefois, l'exemple du Code d'Hammourabi reste une référence historique marquante sur la manière dont les sociétés anciennes concevaient la responsabilité médicale.

Au XXe siècle, l'affaire Dame Foucault[8] a marqué un tournant majeur dans l'histoire de la justice médicale en France. Cette affaire impliquait le docteur Héli, accusé d'avoir provoqué la naissance de l'enfant d'une patiente

---

[7] Articles 218, 219 et 220 du Code d'Hammourabi[7], rédigé vers 1750 av. J.-C

[8] L'affaire de l'enfant Foucault nous replonge au cœur de la France rurale, en plein XIXe siècle. C'est l'histoire d'un accouchement qui a mal tourné. Celle aussi d'un médecin qui, appelé en urgence, sauvera la mère d'une mort certaine. Le bébé lui, naîtra vivant mais lourdement handicapé. Il s'ensuivra un procès, le premier en obstétrique ayant débouché sur la mise en cause de la responsabilité médicale.

lourdement handicapée. L'affaire a suscité une vive controverse, notamment en raison de l'opposition farouche de la faculté de médecine de Paris, qui considérait que la justice ne devait pas s'immiscer dans le champ réservé aux médecins. Cet épisode a mis en lumière les tensions entre l'autorité judiciaire et le corps médical, alors fortement corporatiste.

Face à ces pressions, le juge en charge de l'instruction fit preuve d'une fermeté remarquable, refusant de céder à l'influence des sommités médicales. Sa détermination à faire triompher la vérité judiciaire sur les intérêts de la profession médicale a permis la tenue d'un procès équitable, qui s'est soldé par la condamnation du docteur Héli. Ce jugement a relancé le débat sur la responsabilité des médecins, affirmant le principe selon lequel nul n'est au-dessus de la loi, pas même le praticien, et que l'erreur médicale peut être soumise au contrôle du juge. Cette affaire a ainsi contribué à poser les bases d'une véritable responsabilité médicale en droit moderne.

Devant un monde en perpétuelle mutation, où les avancées technologiques bouleversent les pratiques médicales et redéfinissent les rapports entre soignants et soignés, la justice médicale s'impose comme un rempart essentiel contre la déshumanisation[9]. Dans un contexte où l'intelligence artificielle, la robotisation des soins ou encore la marchandisation de la santé menacent de réduire le patient à un simple objet de traitement, elle rappelle que la médecine ne saurait se détacher de son fondement éthique : le respect de la dignité humaine. Par son action, elle garantit que les progrès scientifiques ne se fassent pas au détriment des valeurs fondamentales.

Plus qu'un mécanisme de sanction, la justice médicale joue le rôle de gardien de la mémoire morale de l'humanité. Elle permet à la société de fixer des limites, de reconnaître les fautes, mais aussi d'encourager une médecine responsable, juste et humaine. En intervenant lorsqu'il y a transgression, elle réaffirme la place centrale de la conscience dans l'acte médical. Ainsi, dans un monde en quête d'efficacité et de rentabilité, elle demeure une force d'équilibre, préservant le lien de confiance entre le citoyen et l'institution médicale.

Cela s'explique par le fait que le droit à la vie occupe une place centrale et indiscutable au sommet de la hiérarchie des droits fondamentaux. Il est la condition première de l'exercice de tous les autres droits, car sans vie, aucun autre droit ne peut être revendiqué ni garanti. Sa protection constitue, à ce titre, une exigence morale, juridique et politique à laquelle doivent se soumettre toutes les sociétés civilisées. Le droit médical, quant à lui, s'inscrit comme un serviteur fidèle et infatigable de ce droit suprême. Il est au croisement du droit

---

[9] Fassin, Didier, La raison humanitaire. Une histoire morale du temps présent, Éditions Hautes Études/Gallimard/Seuil, 2010 ; voir aussi : P. Mbadu-Kitengie, Bioéthique et justice sanitaire en Afrique subsaharienne, Karthala, Paris, 2016.

et de l'éthique, animant sans relâche la mission de sauvegarde de la vie humaine dans toutes ses dimensions. Il ne se limite pas à l'encadrement des pratiques médicales ; il participe activement à la construction d'un environnement juridique protecteur du patient, garantissant l'accès aux soins, le respect de la dignité humaine et la lutte contre les discriminations sanitaires.

Lorsque les normes juridiques classiques se heurtent aux complexités de la souffrance humaine ou aux urgences vitales, le droit médical sait s'adapter. Il transcende les frontières rigides du droit positif, parfois même en brisant des règles anciennes ou en contournant certaines normes nationales ou internationales, dans l'unique but de préserver la vie. C'est cette capacité à évoluer, à réformer et à anticiper les besoins de la société qui fait du droit médical un droit en perpétuelle transformation.

Ce caractère dynamique se manifeste notamment dans les domaines sensibles comme la bioéthique, la procréation médicalement assistée, la fin de vie, ou encore la gestion des pandémies. Chaque avancée médicale ou scientifique devient un défi juridique que le droit médical relève, souvent dans l'urgence, mais toujours avec la volonté de concilier progrès scientifique et respect de la vie humaine. Le droit médical ne se contente pas de suivre le droit à la vie : il l'accompagne, le défend, et parfois même le devance. En cela, il devient bien plus qu'un outil juridique : il est une conscience active au service de l'humanité, rappelant sans cesse que toute norme, aussi rigide soit-elle, doit s'incliner devant la prééminence de la vie.

Le droit médical a pour vocation de préserver la dimension naturelle et humaine de l'être humain[10]. Il ne se limite pas à encadrer les pratiques de soin ou les innovations biomédicales ; il s'efforce de maintenir un équilibre entre progrès scientifique et respect de l'intégrité biologique de la personne. En ce sens, il veille à ce que l'homme ne soit jamais réduit à un simple objet d'expérimentation ou de satisfaction personnelle. Il s'oppose ainsi à toute manipulation des tissus humains qui ne reposerait que sur des désirs individuels ou des logiques consuméristes. Le droit médical reconnaît que la vie humaine, dans sa composante biologique, n'est pas une matière à modeler selon les caprices de la société moderne. De telles pratiques doivent rester l'exception, et non la règle, et ne peuvent être admises que si elles sont profondément enracinées dans une légitimité éthique, sociale et culturelle.

Cette exception, pour être recevable, doit épouser l'assentiment des us et coutumes de la société concernée. Il est impératif que toute avancée biomédicale, aussi louable soit-elle, soit d'abord soumise à l'évaluation des valeurs locales, du droit coutumier et des croyances collectives. Le droit

---

[10] Jean-Marie Auby, Le droit médical. Principes, portée et finalités, Presses Universitaires de France (PUF), 2005 ; voir aussi : Patrice Rolland, Droit de la santé, Dalloz, 2018.

médical, dans un contexte africain notamment, ne peut se construire en rupture avec les fondements anthropologiques et spirituels des peuples.

Prenons l'exemple de la procréation médicalement assistée (PMA). Elle ne doit pas être envisagée comme une réponse automatique à un désir individuel de maternité ou de paternité. Elle ne saurait être justifiée par une logique de consommation médicale. La PMA doit être perçue et encadrée comme un acte collectif et solidaire, dont l'acceptabilité repose sur un large consensus populaire, fruit d'un dialogue ouvert avec la société civile, les autorités morales et les traditions locales. Car en l'absence de cette adhésion sociale, le risque est grand : celui de voir les enfants issus de ces techniques rejetés ou stigmatisés dans une société encore réticente à l'idée de manipulation des éléments constitutifs de la vie. Le droit médical, en tant que gardien de la cohésion sociale et de la dignité humaine, doit donc poser des limites claires, en tenant compte à la fois de la science et de l'âme des peuples.

En réalité, les problèmes qui émergent dans le champ médical et qui touchent à la fois la dimension humaine, éthique et technique de la santé sont traités par la justice médicale, une branche du droit qui veille à l'équilibre entre les droits des patients, les obligations des professionnels de santé et les impératifs de sécurité sanitaire. Elle intervient en cas de litiges médicaux, d'erreurs de soins, de fautes professionnelles ou de violations des droits fondamentaux liés à la santé, garantissant ainsi que toute atteinte à l'intégrité physique ou morale soit examinée à la lumière des principes de responsabilité, de réparation et d'équité.

En effet, la justice médicale désigne l'ensemble des mécanismes juridiques qui permettent de régler les litiges liés aux actes médicaux et à la pratique de la médecine. Elle intervient lorsque survient un différend entre un patient et un professionnel de santé, par exemple en cas d'erreur médicale, de faute professionnelle, de défaut de consentement ou de non-respect des droits du patient. Cette justice peut être rendue par des juridictions civiles (pour obtenir réparation), pénales (en cas d'infraction) ou encore disciplinaires (devant les instances professionnelles comme l'Ordre des médecins).

Elle joue un rôle essentiel dans la protection des droits des patients tout en garantissant le respect des règles déontologiques par les professionnels de santé. La justice médicale contribue également à renforcer la confiance dans le système de santé en assurant qu'en cas de manquement ou de dommage, des recours sont possibles et que les responsabilités peuvent être établies de manière équitable.

Lorsqu'elle est saisie pour trancher un litige, la justice médicale commence par vérifier l'existence d'un lien contractuel de soins entre les parties[11]. Ce

[11] Gérard Mémeteau, Droit médical, 10e éd., LGDJ, 2018, p. 345 ; voir aussi : Jean-Marie Auby, Introduction au droit médical, PUF, 2005.

lien constitue le fondement juridique de la relation entre le patient et le professionnel de santé. Il permet de situer les obligations réciproques et d'apprécier les manquements éventuels à ces obligations.

Une fois l'analyse porte en priorité sur les éléments constitutifs du contrat : le consentement libre et éclairé du patient, la capacité juridique des parties à contracter, l'objet licite et déterminé du contrat (en l'occurrence l'acte médical ou la prise en charge), ainsi que la cause, c'est-à-dire la raison légitime qui justifie l'engagement des deux parties. En l'absence de l'un de ces éléments, le contrat peut être contesté, voire annulé. Le consentement du patient, en particulier, revêt une importance capitale en droit médical. Il doit être donné en toute connaissance de cause, après une information complète, loyale et compréhensible sur les risques, les bénéfices et les alternatives du traitement proposé. Toute atteinte à ce principe peut engager la responsabilité du professionnel de santé.

Déjà l'arrivée d'un patient dans un hôpital ou une clinique constitue en elle-même une demande de soins, formulée implicitement par sa présence et sa volonté d'être pris en charge. Cette demande entre immédiatement en résonance avec l'offre de soins émise par l'établissement de santé, dont la seule existence manifeste une disponibilité à recevoir et à traiter les patients. Ce principe s'inscrit dans la logique du service public ou de l'offre privée de santé, régie par le devoir d'accueil et de diligence. Dès lors, la relation contractuelle naît de manière quasi automatique, même en l'absence de formalisation écrite. Cette relation engage l'établissement et son personnel, qui se voient dans l'obligation de fournir des soins appropriés ou, à défaut, d'orienter le patient vers une structure capable de répondre à son besoin. Le patient, en tant que partie vulnérable, est protégé par ce lien juridique implicite, mais juridiquement reconnu.

Si le personnel soignant tarde à intervenir, refuse de recevoir le patient ou fait preuve de négligence manifeste, un tel comportement est qualifié de faute contractuelle[12]. Cette faute engage la responsabilité de l'établissement de santé et de ses agents, notamment en cas de préjudice causé par l'absence de soins ou un retard injustifié dans la prise en charge. La jurisprudence reconnaît la gravité de telles situations, en particulier lorsque la santé ou la vie du patient est compromise. Un exemple typique est celui de la non-assistance à personne en danger, qui peut être retenue à l'encontre de professionnels de santé ayant manqué à leur devoir d'intervention. Dans ces cas, le droit médical ne se contente pas d'un simple constat d'inconduite : il active les mécanismes de responsabilité civile, disciplinaire, voire pénale, afin de garantir la protection

---

[12] Philippe Pierre, La responsabilité du patient dans la relation de soins : vers un équilibre contractuel ?, Revue générale de droit médical, n° 41, 2011, p. 85 ; voir aussi : Gérard Mémeteau, Droit médical, 10e éd., LGDJ, 2018, p. 362.

des patients et de rappeler l'exigence de rigueur dans l'exercice des fonctions médicales.

Ainsi un hôpital ou une clinique ne peut légalement ni moralement refuser de soigner un patient au seul motif que celui-ci n'a pas réglé les frais de consultation. Une telle attitude constitue une violation manifeste du principe fondamental de la primauté de la vie humaine sur toute considération financière. En matière de santé, le droit d'accès aux soins prévaut, notamment en situation d'urgence ou de détresse médicale.

Pour cela, refuser d'examiner un patient, de lui administrer les premiers soins ou de poser un acte médical essentiel sous prétexte d'un manque de paiement immédiat revient à subordonner le droit à la vie et à la santé à une condition pécuniaire. Ce comportement traduit une inversion des valeurs éthiques et juridiques, où l'argent prend le pas sur la dignité humaine, et constitue une faute grave, susceptible d'engager la responsabilité civile, voire pénale, de l'établissement et de ses responsables.

Le concept même d'offre sanitaire implique que l'établissement de santé, par le simple fait de son existence, déclare être en capacité d'accueillir, d'évaluer et de prendre en charge toute personne se présentant pour recevoir des soins. Ce devoir s'impose dès le premier contact avec le patient, sans condition suspensive. Le traitement des urgences médicales ou des situations critiques ne saurait être entravé par des considérations financières immédiates.

Ainsi, l'éthique médicale, tout comme le droit positif, impose à l'hôpital ou à la clinique de soigner d'abord et de recouvrer ensuite. Cette exigence, qui trouve appui dans les principes du droit à la santé et de la solidarité, garantit non seulement la protection de la vie humaine, mais aussi la crédibilité et l'humanité des systèmes de soins. Toute structure de santé qui s'en écarte rompt le contrat de confiance avec la société et manque gravement à sa mission première.

D'ailleurs, à l'image des oiseaux qui se cachent pour mourir, le personnel soignant doit choisir la discrétion pour exprimer ses revendications, afin de ne pas compromettre sa mission première : protéger la vie. Même confrontés à des conditions de travail difficiles ou à des injustices professionnelles, les soignants doivent éviter de faire de leurs luttes un obstacle à la prise en charge des malades. Ce choix responsable traduit une profonde conscience éthique : préserver la dignité du soin et ne jamais laisser penser que l'intérêt financier peut surpasser la valeur de la vie humaine. En agissant avec retenue et sens du devoir, les soignants rappellent que l'hôpital reste un refuge, un lieu où la souffrance est accueillie avec humanité, quelle que soit la conjoncture.

Le personnel soignant ne doit jamais perdre de vue que l'hôpital, dans son essence historique, est né sur les cendres de la charité, c'est-à-dire de l'élan de solidarité et de compassion envers les plus vulnérables[13]. Cette origine impose une éthique de service, d'humanité et de dévouement, qui doit transcender les logiques purement administratives ou lucratives. Soigner, c'est d'abord répondre à un appel moral, et chaque professionnel de santé, quelle que soit sa spécialité, est porteur de cette mission d'assistance fondée sur la dignité humaine et le respect de la souffrance d'autrui.

Raison pour laquelle l'hôpital demeure le seul lieu où s'élèvent les prières les plus sincères, celles murmurées dans la douleur, l'angoisse ou l'espérance de guérison. À ce titre, le personnel soignant porte une mission sacrée : celle d'accompagner chaque prière, non seulement par des gestes médicaux, mais aussi par une présence humaine empreinte de compassion. En se tenant aux côtés du patient, il devient le relais silencieux de cette supplication pour la vie, veillant à ce que l'espérance ne cède jamais face à la maladie.

Cependant, il n'y a pas de justice médicale sans l'offre sanitaire adéquate et il n'y a pas d'offre sanitaire adéquate sans personnel soignant compétent, sans plateau technique moderne, sans disponibilité des médicaments essentiels et sans hygiène sanitaire idoine.

Définition de l'offre sanitaire[14] - L'offre sanitaire désigne l'ensemble des ressources, services, structures et dispositifs mis à la disposition d'une population pour répondre à ses besoins en matière de santé. Elle comprend notamment les établissements de soins (hôpitaux, centres de santé, cliniques), les professionnels de santé (médecins, infirmiers, pharmaciens, etc.), les équipements médicaux, ainsi que l'organisation des soins et des actions de prévention. L'offre sanitaire se caractérise par sa capacité, sa répartition géographique, sa qualité et son accessibilité, constituant ainsi un pilier fondamental du système de santé d'un pays.

Le rôle de l'offre sanitaire est d'assurer la prise en charge efficace, équitable et continue des besoins de santé de la population, en garantissant l'accès aux soins préventifs, curatifs, palliatifs et réadaptatifs. Elle permet de lutter contre les maladies, de promouvoir la santé publique, de réduire la morbi-mortalité et d'améliorer la qualité de vie des individus. Par ailleurs, une offre sanitaire bien structurée contribue à la cohésion sociale, au

---

[13] Grmek, Mirko D., Histoire du corps médical. De l'Antiquité à la médecine moderne, Seuil, 1995 ; voir aussi : Michel Foucault, Naissance de la clinique, PUF, 1963 ; et Jean Imbert, Histoire des hôpitaux en France, PUF, 1982.

[14] Dictionnaire de la santé publique, sous la direction de Pierre Lombrail, Éditions Doin, 2012.

développement économique et à la stabilité d'un pays, en répondant aux exigences sanitaires de manière adaptée et durable.

Cependant, les litiges qui naissent dans l'exécution de l'offre sanitaire, notamment en cas de faute médicale, d'erreur de diagnostic, de négligence ou de violation du secret médical, ne peuvent se résoudre de manière équitable sans recours à la preuve médico-légale[15]. Cette dernière joue un rôle déterminant dans l'établissement des faits, en apportant des éléments scientifiques et objectifs permettant d'évaluer la conformité des actes médicaux aux normes en vigueur. Elle constitue ainsi un outil essentiel pour éclairer la justice, garantir les droits des patients, protéger les professionnels de santé et renforcer la responsabilité dans le système sanitaire.

La preuve médicolégale intervient dans divers types de dossiers : enquêtes criminelles (meurtres, viols, agressions), affaires civiles (paternité, maltraitance), ou encore investigations liées à des catastrophes naturelles ou des conflits armés. Elle permet de résoudre des cas complexes où d'autres moyens de preuve sont insuffisants.

L'une des principales utilités de la preuve médico-légale réside dans l'identification des victimes et des suspects. Par exemple, l'analyse de l'ADN, considérée comme une "empreinte génétique", est souvent utilisée pour confirmer ou infirmer une présence sur une scène de crime.

1 - L'importance de la preuve médico-légale : La médecine légale aide à déterminer les causes et les circonstances d'un décès. L'autopsie médico-légale, par exemple, fournit des informations cruciales sur la nature des blessures, le moment de la mort, et même les outils ou substances impliqués.

En rendant les faits matériels tangibles et incontestables, la preuve médico-légale contribue à réduire les risques d'impunité. Elle peut être décisive pour condamner un coupable ou innocenter un accusé, renforçant ainsi la crédibilité du système judiciaire.

1/ Importance technique - L'importance technique de la preuve médico-légale réside dans sa capacité à fournir aux autorités judiciaires des éléments objectifs, scientifiques et vérifiables permettant d'établir la réalité des faits dans une procédure pénale, civile, sociale, administrative ou constitutionnelle. Grâce à des examens cliniques, biologiques, toxicologiques, génétiques ou anatomopathologiques rigoureux, elle éclaire le juge sur des aspects techniques échappant à la simple perception humaine, comme la cause d'un décès, l'existence de violences, l'authenticité d'un viol ou l'identification d'un auteur. Elle constitue ainsi un outil essentiel d'aide à la manifestation de la

---

[15] Jean-François Magnan, Médico-légal : fondements et pratiques, Elsevier Masson, 2017 ; voir aussi : Organisation mondiale de la Santé (OMS), Guide sur la médecine légale et la justice, Genève, 2014.

vérité, garantissant à la fois l'efficacité de la justice et la protection des droits fondamentaux.

2/ Importance morale - L'importance morale de la preuve médico-légale réside dans le fait qu'elle renforce la légitimité et l'équité de la décision judiciaire en reposant sur des éléments impartiaux et scientifiquement fondés. Elle permet de protéger les innocents contre les erreurs judiciaires et d'assurer que les véritables auteurs soient justement identifiés et sanctionnés, dans le respect de la dignité humaine. En établissant la vérité au-delà des simples déclarations ou soupçons, la preuve médico-légale apaise les tensions sociales, rétablit la confiance dans la justice et contribue à la réparation morale des victimes et de leurs proches.

3/ Importance politique - L'importance politique de la preuve médico-légale se manifeste dans sa contribution au renforcement de l'État de droit et à la crédibilité des institutions judiciaires. En garantissant des enquêtes objectives, transparentes et fondées sur des données scientifiques, elle limite les risques d'arbitraire, de manipulation politique ou de justice sélective. Elle permet également aux autorités de démontrer leur engagement en faveur de la vérité, de la justice et de la lutte contre l'impunité, notamment dans les affaires sensibles impliquant des violences d'État, des atteintes aux droits de l'homme ou des conflits sociaux. Ainsi, la preuve médico-légale devient un instrument de stabilité politique et de légitimité institutionnelle.

4/ Importance culturelle - L'importance culturelle de la preuve médico-légale réside dans sa capacité à transformer les mentalités en introduisant une culture de la preuve, de la vérité scientifique et du respect des droits. Dans des sociétés où les croyances, les rumeurs ou les traditions peuvent influencer les décisions judiciaires, elle offre un cadre rationnel et objectif qui valorise la science au service de la justice. Elle contribue à éduquer les citoyens sur leurs droits, à promouvoir une justice moderne et équitable, et à déconstruire les pratiques fondées sur l'arbitraire ou les préjugés. Ainsi, la preuve médico-légale participe à l'évolution des cultures juridiques vers plus de rigueur, d'humanité et de transparence.

3 - Les avancées technologiques - L'avancée technologique renforce considérablement l'efficacité et la précision de la preuve médico-légale en introduisant des outils de pointe tels que l'ADN, l'imagerie médicale, la biométrie, la toxicologie numérique ou encore l'analyse des scènes de crime en 3D. Ces innovations permettent de recueillir, conserver et analyser des éléments de preuve avec une fiabilité accrue, même plusieurs années après les faits. Elles facilitent également l'identification rapide des auteurs, la reconstitution fidèle des événements, et la limitation des erreurs judiciaires. En modernisant les pratiques médico-légales, la technologie offre ainsi à la justice des moyens inédits pour répondre avec rigueur et célérité aux exigences de vérité et de sécurité.

1/ **L'ADN**[16] - Il occupe une place centrale dans la preuve médico-légale en tant qu'outil d'identification précis, fiable et quasi infaillible des individus. Grâce à ses caractéristiques uniques à chaque personne (sauf chez les vrais jumeaux), l'analyse de l'ADN permet d'établir des correspondances entre des traces biologiques retrouvées sur les lieux d'un crime (sang, salive, cheveux, etc.) et un suspect, ou encore d'innocenter une personne injustement accusée. Il joue un rôle déterminant dans les enquêtes criminelles, les litiges de filiation, et même dans l'identification de victimes de catastrophes. L'ADN incarne ainsi la puissance de la science au service de la vérité judiciaire.

2/ L'imagerie médicale - L'imagerie médico-légale[17] joue un rôle fondamental dans la recherche de la vérité judiciaire en permettant une visualisation précise et objective des structures internes du corps humain. Grâce à des techniques comme la radiographie, le scanner (CT-scan), l'IRM ou l'échographie, elle offre aux experts la possibilité de détecter des fractures, des hémorragies, des corps étrangers ou encore de reconstituer des trajectoires de projectiles sans recourir à une autopsie invasive. Elle est particulièrement utile dans les enquêtes complexes ou sensibles, permettant de documenter les preuves de manière claire et conservable. En combinant rigueur scientifique et respect de la dignité des victimes, l'imagerie s'impose comme un pilier moderne de la médecine légale.

3/ La **biométrie**[18]**-** En tant que composante de la preuve médico-légale, elle permet l'identification fiable et rapide des individus à partir de

---

[16] L'ADN (acide désoxyribonucléique) est une molécule présente dans chaque cellule du corps humain, contenant l'ensemble des informations génétiques propres à un individu. En matière judiciaire, il constitue un outil d'identification extrêmement fiable, car chaque personne (à l'exception des vrais jumeaux) possède un ADN unique. Lorsqu'il est prélevé sur une scène de crime — à partir de sang, de salive, de cheveux ou d'autres tissus biologiques — l'ADN peut permettre de relier un suspect à une infraction, d'innocenter une personne mise en cause, ou encore d'identifier une victime. Les profils ADN sont comparés à ceux contenus dans des bases de données nationales ou internationales, sous le contrôle strict des autorités judiciaires, dans le respect des droits fondamentaux.

[17] L'imagerie médico-légale est une branche de la médecine légale qui utilise les techniques d'imagerie médicale — telles que la radiographie, le scanner, l'IRM ou l'échographie — à des fins d'investigation judiciaire. Elle permet d'examiner le corps d'une victime, vivante ou décédée, sans intervention invasive immédiate, afin de détecter des fractures, des projectiles, des corps étrangers, ou encore d'objectiver des lésions internes. Cette méthode, souvent utilisée lors des autopsies virtuelles (ou "virtopsies"), facilite l'identification des causes de la mort ou des mécanismes traumatiques en apportant des preuves visuelles précises, utiles devant les juridictions pénales.

[18] La biométrie est une technologie d'identification et de vérification reposant sur les caractéristiques physiques ou comportementales uniques d'un individu, telles que les empreintes digitales, l'iris, la reconnaissance faciale, la voix ou encore la démarche. En matière judiciaire et sécuritaire, elle permet de renforcer l'authentification des personnes, de prévenir les usurpations d'identité et de faciliter la recherche de suspects ou de personnes disparues. Utilisée dans les bases de données policières, les contrôles d'accès ou les documents d'identité, la biométrie s'impose comme un outil moderne de fiabilisation des enquêtes, tout en soulevant

caractéristiques physiques uniques telles que les empreintes digitales, l'iris, la voix, le visage ou l'ADN. Elle constitue un outil précieux dans les enquêtes criminelles, les contrôles d'identité, ou encore la recherche de personnes disparues. Grâce à des bases de données biométriques et à l'intelligence artificielle, elle facilite la comparaison automatisée des données et renforce la traçabilité des individus dans un cadre légal. En apportant une précision scientifique incontestable, la biométrie contribue à renforcer la sécurité, la justice et la lutte contre l'usurpation d'identité ou la fraude.

4/ La toxicologie numérique[19] - La toxicologie numérique[20] est une branche émergente de la médecine légale qui combine les outils informatiques et les bases de données spécialisées pour analyser, interpréter et prédire les effets des substances toxiques sur l'organisme humain. Elle permet de détecter avec une grande précision la présence de drogues, d'alcool, de médicaments ou de poisons dans le sang, l'urine, ou les tissus, en s'appuyant sur des logiciels avancés et des algorithmes de modélisation. Cette approche renforce la rapidité, la fiabilité et la traçabilité des expertises toxicologiques, tout en offrant une meilleure compréhension des interactions chimiques complexes. En justice, elle joue un rôle essentiel dans l'élucidation des causes de décès, d'intoxications ou d'empoisonnements suspects.

5/ L'analyse des scènes de crime en 3d[21] - L'analyse des scènes de crime en 3D représente une avancée majeure en médecine légale, permettant de reconstituer avec une précision millimétrée les lieux d'un crime grâce à des technologies telles que le scanner laser, la photogrammétrie ou la réalité virtuelle. Cette méthode offre une visualisation dynamique et immersive qui aide les enquêteurs, experts et magistrats à comprendre la chronologie des faits, les positions des protagonistes, les trajectoires des projectiles ou encore la dispersion des éléments de preuve. En plus d'améliorer la qualité des investigations, elle constitue un outil pédagogique efficace lors des audiences, rendant les démonstrations plus claires et convaincantes. L'analyse 3D

---

des enjeux majeurs de protection des données personnelles et de respect des libertés individuelles.

[19] Dictionnaire de la santé publique, sous la direction de Pierre Lombrail, Éditions Doin, 2012.

[20] La toxicologie numérique est une discipline émergente qui combine les outils de l'informatique, de l'intelligence artificielle et des bases de données biomédicales pour modéliser, prédire et analyser les effets toxiques des substances chimiques sur l'organisme humain. Elle permet, grâce à des simulations virtuelles, d'anticiper les risques sanitaires liés à l'exposition à certains composés, d'évaluer leur toxicité sans recourir systématiquement à l'expérimentation animale, et d'interpréter plus rapidement les résultats d'analyses toxicologiques en contexte médico-légal. Cette approche innovante contribue ainsi à la modernisation de la toxicologie judiciaire en la rendant plus rapide, plus précise et plus éthique.

[21] Dictionnaire de la santé publique, sous la direction de Pierre Lombrail, Éditions Doin, 2012.

contribue ainsi à renforcer la transparence, l'objectivité et la rigueur dans la recherche de la vérité judiciaire.

6/ Le dessin judiciaire[22] - Le dessin judiciaire est une représentation graphique réalisée par un expert dans le cadre d'une procédure pénale ou civile, visant à illustrer des éléments essentiels d'une enquête ou d'un procès. Utilisé notamment lorsque les caméras sont interdites en salle d'audience ou pour établir le portrait-robot d'un suspect à partir de témoignages, il joue un rôle crucial dans la visualisation des faits, des visages ou des scènes de crime. Ce travail requiert une grande précision technique, une neutralité stricte et une parfaite compréhension du contexte judiciaire afin de garantir la fiabilité et l'objectivité de l'image produite.

Dans les affaires impliquant plusieurs victimes ou des crises humanitaires (génocides, crimes de guerre), la médecine légale joue un rôle fondamental. Elle contribue à identifier les corps, documenter les crimes, et fournir des preuves utilisables devant des juridictions internationales. Bien que cruciale, la preuve médico-légale soulève des questions éthiques. Les pratiques doivent respecter la dignité des individus, qu'ils soient vivants ou décédés, et éviter tout usage abusif des informations obtenues, comme l'exploitation commerciale ou la violation de la vie privée.

En réalité, la preuve médico-légale renforce la confiance des citoyens dans le système judiciaire. En mettant l'accent sur des preuves tangibles et vérifiables, elle réduit les spéculations et les controverses autour des décisions judiciaires, contribuant ainsi à une justice perçue comme impartiale et efficace. En mettant en lumière des preuves scientifiques irréfutables, la médecine légale empêche les criminels de se soustraire à la justice. Elle contribue à réduire les zones d'ombre dans les enquêtes et à renforcer la crédibilité des décisions judiciaires.

Grâce à des analyses précises et fiables, la médecine légale limite les erreurs judiciaires. Elle permet d'écarter les suspects innocents et de confondre les véritables coupables, assurant ainsi une justice plus équitable. Au-delà de son rôle judiciaire, la médecine légale participe à la sensibilisation des institutions et du public sur des sujets comme la prévention des violences, la toxicomanie, ou les accidents mortels. Ces données aident également à formuler des politiques publiques adaptées.

Cependant, son utilisation soulève des enjeux éthiques, notamment en matière de respect de la dignité humaine, de confidentialité des données et de consentement des familles. Ces préoccupations doivent être soigneusement prises en compte. Dans certains pays, le manque de ressources, d'expertise ou d'équipements limite l'efficacité de la médecine légale. Ces inégalités

---

[22] Dictionnaire de la santé publique, sous la direction de Pierre Lombrail, Éditions Doin, 2012.

compromettent son rôle dans la recherche de la vérité et nécessitent des efforts de renforcement des capacités.

Il est important de rappeler que la preuve médico-légale, en tant qu'élément scientifique essentiel, a transformé le fonctionnement de la justice moderne. Elle est devenue incontournable pour établir la vérité dans les affaires complexes, mais son utilisation soulève des enjeux majeurs, rencontre des limites et offre des perspectives prometteuses pour l'avenir. La principale force de la preuve médico-légale réside dans son objectivité et sa fiabilité scientifique. Contrairement aux témoignages humains, souvent biaisés ou manipulés, elle offre des éléments vérifiables et reproductibles, renforçant la crédibilité des décisions judiciaires.

L'insuffisance de formation des professionnels médico-légaux constitue un obstacle majeur[23]. Les erreurs humaines ou l'interprétation inadéquate des résultats peuvent compromettre la validité des preuves et entraîner des décisions judiciaires injustes. Dans certains systèmes judiciaires, les preuves médico-légales ne sont pas toujours admissibles, en raison de règles de procédure restrictives ou d'un manque de cadre juridique approprié pour leur intégration dans les affaires judiciaires.

Malgré les avancées, certaines technologies médico-légales restent coûteuses ou inaccessibles. De plus, l'analyse de certaines preuves, comme les fragments d'ADN dégradés, peut être limitée ou sujette à des contestations. Mais aussi les preuves médico-légales ne sont pas exemptes de manipulations. Dans des systèmes corrompus ou partiaux, elles peuvent être falsifiées ou mal utilisées, compromettant leur rôle dans la recherche de la vérité. L'avenir de la preuve médico-légale repose sur les progrès technologiques. Par exemple, l'intelligence artificielle et la bio-informatique peuvent révolutionner l'analyse des données médico-légales, en la rendant plus rapide et plus fiable. Pour maximiser l'impact de la preuve médico-légale, il est crucial de renforcer les capacités locales en formant davantage d'experts, en équipant les laboratoires, et en promouvant une coopération internationale plus étroite pour lutter contre les crimes transnationaux.

4 - L'intérêt de la preuve médico-légale dans la justice médicale - L'intérêt de la preuve médico-légale réside dans sa capacité à fournir des éléments scientifiques, objectifs et vérifiables permettant d'éclairer les faits dans le cadre d'une procédure judiciaire. Elle renforce la crédibilité des enquêtes en apportant des données précises sur les causes d'un décès, l'identification d'un auteur, la nature d'un traumatisme ou encore la

[23] Koffi, A., Les défis de la médecine légale en Afrique : formation, ressources et pratiques, Revue Africaine de Médecine Légale, 2018, vol. 4, n°2, p. 45-58 ; voir aussi : Organisation mondiale de la Santé (OMS), Renforcement des capacités en médecine légale dans les pays en développement, Genève, 2015.

chronologie d'un événement. En réduisant les incertitudes et les risques d'erreur judiciaire, la preuve médico-légale assure une meilleure administration de la justice, tout en garantissant les droits des victimes et des mis en cause. Elle incarne ainsi le lien fondamental entre science et droit, au service de la vérité.

1/ L'intérêt scientifique - L'intérêt scientifique de la preuve médico-légale réside dans sa capacité à appliquer les méthodes rigoureuses des sciences biologiques, chimiques et physiques à la résolution des questions judiciaires. Elle permet d'analyser objectivement les indices matériels, de reproduire les événements avec précision et de tirer des conclusions fondées sur des données vérifiables et reproductibles. En favorisant l'innovation technologique et la recherche appliquée, la preuve médico-légale stimule l'évolution des disciplines scientifiques tout en contribuant à l'amélioration continue des pratiques judiciaires. Elle constitue ainsi un pont entre la recherche fondamentale et la réalité du terrain judiciaire, où la vérité dépend de l'exactitude des faits établis.

2/ L'intérêt social – L'intérêt social de la preuve médico-légale se manifeste dans sa contribution à la protection des droits fondamentaux, à la lutte contre l'impunité et au renforcement de la confiance du public dans le système judiciaire. En apportant des réponses claires et impartiales dans des affaires souvent sensibles comme les homicides, les violences domestiques ou les abus sexuels, elle permet aux victimes d'obtenir justice et aux innocents d'être réhabilités. Elle participe également à la paix sociale en apaisant les tensions liées aux doutes ou aux suspicions, et joue un rôle éducatif en sensibilisant la société à l'importance de la vérité et de la responsabilité. Ainsi, la preuve médico-légale dépasse le cadre strictement juridique pour devenir un instrument au service de la cohésion sociale et de la dignité humaine.

3/ L'intérêt politique de la preuve médico-légale - réside dans sa capacité à renforcer l'État de droit en garantissant des enquêtes transparentes, impartiales et fondées sur des données scientifiques. Elle permet de lutter efficacement contre les abus de pouvoir, les exécutions extrajudiciaires, les actes de torture ou les disparitions forcées, en apportant des preuves irréfutables devant les juridictions nationales ou internationales. En contribuant à la crédibilité des institutions judiciaires et à la reddition des comptes, elle devient un outil de gouvernance responsable et de justice transitionnelle dans les contextes post-conflit. La preuve médico-légale, en ce sens, sert de levier pour la consolidation démocratique, la protection des droits humains et la réhabilitation de la confiance entre l'État et les citoyens.

4 / L'intérêt culturel de la preuve médico-légale - L'intérêt culturel de la preuve médico-légale se manifeste dans sa capacité à transformer les représentations sociales de la justice, de la vérité et de la science. En introduisant les méthodes scientifiques dans la culture juridique et populaire, elle participe à l'évolution des mentalités, en valorisant l'objectivité, la rigueur et la transparence dans la résolution des conflits. Elle contribue également à la mémoire collective, notamment à travers l'identification des victimes de catastrophes ou de violences de masse, permettant aux sociétés de faire face à leur histoire avec lucidité. En s'inscrivant dans les pratiques judiciaires, éducatives et médiatiques, la preuve médico-légale devient un vecteur culturel puissant de sensibilisation aux droits, à la justice et à la dignité humaine.

5 - Les objectifs de la preuve médico-légale - Le premier objectif est de mettre en lumière l'importance de la preuve médico-légale dans le système judiciaire moderne, en tant qu'outil central dans la recherche de la vérité.

1/ L'objectif scientifique de la preuve médico-légale - L'objectif scientifique de la preuve médico-légale est de produire des données fiables, objectives et vérifiables qui permettent d'éclairer les faits en matière judiciaire à l'aide de méthodes issues des sciences exactes et biologiques. Elle vise à établir la vérité en s'appuyant sur des analyses rigoureuses telles que l'examen de l'ADN, la toxicologie, l'imagerie médicale, ou l'étude des blessures. En réduisant l'incertitude et en excluant les hypothèses non fondées, la preuve médico-légale permet d'identifier les auteurs, de reconstituer les événements et de confirmer ou infirmer des témoignages. Elle constitue ainsi un instrument de précision au service de la justice, alliant rigueur scientifique et finalité judiciaire.

2/ L'objectif social de la preuve médico-légale - L'objectif social de la preuve médico-légale est de garantir que justice soit rendue de manière équitable et transparente, contribuant ainsi à la protection des droits individuels et collectifs au sein de la société. Elle permet d'assurer que les victimes reçoivent réparation, que les innocents soient protégés contre de fausses accusations, et que les auteurs de crimes soient correctement identifiés et poursuivis. En apportant des preuves objectives, elle renforce la confiance du public dans le système judiciaire, dissuade la criminalité et favorise un environnement où la vérité prévaut sur les soupçons et les préjugés. En ce sens, la preuve médico-légale joue un rôle essentiel dans la consolidation de la paix sociale et le respect des droits humains.

3 / L'objectif politique de la preuve médico-légale – L'objectif politique de la preuve médico-légale est de renforcer l'État de droit et d'assurer la justice en garantissant une procédure équitable, transparente et fondée sur des éléments de preuve scientifiques. Elle permet aux institutions judiciaires de traiter les affaires de manière objective, en évitant les dérives politiques ou les manipulations, notamment dans les affaires sensibles comme les violations des droits humains, les abus de pouvoir ou les crimes d'État. En soutenant la lutte contre l'impunité et en promouvant la responsabilisation des auteurs d'actes criminels, la preuve médico-légale contribue à la légitimité des autorités publiques et à la stabilité politique en instaurant un climat de confiance et de crédibilité dans les institutions.

4/ L'objectif culturel de la preuve médico-légale – L'objectif culturel de la preuve médico-légale est de promouvoir une conscience collective fondée sur le respect de la vérité, de la justice et de la rigueur scientifique au sein de la société. Elle participe à l'évolution des mentalités en introduisant des méthodes scientifiques dans les pratiques judiciaires et en élevant les standards de preuve au-delà des présomptions ou des croyances populaires. En éduquant la société à l'importance de l'objectivité dans la recherche de la vérité, elle aide à déconstruire les stéréotypes, les injustices et les erreurs judiciaires, tout en encourageant une culture de transparence, d'intégrité et de respect des droits humains. Ainsi, la preuve médico-légale devient un vecteur de progrès social et culturel, renforçant l'adoption de valeurs universelles dans le système judiciaire.

Le livre Justice médicale et l'offre sanitaire poursuit un objectif fondamental : établir une compréhension claire, rigoureuse et accessible du lien entre droit, médecine et vérité dans le traitement des litiges médicaux. Il met en avant l'importance d'une justice médicale qui repose sur des principes d'équité, de transparence et de responsabilité, afin de garantir une protection efficace des droits des patients sans pour autant fragiliser le corps médical. Dans ce contexte, la justice médicale ne se limite pas à sanctionner les fautes, mais cherche à rétablir l'équilibre entre erreur humaine, réparation et prévention des risques futurs.

L'ouvrage accorde une attention particulière à la preuve médico-légale, considérée comme la clef de voûte du contentieux médical. À travers l'analyse des outils techniques comme l'expertise, l'autopsie, les examens biologiques ou l'étude des dossiers médicaux, il démontre comment ces éléments deviennent des preuves capitales dans l'établissement de la vérité judiciaire. Ces données, lorsqu'elles sont traitées avec méthode et impartialité, permettent d'éclairer le juge sur la réalité des faits, la gravité des fautes et l'ampleur des préjudices. La rigueur scientifique devient ainsi un pilier de la sécurité juridique dans le domaine médical.

Enfin, le livre Justice médicale et offre sanitaire met en exergue le principe cardinal du respect de l'offre sanitaire par l'État, en tant que garant de la santé publique et protecteur des droits fondamentaux des citoyens. Il souligne que l'État a l'obligation juridique, éthique et sociale de mettre en place une offre sanitaire accessible, équitable et de qualité, tout en veillant à son bon fonctionnement, à sa régulation et à sa protection contre les atteintes ou les dysfonctionnements. Ce principe implique également que l'État soit comptable devant la justice lorsque des manquements à cette mission compromettent la vie ou la dignité des patients, affirmant ainsi le lien indissociable entre justice médicale et responsabilité publique.

PREMIERE PARTIE

La justice médicale et l'offre sanitaire

La justice médicale et l'offre sanitaire sont deux piliers complémentaires d'un système de santé équitable et respectueux des droits fondamentaux. L'offre sanitaire, qui regroupe les structures, les services et les professionnels chargés de répondre aux besoins de santé de la population, doit être accessible, de qualité et équitablement répartie. Cependant, sa mise en œuvre peut parfois donner lieu à des litiges, notamment en cas d'erreurs médicales, de négligence ou de défaut de prise en charge. C'est dans ce contexte que la justice médicale intervient comme un mécanisme de régulation et de protection, garantissant que les prestations de santé respectent les normes juridiques et déontologiques.

Par son action, la justice médicale assure la réparation des préjudices subis[24], la responsabilisation des acteurs de santé, et la prévention de futurs dysfonctionnements. Elle veille à l'équilibre entre les droits des patients et les devoirs des professionnels de santé, tout en rappelant à l'État son rôle de garant de l'offre sanitaire. Ainsi, elle ne se limite pas à sanctionner, mais participe activement à l'amélioration continue du système sanitaire, en instaurant un climat de confiance, de transparence et de respect des droits de l'homme au cœur de la politique de santé publique.

---

[24] Jean-Denis Bredin, La responsabilité médicale et la réparation du préjudice, Dalloz, 2010 ; voir aussi : Conseil de l'Europe, Principes relatifs à la responsabilité médicale et à la réparation des dommages, Strasbourg, 2006.

Titre premier

Justice médicale, un instrument des droits de l'homme

La justice médicale constitue un instrument fondamental des droits de l'homme[25], en ce qu'elle garantit l'effectivité du droit à la santé, le respect de la dignité humaine et la protection contre les abus dans le domaine sanitaire. Elle permet de sanctionner les violations des droits des patients, d'indemniser les victimes de fautes médicales, et de renforcer la responsabilité des acteurs de santé. En assurant l'équilibre entre les obligations des professionnels, les attentes des patients et les devoirs de l'État, la justice médicale devient un levier essentiel pour faire vivre les principes d'égalité, de non-discrimination, de protection de la vie et d'accès à des soins de qualité, consacrés tant par les textes nationaux que par les instruments internationaux des droits de l'homme.

[25] Rapporteur spécial des Nations Unies sur le droit à la santé, Droit à la santé et justice médicale, Rapport A/HRC/14/20, 2010 ; voir aussi : Comité des droits économiques, sociaux et culturels, Commentaire général n°14 sur le droit au meilleur état de santé possible, ONU, 2000.

Chapitre I : La justice médicale

La justice médicale[26], au-delà de sa dimension juridique, constitue un véritable instrument social, chargé de garantir que les avancées de la science médicale restent au service de l'être humain. Elle agit comme un régulateur entre les progrès scientifiques, les pratiques médicales et les droits fondamentaux des individus. Dans un monde où la médecine moderne est de plus en plus performante, mais aussi tentée par des logiques commerciales ou technocratiques, la justice médicale veille à ce que les finalités humaines de la santé ne soient jamais sacrifiées sur l'autel du profit ou de l'efficacité.

Cette justice a une mission singulière : celle de protéger l'homme, non seulement comme usager du système de santé, mais surtout comme sujet de droit et de dignité. Là où la médecine peut parfois réduire l'homme à un corps à soigner, à analyser ou à exploiter, la justice rappelle que chaque individu est porteur d'une valeur inestimable. Elle intervient chaque fois que cette valeur est niée, que ce soit à travers des soins inadaptés, des discriminations médicales, des expérimentations abusives ou encore des traitements déshumanisants. Elle fixe ainsi des limites éthiques et juridiques à ne pas franchir.

L'homme ne peut être réduit à un simple objet médical, encore moins à une marchandise. Pourtant, certaines pratiques contemporaines comme la vente d'organes, la gestation pour autrui commerciale ou encore l'industrialisation du médicament tendent à instrumentaliser le corps humain au mépris de son caractère sacré. La justice médicale doit donc intervenir pour interdire ou encadrer strictement ces dérives, en rappelant que l'intérêt économique ou scientifique ne saurait primer sur la dignité humaine. Elle consacre le principe selon lequel la médecine est faite pour servir l'homme, et non pour s'en servir.

La justice médicale incarne une exigence morale au cœur de la science : celle de ne jamais perdre de vue que le patient est une personne avant d'être un cas clinique. Son rôle est fondamental pour garantir que la médecine reste une activité profondément humaine, encadrée par le droit et fondée sur le respect. Dans cette perspective, elle agit non seulement comme un mécanisme de réparation des torts, mais aussi comme un rempart contre la déshumanisation, contribuant ainsi à faire de la santé un espace de justice, de responsabilité et de respect intégral de la personne.

[26] Gérard Mémeteau, Droit médical, 10e éd., LGDJ, 2018, p. 27 ; voir aussi : Jean-Marie Auby, Éthique et justice en médecine, PUF, 2007.

Section 1 : Le fondement de la justice médicale

Le fondement de la justice médicale repose d'abord sur le principe de la dignité humaine, considérée comme sacrée et inviolable. Toute pratique médicale, quel que soit son niveau de technicité, doit être guidée par le respect absolu de l'être humain, de son corps, de sa volonté et de ses droits. Ce respect se traduit par des notions juridiques essentielles telles que le consentement libre et éclairé, l'information loyale du patient, et la prise en charge équitable, sans discrimination. La justice médicale s'ancre ainsi dans une exigence éthique qui fait de la personne soignée un sujet de droit et non un objet de traitement.

Par ailleurs, la justice médicale s'appuie sur un ensemble de règles juridiques et déontologiques qui encadrent les responsabilités des professionnels de santé et assurent la protection des patients. Elle intervient pour garantir que les pratiques médicales s'exercent dans les limites de la loi, avec compétence, prudence et humanité. En cas de manquement, elle offre un recours aux victimes, tout en participant à la régulation du système de santé. Par cette mission, elle ne vise pas uniquement à sanctionner, mais à prévenir les dérives, à restaurer la confiance, et à promouvoir une médecine respectueuse de la personne humaine dans sa globalité.

Paragraphe 1 : Fondements de la justice médicale dans la protection de l'être humain

Les fondements de la justice médicale dans la protection de l'être humain reposent sur les principes universels de dignité, de droit à la vie, d'intégrité physique et mentale, ainsi que sur le droit fondamental à la santé. En garantissant l'accès à des soins de qualité, en sanctionnant les pratiques médicales abusives ou négligentes, et en assurant la réparation des préjudices subis, la justice médicale agit comme un rempart contre les atteintes aux droits humains dans le domaine de la santé. Elle incarne l'exigence d'une responsabilité éthique, juridique et sociale, plaçant l'être humain au centre des préoccupations du système sanitaire, indépendamment de son statut social, économique ou géographique.

A. La dignité humaine comme socle de la justice médicale[27] – La dignité humaine constitue le socle fondamental de la justice médicale, en ce qu'elle affirme la valeur inestimable de chaque être humain, indépendamment de son

---

[27] Comité consultatif national d'éthique (CCNE), Avis n°102 : Dignité de la personne, autonomie, et justice en santé, Paris, 2008 ; voir aussi : Emmanuel Hirsch, La justice et les soins : Éthique de la relation médicale, Érès, 2001.

état de santé, de son âge ou de sa condition sociale. Cette dignité impose que le patient soit traité avec respect, sollicité dans les décisions qui le concernent, et jamais réduit à un simple corps à soigner. C'est à partir de cette valeur cardinale que se déploient les grands principes du droit médical : le consentement libre et éclairé, le secret médical, le respect de la vie privée, et l'accès équitable aux soins.

En pratique, cette exigence de dignité signifie que le patient doit toujours être informé de son état de santé, des traitements proposés, de leurs risques et de leurs alternatives. Par exemple, lorsqu'un médecin impose une opération sans informer le patient de ses conséquences, il viole non seulement le droit à l'information mais aussi la dignité même du patient, traité comme un simple objet d'intervention. La justice médicale, dans ce cas, permettra de sanctionner la faute et d'indemniser la victime, en reconnaissant que l'atteinte à la dignité a engendré un préjudice moral et corporel.

La dignité humaine implique également que les professionnels de santé doivent exercer leur art avec humanité, sans discrimination, même dans des situations difficiles. Un exemple marquant est celui d'un hôpital refusant d'admettre une personne en situation de grande précarité au motif de son apparence ou de son statut social. Une telle attitude constitue une atteinte grave à la dignité humaine et expose l'établissement à des sanctions disciplinaires et civiles. La justice médicale intervient alors pour rétablir l'égalité de traitement et rappeler que la médecine doit demeurer au service de la vie et de l'humanité.

La protection de la dignité s'étend aussi aux patients en fin de vie. La loi impose de respecter leur volonté, notamment s'ils refusent un acharnement thérapeutique. Forcer un patient en phase terminale à subir des traitements inutiles contre sa volonté revient à nier sa dignité, sa liberté de conscience et son droit à une mort apaisée. C'est pourquoi la justice médicale veille à ce que les soins palliatifs soient accompagnés de respect, d'écoute et de compassion, en sanctionnant les excès d'un traitement devenu inhumain.

En érigeant la dignité humaine en principe directeur, la justice médicale donne un cadre à l'évolution technologique et scientifique. Les avancées en matière de procréation assistée, de génétique ou d'intelligence artificielle en santé doivent toujours être encadrées pour éviter toute dérive eugéniste ou déshumanisante. Par exemple, l'utilisation d'algorithmes médicaux sans contrôle humain soulève des risques pour le respect de la personne. En ce sens, la justice médicale joue un rôle de vigie, en rappelant que, derrière chaque acte médical, se trouve un être humain, porteur de droits et de sensibilité, dont la dignité ne saurait être compromise.

B. L'homme, sujet de droit inaliénable[28] – L'homme, en tant que sujet de droit inaliénable, est porteur de droits fondamentaux qui ne peuvent être ni cédés, ni retirés, ni suspendus, même dans les situations les plus extrêmes. Ces droits trouvent leur fondement dans la dignité humaine, principe supérieur reconnu tant par les constitutions que par les instruments internationaux. En matière médicale, cette inaliénabilité signifie que certaines garanties doivent toujours être respectées, quelles que soient les circonstances, y compris en cas de guerre, de catastrophe sanitaire ou de détention.

Parmi ces droits figure l'intégrité physique, que nul ne peut violer sans un consentement libre. Même si un patient est vulnérable ou en situation de dépendance, il conserve son droit de disposer de son corps. Par exemple, une femme enceinte ne peut être contrainte à une césarienne contre sa volonté, sauf danger immédiat et vital. Forcer une telle intervention serait une atteinte grave à son intégrité corporelle, et donc une violation de son droit inaliénable à la maîtrise de son corps.

Le droit à la vie est également inaliénable. Aucun médecin ou institution ne peut décider de manière unilatérale de mettre fin à la vie d'un patient, même s'il est en état critique. C'est la raison pour laquelle l'euthanasie demeure encadrée très strictement ou interdite dans plusieurs États. Par exemple, débrancher un patient en coma prolongé sans concertation préalable avec la famille et sans respect des procédures légales peut être qualifié d'homicide, car cela nie le droit inaliénable à la vie, qui ne peut être supprimé par simple convenance médicale.

Un autre droit inaliénable est celui à la liberté de conscience, qui permet à chacun de refuser un traitement pour des raisons morales, philosophiques ou religieuses. Même dans un contexte médical tendu, ce droit doit être respecté. Par exemple, un patient témoin de Jéhovah qui refuse une transfusion ne peut être contraint à recevoir du sang si sa décision est éclairée. L'obligation médicale s'efface devant cette liberté, car elle touche à l'essence même de l'individu en tant qu'être moral.

Cependant, il existe des situations où la décision du patient soulève des enjeux collectifs plus larges. Par exemple, lorsque la personne qui refuse un traitement est le tuteur légal de plusieurs enfants ou le pilier d'une famille en situation de vulnérabilité, son décès pourrait entraîner des conséquences graves pour ses ayants droit. La perte de ce repère familial peut précipiter les enfants dans la rue, les exposant à la délinquance, à l'errance ou à l'exploitation, ce qui constitue une menace réelle pour la stabilité sociale et la sécurité publique.

---

[28] Déclaration universelle des droits de l'homme, art. 1er et 6, ONU, 1948 ; voir aussi : Karel Vasak, Les dimensions des droits de l'homme, UNESCO, 1977.

Dans ce contexte, la justice médicale joue un rôle d'arbitre entre les libertés individuelles et l'intérêt supérieur de la société. Elle peut, sur requête motivée et dans le respect des procédures judiciaires, autoriser exceptionnellement l'administration d'un traitement nécessaire, afin d'éviter un trouble grave à l'ordre public sanitaire. L'intervention de l'autorité judiciaire n'a pas pour objectif de nier la liberté de conscience, mais d'en limiter l'exercice dans les cas où son application absolue risquerait d'entraîner un préjudice social collectif disproportionné.

L'intérêt d'une telle intervention judiciaire repose sur une logique de prévention et de sauvegarde de l'ordre public. Il s'agit de prévenir des situations d'abandon social massif, d'exclusion ou de marginalisation d'enfants devenus orphelins sans cadre de protection. Le droit n'intervient ici qu'en dernier recours, lorsque toutes les voies de conciliation ont échoué, et dans un but de protection supérieure des plus vulnérables, notamment les enfants dépendants.

Ainsi, l'État, tout en garantissant la liberté de conscience et les convictions religieuses, doit veiller à ce que l'exercice de ces droits ne compromette ni sa stabilité institutionnelle ni la sécurité collective. La justice médicale, à travers ce type d'arbitrage, illustre sa vocation préventive et équilibrée : elle ne cherche pas à s'opposer à la volonté du patient, mais à réguler l'exercice de ses libertés dans les cas extrêmes où leur application met en péril la cohésion sociale et l'ordre public.

Les droits inaliénables de la personne humaine impliquent que toute activité médicale soit encadrée par le respect de l'être humain dans sa globalité, y compris après la mort. Le prélèvement d'organes, par exemple, ne peut se faire sans respect de la volonté exprimée du défunt ou de sa famille. Ainsi, la justice médicale veille à ce que l'homme, même dans sa vulnérabilité ou son absence de voix, demeure titulaire de droits qu'aucune autorité ne peut annuler. Ce respect absolu de l'humanité fait de la médecine une pratique éthique, et de la justice médicale, une sentinelle des droits sacrés.

Paragraphe 2 : La reconnaissance universelle de la sacralité de la vie humaine

La reconnaissance universelle de la sacralité de la vie humaine[29] constitue un principe fondamental inscrit dans les grands textes internationaux relatifs aux droits de l'homme, affirmant que la vie est un droit inviolable et inaliénable qui doit être respecté, protégé et promu en toute circonstance. Cette reconnaissance transcende les cultures, les religions et les systèmes juridiques, établissant un consensus moral et juridique selon lequel toute atteinte injustifiée à la vie humaine est une violation grave des valeurs universelles. Elle impose aux États, aux institutions et aux individus l'obligation de veiller à la préservation de la vie, notamment à travers des systèmes de santé performants, des politiques de prévention efficaces, et une justice médicale capable de sanctionner toute menace contre ce droit sacré.

A- La justice médicale, garante de l'éthique dans le système de santé – La justice médicale joue un rôle fondamental de gardien de l'éthique dans le système de santé. Elle veille à ce que les pratiques médicales respectent non seulement les règles de droit, mais aussi les principes moraux qui fondent la relation entre soignant et soigné : respect de la personne, bienfaisance, non-malfaisance, équité. En intervenant lorsque ces principes sont bafoués, la justice médicale protège l'humain contre toute forme de dérive technocratique ou commerciale de la médecine. Elle s'assure que l'acte de soigner demeure avant tout un acte moral et responsable.

Un exemple frappant est celui de la commercialisation illégale de traitements médicaux expérimentaux à des patients vulnérables. Des praticiens, motivés par le profit, peuvent proposer des protocoles non autorisés, au mépris de l'éthique médicale et du consentement éclairé. La justice médicale, dans un tel cas, intervient pour sanctionner ces pratiques et défendre l'intérêt du patient, en rappelant que la médecine ne peut devenir un commerce, et que la personne humaine ne saurait être traitée comme un cobaye.

La justice médicale agit également comme régulateur des conflits d'intérêts entre professionnels de santé et industries pharmaceutiques. Par exemple, lorsqu'un médecin prescrit systématiquement un médicament parce qu'il est lié à un laboratoire, sans tenir compte des alternatives mieux adaptées au patient, il viole l'éthique de neutralité et de probité. En poursuivant de telles

---

[29] Comité international de bioéthique de l'UNESCO, Déclaration universelle sur la bioéthique et les droits de l'homme, 2005, art. 3 et 10 ; voir aussi : Paul Ricœur, Soi-même comme un autre, Seuil, 1990 (chapitres sur l'éthique de la responsabilité et la vie humaine).

pratiques, la justice médicale rétablit la primauté de l'intérêt du patient sur toute autre considération économique ou personnelle.

Elle intervient aussi dans le domaine de la protection des plus vulnérables, notamment les enfants, les personnes âgées, ou les patients en situation de handicap. L'éthique impose une attention particulière à ces populations souvent privées de voix. Ainsi, un établissement médical qui néglige volontairement la prise en charge d'une personne handicapée sous prétexte de lourdeur logistique manque à ses obligations morales. La justice médicale, en rappelant que la solidarité et l'inclusion sont des principes éthiques majeurs, condamne fermement ce type de comportement.

La justice médicale contribue à faire évoluer les normes éthiques en tenant compte des transformations technologiques et sociales. Face à des enjeux nouveaux comme la procréation médicalement assistée, l'intelligence artificielle ou la fin de vie, elle propose un cadre de réflexion équilibré entre innovation et humanité. Par exemple, elle veille à ce que les décisions prises par des algorithmes en matière de diagnostic ne supplantent jamais le jugement humain sans contrôle, garantissant ainsi que la médecine reste un art éthique fondé sur l'attention à l'autre.

B. Encadrement juridique et déontologique de l'acte médical et prévention des dérives économiques, politiques ou idéologiques[30] - L'acte médical est encadré par un ensemble de règles juridiques et déontologiques destinées à garantir qu'il reste centré sur le bien du patient, dans le respect de sa dignité, de sa liberté et de ses droits fondamentaux. Cet encadrement impose au médecin des obligations précises : devoir de compétence, d'humanité, de loyauté, de confidentialité et de respect du consentement. Le droit médical s'appuie sur des textes législatifs, comme les lois sanitaires, mais aussi sur les codes de déontologie professionnelle qui traduisent l'éthique en normes contraignantes. Ainsi, il ne suffit pas d'agir selon la science, il faut aussi agir selon la conscience.

La prévention des dérives économiques est une dimension essentielle de cet encadrement. Dans un contexte où les systèmes de santé subissent la pression des logiques marchandes, le cadre juridique interdit aux professionnels de tirer un bénéfice financier au détriment de l'intérêt du patient. Par exemple, un chirurgien qui pousse un patient vers une intervention inutile uniquement pour augmenter ses honoraires commet une faute à la fois déontologique et juridique. Les sanctions peuvent aller jusqu'à l'interdiction

---

[30] Gérard Mémeteau, Droit médical, 10e éd., LGDJ, 2018, p. 103-112 ; voir aussi : Code de déontologie médicale, art. R.4127-2 et suivants du Code de la santé publique (France).

d'exercer. La justice médicale intervient alors pour restaurer la confiance et rappeler que la médecine ne doit jamais être soumise à des intérêts commerciaux.

De même, le cadre juridique et déontologique protège l'acte médical contre les instrumentalisations politiques. L'histoire a montré, notamment dans des régimes autoritaires, comment la médecine pouvait être détournée à des fins de contrôle social, de répression ou de propagande. Aujourd'hui encore, des risques existent lorsqu'un pouvoir politique tente d'influencer les diagnostics psychiatriques ou les certificats médicaux à des fins judiciaires ou électorales. Par exemple, la délivrance de faux certificats pour écarter un opposant politique de la scène publique constitue une grave dérive, punissable tant par le droit que par les instances ordinales.

L'encadrement vise aussi à prévenir les dérives idéologiques, notamment celles fondées sur des considérations religieuses, ethniques ou philosophiques extrémistes. Un médecin ne peut refuser de soigner une femme, un homosexuel ou un non-croyant en raison de ses convictions personnelles. De telles pratiques constituent des violations flagrantes de l'éthique médicale et du droit à l'égalité d'accès aux soins. Par exemple, un praticien qui refuse une IVG à une patiente en l'humiliant pour ses choix personnels outrepasse le droit à l'objection de conscience, qui est strictement encadré pour ne pas devenir un outil de discrimination.

En somme, l'encadrement juridique et déontologique de l'acte médical n'est pas une contrainte formelle, mais une garantie contre les abus et les dérives, qu'elles soient économiques, politiques ou idéologiques. Il permet d'assurer une médecine indépendante, responsable et humaine. Par l'action des juridictions et des ordres professionnels, cet encadrement protège à la fois les patients et les soignants, en rappelant que l'acte médical n'est pas un simple service, mais une mission éthique, au service de la vie, de la justice et de la liberté individuelle.

Section 2 : La sacralité de l'homme face aux enjeux contemporains de la santé

L'homme est un être sacré en ce qu'il porte en lui une dignité intrinsèque qui transcende toute considération utilitaire, politique ou économique ; cette sacralité impose un respect absolu de sa vie, de son intégrité physique et morale, quels que soient son âge, sa condition ou ses choix. Ce principe fonde l'ensemble des droits humains, notamment en matière de santé, où nul ne peut être traité comme un simple objet de soins ou un moyen d'expérimentation. Par exemple, même un prisonnier en fin de vie conserve le droit à des soins palliatifs respectueux, car sa condition pénale ne saurait effacer sa qualité d'être humain sacré, porteur de droits inaliénables.

Paragraphe 1 : La sacralité de l'homme face aux enjeux contemporains de la santé

La sacralité de l'homme face aux enjeux contemporains de la santé[31] impose une réaffirmation constante de la primauté de la personne humaine dans un contexte marqué par les avancées technologiques, la pression économique, les pandémies, les inégalités d'accès aux soins et les débats éthiques sur les limites de l'intervention médicale. Plus que jamais, il est essentiel que les politiques de santé et les pratiques médicales soient guidées par le respect de la dignité humaine, en évitant toute instrumentalisation de l'être humain au profit de logiques marchandes ou techniciennes. La sacralité de l'homme rappelle que chaque décision sanitaire doit être centrée sur la protection de la vie, la solidarité, la justice sociale et l'équité, plaçant l'humain au cœur du système de santé, au-delà des chiffres et des performances.

A. La montée des logiques marchandes dans la médecine[32] – La sacralité de l'homme, principe éthique et philosophique fondé sur la reconnaissance de la dignité humaine comme valeur absolue, est aujourd'hui confrontée à de nombreux défis dans le domaine de la santé, notamment avec la montée des logiques marchandes dans la médecine. Ce principe implique que l'homme ne doit jamais être réduit à un simple objet de soin ou à un client dans une relation commerciale, mais reconnu comme une personne titulaire de droits inaliénables, dont le respect fonde la légitimité de tout acte médical. Or, la marchandisation croissante des soins tend à transformer cette relation humaine et morale en une simple transaction économique.

L'un des signes les plus visibles de cette dérive est la privatisation progressive des systèmes de santé et la généralisation d'une logique de rentabilité. Les hôpitaux sont gérés comme des entreprises, les médecins soumis à des objectifs de performance, et les patients perçus comme des consommateurs. Cela conduit parfois à privilégier les soins rentables (chirurgie esthétique, bilans systématiques non justifiés) au détriment des soins essentiels mais peu lucratifs (prévention, accompagnement psychologique). Par exemple, dans certains pays, des cliniques privées refusent de prendre en charge des malades chroniques, car leur traitement est coûteux et peu rentable, niant ainsi la sacralité de leur vie.

La médecine devient aussi un terrain d'investissement, où les géants pharmaceutiques et les assurances influencent les choix thérapeutiques. Le risque est que les décisions médicales ne soient plus guidées par le bien du patient, mais par les intérêts économiques. L'exemple des traitements anti-

---

[31] Conseil de l'Europe, Convention sur les droits de l'homme et la biomédecine (Convention d'Oviedo), 1997, art. 1 et 2 ; voir aussi : Dominique Folscheid, La bioéthique ou le devoir de résister, Salvator, 2012.

[32] Bernard-Henri Lévy, La barbarie à visage humain, Grasset, 1977 ; voir aussi : Didier Sicard, La médecine sans le cœur ?, Bayard, 2012, et Fabienne Brugère, L'éthique du care, PUF, 2011.

cancéreux coûteux parfois imposés malgré des alternatives équivalentes illustre ce phénomène. Le patient, déjà affaibli par la maladie, est alors soumis à une double pression : celle de la douleur et celle du coût. Cela heurte de front le principe de sacralité, selon lequel la personne malade doit être protégée et accompagnée sans condition financière.

Par ailleurs, cette logique marchande favorise l'inégalité d'accès aux soins. Dans un monde où l'offre médicale devient un bien de consommation, seuls les plus aisés peuvent accéder à des soins de qualité, tandis que les populations précaires subissent des retards de diagnostic, des refus de traitement, voire des abandons. Par exemple, dans certaines villes africaines, les hôpitaux exigent un paiement préalable avant toute intervention d'urgence, ce qui peut entraîner la mort de patients faute de moyens. Cette réalité contredit violemment le principe selon lequel toute vie humaine a une valeur égale, indépendamment de la richesse.

Face à ces dérives, il est impératif de rappeler que la médecine est d'abord une mission éthique, au service de la personne humaine considérée comme sacrée. Cela suppose de réaffirmer des politiques de santé publique fondées sur l'égalité, la solidarité et la responsabilité collective. Il ne s'agit pas de rejeter toute efficacité économique, mais de la subordonner à des principes supérieurs : le respect de la vie, de la dignité et de l'humanité du patient. En cela, défendre la sacralité de l'homme, c'est protéger l'essence même de l'acte médical contre les dérives contemporaines.

B. La santé devenue objet de profit : enjeux et risques[33] - La transformation de la santé en objet de profit constitue l'un des enjeux les plus préoccupants des systèmes médicaux contemporains. Lorsque la logique économique prend le pas sur la vocation humaniste de la médecine, le soin cesse d'être un droit pour devenir un service marchand. Ce changement de paradigme conduit à une priorisation des actes rentables, à une pression accrue sur les professionnels de santé et à une vision du patient non plus comme une personne, mais comme un « client ». Cette marchandisation affecte profondément la nature de la relation soignant-soigné, traditionnellement fondée sur la confiance, l'écoute et la bienveillance.

Un des risques majeurs de cette dynamique est l'inégalité d'accès aux soins. Dans un système dominé par le profit, les soins deviennent accessibles principalement à ceux qui peuvent les payer, laissant de côté les plus vulnérables. Par exemple, dans certaines cliniques privées, des patients sans assurance ni moyens financiers sont refusés ou orientés vers des structures publiques surchargées, souvent au péril de leur santé. Cette situation crée une

---

[33] Paul Ricoeur, Le Juste 2, Éditions Esprit, 2001 ; voir aussi : Marc Grassin et Frédéric Pochard, Éthique et économie de la santé, Érès, 2007 ; et Conseil National d'Éthique (France), Les enjeux de la marchandisation du corps humain, Avis n° 116, 2011.

médecine à deux vitesses, où le droit à la santé n'est plus universel mais conditionné par le pouvoir d'achat.

La santé comme produit financier favorise également une surmédicalisation motivée non par les besoins du patient, mais par la rentabilité des actes. Certains établissements incitent à des examens ou des traitements coûteux mais non nécessaires, augmentant artificiellement les dépenses de santé. Par exemple, des bilans médicaux complets et onéreux sont parfois proposés à des individus en bonne santé dans un but purement commercial. Cette tendance détourne les ressources disponibles, surcharge les systèmes de soin et expose les patients à des risques inutiles.

Ce modèle marchand fragilise aussi la déontologie médicale, en plaçant le médecin dans une tension entre son serment d'agir dans l'intérêt du patient et les objectifs économiques de son établissement. Un praticien peut être incité à réduire la durée d'hospitalisation ou à limiter certains soins coûteux, même si cela compromet la qualité de la prise en charge. Cette instrumentalisation du médecin, transformé en gestionnaire de coûts, nuit à la qualité du soin et érode la confiance des patients dans le système de santé.

Face à ces dérives, il est crucial de rappeler que la santé est un bien commun et non une marchandise. Les politiques publiques doivent garantir un accès équitable aux soins, préserver l'indépendance médicale et réguler les intérêts financiers dans le domaine sanitaire. L'éthique médicale doit rester au cœur du dispositif, afin que chaque individu, quelle que soit sa situation, puisse bénéficier de soins dignes, respectueux et justes. Défendre une médecine centrée sur l'humain, c'est refuser que la souffrance devienne un marché.

Paragraphe 2 : L'aide conditionnée et l'ingérence dans les politiques sanitaires nationales[34]

L'aide conditionnée, souvent imposée par des bailleurs internationaux ou des institutions financières, peut constituer une forme d'ingérence dans les politiques sanitaires nationales, en orientant les priorités de santé publique selon des intérêts extérieurs plutôt que selon les besoins réels des populations locales. En subordonnant l'octroi de financements à l'adoption de réformes spécifiques, parfois inadaptées aux contextes socioculturels ou économiques

---

[34] Jean-Pierre Dozon et Didier Fassin, Critique de la santé publique. Une approche anthropologique, Balland, 2001 ; voir aussi : Philippe Douste-Blazy, Financer le développement : l'innovation au service du changement, Rapport à l'ONU, 2009 ; et OMS, Renforcement des systèmes de santé en Afrique : le rôle des partenaires, Rapport régional, 2010.

des pays bénéficiaires, cette aide peut affaiblir la souveraineté sanitaire et compromettre la mise en œuvre de politiques cohérentes, durables et centrées sur la dignité humaine. Cette dynamique soulève des interrogations éthiques et politiques majeures, appelant à un rééquilibrage entre solidarité internationale et respect du droit des nations à définir librement leurs orientations en matière de santé.

A. La justice médicale comme rempart contre la déshumanisation[35] - La justice médicale constitue un rempart essentiel contre la déshumanisation dans les systèmes de santé modernes. À l'heure où la médecine tend à se techniciser et à se marchandiser, la justice rappelle que le patient n'est pas une pathologie ni un simple numéro de dossier, mais une personne humaine, porteuse de droits fondamentaux. Elle veille à ce que chaque acte médical soit fondé sur le respect de la dignité, de l'autonomie et de l'intégrité du malade. Par son action, elle réintroduit l'humain au cœur de la relation de soin, en s'opposant à toute forme de traitement impersonnel, brutal ou négligent.

L'un des premiers visages de la déshumanisation est l'indifférence institutionnelle, souvent observée dans les hôpitaux surchargés ou mal gérés. Le malade y est traité mécaniquement, sans considération pour sa douleur ni pour sa parole. La justice médicale intervient alors, à travers les juridictions ou les ordres professionnels, pour sanctionner des comportements contraires à l'éthique, comme l'abandon de patient ou le refus de soins sans justification. Par exemple, dans une affaire jugée en France, une femme enceinte a été laissée plusieurs heures sans assistance dans une salle d'attente, entraînant la mort du fœtus. L'hôpital a été condamné pour manquement à l'obligation de soins.

La justice médicale agit aussi contre la violence symbolique que peuvent subir certains patients en raison de leur âge, leur origine, leur statut social ou leur handicap. Des cas de discriminations médicales ont été rapportés, où des patients ont été moins bien pris en charge parce qu'ils étaient sans domicile fixe, migrants, ou âgés. En reconnaissant ces actes comme des fautes professionnelles ou discriminatoires, la justice réaffirme que tout être humain mérite la même qualité d'écoute et de soin, quelle que soit sa condition.

Par ailleurs, la justice médicale protège les patients face à la froideur technologique. Les progrès scientifiques, s'ils ne sont pas encadrés éthiquement, peuvent conduire à une médecine déshumanisée, fondée sur des protocoles standardisés, des machines impersonnelles et des décisions algorithmiques. La justice veille à ce que ces outils ne remplacent jamais

---

[35] Emmanuel Hirsch, La justice et les soins : éthique de la relation médicale, Érès, 2001 ; voir aussi : Paul Ricœur, Le Juste, Éditions Esprit, 1995 ; et Comité consultatif national d'éthique (CCNE), Avis n°108 - Humanisation des soins hospitaliers, 2009.

l'attention, la compassion et le discernement du soignant. Un exemple marquant est celui des fins de vie, où la décision de poursuivre ou non les traitements ne peut être laissée à un algorithme, mais doit être encadrée par une réflexion humaine, collégiale et respectueuse du patient.

En définitive, la justice médicale est le gardien des valeurs humanistes dans un système de santé soumis à des tensions multiples. Elle rappelle que soigner, c'est aussi écouter, comprendre, respecter et accompagner. En sanctionnant les dérives et en réparant les injustices, elle redonne une voix aux patients trop souvent réduits au silence. Ainsi, elle empêche que la médecine perde son âme en devenant une simple mécanique froide, déconnectée de l'essence même de sa mission : servir la vie humaine dans toute sa profondeur.

B- Protection des plus vulnérables (embryons, malades, vieillards) et affirmation d'une médecine au service de l'homme, non des intérêts[36] - La médecine, dans sa vocation la plus noble, est un service rendu à l'être humain dans toutes les étapes de sa vie, y compris les plus fragiles. Elle ne peut remplir pleinement cette mission que si elle place la personne humaine au centre de ses préoccupations, en particulier les plus vulnérables : l'embryon, le malade et le vieillard. Ces catégories, souvent sans voix, doivent faire l'objet d'une protection accrue, car elles incarnent les limites de l'autonomie et exigent une sollicitude éthique renforcée. La justice médicale, dans cette perspective, joue un rôle fondamental en fixant des règles qui empêchent que ces personnes soient sacrifiées aux intérêts économiques, politiques ou scientifiques.

La question de l'embryon humain illustre parfaitement cette exigence. Bien qu'il ne soit pas encore né, l'embryon est porteur d'une potentialité humaine qui impose un respect minimum. La bioéthique encadre ainsi strictement la recherche embryonnaire, interdisant toute expérimentation contraire à la dignité humaine. Par exemple, la destruction d'embryons surnuméraires dans le cadre de la procréation médicalement assistée est autorisée sous conditions, mais demeure encadrée juridiquement afin de prévenir toute dérive utilitariste ou eugéniste. Cette protection vise à rappeler que l'embryon ne saurait être un simple matériau biologique au service de la science.

L'avortement, en tant qu'acte volontaire d'interruption d'une grossesse, soulève de profondes interrogations éthiques et juridiques, notamment au regard de la dignité humaine. Si l'on reconnaît que la dignité de la personne

[36] Comité international de bioéthique de l'UNESCO, Déclaration universelle sur la bioéthique et les droits de l'homme, 2005 ; voir aussi : Paul Ricœur, Soi-même comme un autre, Seuil, 1990, et Didier Sicard, La médecine sans le cœur ?, Bayard, 2012.

humaine commence dès la conception, alors l'embryon, bien qu'à un stade précoce de développement, doit bénéficier d'une forme de respect et de protection. La justice médicale, qui a pour mission de défendre la vie et d'encadrer les pratiques médicales selon les principes éthiques, ne peut rester indifférente face à une généralisation de l'avortement, parfois banalisé comme un simple droit sans réflexion sur la valeur de la vie supprimée.

Dans un monde de plus en plus marqué par l'individualisme et la recherche de confort personnel, la suppression d'une vie humaine à son commencement peut devenir un réflexe facilité par des logiques sociales, économiques ou culturelles. Or, cette dynamique interpelle la justice médicale, dont le rôle est aussi de poser des limites, de rappeler que la médecine est faite pour soigner, non pour interrompre délibérément le processus naturel de la vie. Par exemple, dans certains pays, l'avortement est autorisé jusqu'à des stades avancés de la grossesse, parfois même au-delà de la viabilité du fœtus, ce qui soulève de vives critiques sur la compatibilité de ces pratiques avec l'esprit de la dignité humaine.

La justice médicale doit alors jouer un rôle de conscience, en veillant à ce que les décisions en matière d'avortement soient encadrées, réfléchies, et motivées par des situations réellement exceptionnelles. Elle doit encourager des alternatives fondées sur le respect de la vie, comme l'accompagnement des femmes en détresse, l'adoption ou le soutien social. Le combat pour la dignité humaine commence là où la vie est la plus fragile : dans le silence du ventre maternel. Défendre l'embryon, ce n'est pas nier la souffrance des femmes, mais rappeler que la justice médicale ne peut se construire sur le sacrifice de l'innocent sans remettre en cause les fondements mêmes de l'humanité.

Les malades, quant à eux, représentent une autre catégorie vulnérable que la médecine moderne doit impérativement protéger. Lorsque la rentabilité devient un critère de sélection des patients, certains sont exclus des soins ou orientés vers des traitements inadaptés. La justice médicale veille alors à rappeler que toute personne malade, indépendamment de son coût pour la société, mérite une prise en charge digne. Par exemple, des juridictions ont sanctionné des hôpitaux ayant refusé des soins urgents à des patients non assurés ou étrangers, au nom du principe d'égalité d'accès aux soins. Cette jurisprudence contribue à affirmer que la médecine est un droit fondamental et non un privilège.

Les personnes âgées, souvent confrontées à l'abandon, à la solitude ou à la négligence dans certaines structures médicales, sont également au cœur de cette problématique. La banalisation de leur souffrance, voire leur euthanasie déguisée, constitue une atteinte grave à leur dignité. Des scandales récents dans des maisons de retraite ont montré comment des logiques de gestion financière pouvaient conduire à des traitements inhumains. La justice est alors intervenue pour rappeler que la vieillesse ne diminue en rien la valeur de la vie humaine, et que chaque patient âgé a droit à un accompagnement respectueux jusqu'au terme naturel de son existence.

En définitive, affirmer une médecine véritablement au service de l'homme implique de résister à toutes les pressions qui tendent à réduire la personne à sa rentabilité ou à son utilité. C'est dans la manière dont une société traite ses membres les plus faibles que se mesure sa véritable humanité. La justice médicale, en encadrant les pratiques et en sanctionnant les dérives, constitue un levier essentiel pour garantir que l'acte médical demeure un acte de soin, de respect et d'humanité, jamais un outil de domination ou de sélection.

La justice médicale, pour être efficace et crédible, ne peut se déployer que dans un cadre institutionnel structuré. Elle repose sur une organisation judiciaire bien définie, qui garantit le respect des droits des patients, la responsabilité des professionnels de santé et l'équilibre entre les principes éthiques et les exigences juridiques. Ce cadre permet de traiter les litiges médicaux avec rigueur, en s'appuyant sur des juridictions compétentes, des procédures spécialisées et des normes claires. Ainsi, la justice médicale ne se résume pas à un idéal moral, mais devient une réalité concrète, accessible et encadrée par le droit.

Le chapitre suivant sera consacré à l'étude de cette organisation judiciaire spécifique. Il présentera les différentes instances intervenant dans le règlement des conflits médicaux : juridictions civiles, pénales, administratives, sociales et constitutionnelles mais aussi les ordres professionnels et commissions spécialisées. Nous analyserons également les procédures en vigueur, les recours disponibles pour les justiciables, ainsi que les garanties offertes à toutes les parties. Cette organisation judiciaire est le socle sur lequel repose la distribution équitable de la justice médicale dans un État de droit.

Chapitre II : L'Etat garant de l'offre sanitaire

La quasi-totalité des constitutions du monde, dans un esprit de justice sociale et de promotion des droits fondamentaux, reconnaissent la santé comme un droit fondamental. La Constitution congolaise du 25 octobre 2015 ne fait pas exception. Elle consacre explicitement la santé publique comme une mission essentielle de l'État, le positionnant comme garant de la santé de ses citoyens. En vertu de cette disposition, l'État congolais est investi d'une obligation légale et morale de mettre en œuvre toutes les politiques nécessaires pour assurer à la population un accès équitable à des soins de qualité.

Cette responsabilité implique en premier lieu la formation et la mise à disposition d'un personnel soignant compétent. L'article 19 de loi 009-88 du 23 mai 1988 instituant un Code de Déontologie des professions de la santé et des affaires sociales dispose que « Nul ne peut exercer la profession de médecin en République du Congo. S'il n'est pas titulaire d'un diplôme de médecin, d'un certificat ou autre titre de valeur scientifique reconnu équivalent par le ministre chargé de l'enseignement supérieur. Toutefois les étudiants à partir de la 5eme année de médecine peuvent remplacer un médecin ou travailler sous sa surveillance ». [37]

Ainsi, la qualité des soins étant directement liée aux compétences des professionnels de santé, l'État doit investir dans des institutions de formation performantes, renforcer la spécialisation des praticiens et garantir leur formation continue. Ce devoir est indissociable d'une bonne politique de gestion des ressources humaines en santé, qui valorise les carrières médicales, améliore les conditions de travail et assure une répartition équitable du personnel sur l'ensemble du territoire.

Ensuite, une offre sanitaire efficace repose sur l'existence d'une pharmacie bien équipée et accessible. Cela suppose un approvisionnement régulier en médicaments essentiels, sûrs et efficaces, ainsi que la lutte contre les produits contrefaits. L'État doit également mettre en place une régulation rigoureuse du circuit pharmaceutique, en contrôlant la chaîne d'importation, de stockage, de distribution et de dispensation des produits de santé, afin de garantir leur qualité et leur disponibilité pour tous.

---

[37] L'article 19 de loi 009-88 du 23 mai 1988 instituant un Code de Déontologie des professions de la santé et des affaires sociales dispose que « Nul ne peut exercer la profession de médecin en République du Congo. S'il n'est pas titulaire d'un diplôme de médecin, d'un certificat ou autre titre de valeur scientifique reconnu équivalent par le ministre chargé de l'enseignement supérieur. Toutefois les étudiants à partir de la 5eme année de médecine peuvent remplacer un médecin ou travailler sous sa surveillance ».

Par ailleurs, le développement d'un plateau technique moderne est indispensable pour répondre aux besoins diagnostiques et thérapeutiques des patients. Cela comprend l'acquisition d'équipements médicaux de pointe, leur maintenance régulière et la formation du personnel à leur utilisation. Un système de santé moderne ne peut se passer des technologies biomédicales, des laboratoires performants et de l'imagerie médicale avancée, sans lesquels les soins restent limités et les diagnostics approximatifs.

Les infrastructures hospitalières constituent également un pilier fondamental. L'État congolais a le devoir de construire, réhabiliter et entretenir des établissements de santé adaptés, sûrs et accessibles. Ces bâtiments doivent répondre aux normes architecturales, fonctionnelles et environnementales modernes, afin de garantir un accueil digne, sécurisé et efficace aux patients. L'urbanisme hospitalier doit être repensé pour désenclaver les zones rurales, réduire les inégalités territoriales et décongestionner les grands centres urbains.

Enfin, les conditions d'hygiène dans les structures sanitaires sont une exigence incontournable. Elles relèvent d'une politique de prévention des infections nosocomiales, de la gestion des déchets biomédicaux, de l'assainissement et de la salubrité publique. L'État doit veiller à la mise en place de protocoles sanitaires rigoureux, à l'accès à l'eau potable, à l'électricité et à des installations sanitaires fonctionnelles dans tous les établissements de santé. Ce n'est qu'en réunissant ces conditions que l'État pourra réellement remplir son rôle de garant de la santé publique, conformément aux exigences constitutionnelles et aux normes internationales.

Section 1 : L'obligation pour l'Etat à mettre à la disposition de la population, un personnel soignant compétent, motivé et organisé

L'Assemblée mondiale de la santé a relevé que l'une des difficultés des pays en développement à fournir des soins de qualité réside dans le fait que le personnel est peu performant par manque de défaut de compétence et de motivation.[38]

Le tableau dressé par l'Assemblée mondiale de la santé est aussi vrai au Congo où le système des soins connaît de nombreux dysfonctionnement. Raison pour laquelle l'Etat congolais étant garant de la santé publique l'obligation de mettre à la disposition de la population un personnel soignant compétent, motivé et organisé est une exigence fondamentale découlant de son rôle de garant du droit à la santé. Il ne suffit pas de former des

[38] OMS, qualité de soins : sécurité des patients, rapport du secrétariat, 55e assemblée mondiale de la santé, 22 mars 2002, para. 5

professionnels de santé ; encore faut-il les organiser efficacement, les répartir de manière équitable sur le territoire national, et assurer une coordination optimale des services pour répondre aux besoins sanitaires des populations. Cette mission suppose une planification rigoureuse des ressources humaines, une gestion rationnelle des carrières, une supervision continue et la mise en place de structures fonctionnelles assurant la complémentarité entre les différents corps de métiers médicaux. Un personnel compétent mais mal organisé produit une offre sanitaire inefficace, au détriment de l'intérêt général.

Paragraphe 1 : La ressource humaine compétente et organisée

La ressource humaine compétente et organisée[39] constitue le socle essentiel d'un système de santé efficace et résilient. Elle englobe des professionnels formés, éthiquement engagés, bien répartis sur le territoire et coordonnés dans leurs interventions pour répondre de manière cohérente aux besoins sanitaires de la population. Une telle ressource humaine garantit non seulement la qualité des soins, mais aussi la prévention des risques, la gestion des crises sanitaires, et le respect des droits des patients. Son développement repose sur des politiques de formation continue, de valorisation du métier, et d'organisation fonctionnelle, car sans une ressource humaine solide, l'offre sanitaire reste inefficiente, même en présence d'infrastructures modernes ou de technologies avancées.

A. Le personnel soignant compétent et motivé- Le personnel soignant compétent, motivé et organisé constitue le premier pilier d'une offre sanitaire adéquate, car la qualité des soins prodigués dépend directement des connaissances, de l'expertise et de l'engagement des professionnels de santé. Médecins, infirmiers, sages-femmes, pharmaciens et techniciens de santé doivent être bien formés, régulièrement recyclés et éthiquement encadrés pour répondre efficacement aux besoins sanitaires de la population. Un personnel qualifié garantit non seulement des diagnostics précis et des traitements appropriés, mais aussi une prise en charge humaine et sécurisée des patients. Sans cette ressource humaine de qualité, même les équipements les plus modernes ou les médicaments les plus performants perdent leur efficacité.

Un personnel soignant compétent commence par une excellente connaissance du corps humain, aussi bien sur le plan anatomique que physiologique. Il comprend le fonctionnement normal de chaque organe, les interconnexions entre les différents systèmes (nerveux, cardiovasculaire,

---

[39] Organisation mondiale de la santé (OMS), Stratégie mondiale sur les ressources humaines pour la santé 2030, Genève, 2020 ; voir aussi : Gérard Audureau et Jean-Pierre Gauthier, Gestion des ressources humaines en santé, Dunod, 2015.

respiratoire, etc.) ainsi que les signes cliniques d'un dérèglement. Cette compréhension fine permet une observation rigoureuse du patient et facilite l'identification des premiers indices d'une affection.

Ensuite, la compétence repose sur une maîtrise solide des pathologies. Le soignant doit savoir reconnaître les maladies, comprendre leurs origines, leurs modes de transmission, leurs symptômes et leurs effets sur le corps. Cela inclut également la capacité de distinguer les maladies aiguës des maladies chroniques, ainsi que de mesurer les risques liés à leur évolution si elles ne sont pas traitées à temps.

Un personnel soignant qualifié doit connaître les traitements adaptés à chaque maladie. Cela implique non seulement la prescription ou l'administration de médicaments, mais aussi la maîtrise des gestes techniques, la surveillance des effets secondaires et l'adaptation du traitement en fonction de l'évolution clinique du patient. Cette approche intégrée, fondée sur la science, l'expérience et l'éthique, garantit une prise en charge médicale efficace et respectueuse des normes de qualité en matière de santé.

La formation du personnel soignant doit être en adéquation avec les problèmes sanitaires du pays afin de garantir une réponse efficace et ciblée aux besoins réels de la population. Elle doit tenir compte des pathologies les plus fréquentes, des spécificités épidémiologiques locales, des contraintes socio-économiques et des enjeux de santé publique nationaux. Adapter les curricula aux réalités sanitaires permet de former des professionnels capables d'intervenir de manière pertinente sur le terrain, de réduire les inégalités d'accès aux soins et d'améliorer la performance globale du système de santé.

Le nombre de professionnels de santé formés et déployés doit impérativement correspondre aux besoins sanitaires réels de l'ensemble du territoire national. Un déséquilibre entre les zones urbaines et rurales engendre des inégalités d'accès aux soins, compromettant le principe d'équité en matière de santé. Ainsi, l'État doit planifier les effectifs en fonction de la densité de population, de la charge de morbidité, des infrastructures disponibles et des priorités de santé publique. Cette approche garantit que chaque citoyen, où qu'il réside, bénéficie de la présence effective de personnels soignants compétents et disponibles.

Au Congo, le ratio de personnel de santé par rapport à la population demeure en deçà des normes recommandées par l'Organisation mondiale de la santé (OMS). En effet, l'OMS recommande un seuil minimal de 4,45 professionnels de santé (médecins, infirmiers et sage-femmes) pour 1 000 habitants afin de garantir une couverture sanitaire universelle efficace.

Selon une étude de l'OMS publiée en 2022, la densité moyenne de professionnels de santé en Afrique subsaharienne[40] est de 1,55 pour 1000 habitants, ce qui est nettement inférieur au seuil recommandé. Seuls quatre pays africains, Maurice, Namibie, Seychelles et Afrique du Sud, dépassent ce seuil.

De plus, une répartition harmonieuse du personnel de santé nécessite une politique d'incitation à la mobilité, un encadrement rigoureux et des conditions de travail attractives, notamment dans les zones sous-desservies. Il ne suffit pas d'avoir un nombre global suffisant ; il faut que ce nombre soit stratégiquement réparti. Une telle planification permet non seulement d'optimiser l'offre sanitaire sur tout le territoire, mais aussi de renforcer la résilience du système de santé face aux crises, aux épidémies et aux besoins émergents.

Dans un pays où l'offre sanitaire en personnel soignant est en inadéquation avec les besoins de la population, l'accès à la formation médicale ne peut pas, en principe, reposer exclusivement sur un concours hautement sélectif qui limite le nombre d'admis. Une telle approche, bien qu'efficace pour garantir l'excellence, devient contre-productive lorsqu'elle prive le système de santé d'un effectif suffisant pour assurer une couverture nationale. Dans ce contexte, la priorité doit être de répondre à l'urgence sanitaire en élargissant les opportunités d'accès à la formation médicale, sans sacrifier pour autant les exigences de qualité.

Face à cette situation, l'État peut adopter une politique d'incitation, notamment en encourageant les étudiants à s'inscrire massivement dans les facultés de médecine et de sciences de la santé. Cela peut passer par la suppression ou l'assouplissement des barrières à l'entrée, l'octroi de bourses, l'amélioration des infrastructures universitaires et l'ouverture de nouvelles filières régionales. Une telle politique volontariste permettrait à moyen terme de corriger le déséquilibre entre l'offre et la demande en personnel soignant, et de garantir une meilleure couverture sanitaire, en particulier dans les zones les plus défavorisées.

D'où l'intérêt pour l'État de construire des écoles de médecine modernes, capables de répondre aux exigences actuelles de la formation médicale. Ces établissements doivent être dotés d'infrastructures adéquates, de laboratoires bien équipés, de bibliothèques numériques, de centres de simulation et d'un personnel enseignant qualifié. Dans un contexte où les défis sanitaires évoluent rapidement avec l'apparition de nouvelles maladies, les progrès technologiques et les mutations démographiques, il est essentiel que la formation des futurs soignants soit en phase avec les standards internationaux

---

[40] Organisation mondiale de la santé (OMS), Global Strategy on Human Resources for Health: Workforce 2030, Genève, 2016 ; voir aussi : OMS, World Health Statistics 2023, Genève, 2023.

et les réalités locales. Une école de médecine moderne n'est pas seulement un lieu de transmission du savoir, mais aussi un centre d'innovation, de recherche et de réponse aux urgences sanitaires.

En outre, ces écoles doivent offrir des conditions d'apprentissage dignes et stimulantes pour attirer, former et retenir les étudiants les plus motivés. Cela passe par la modernisation des méthodes pédagogiques, l'introduction des technologies numériques, l'encadrement personnalisé et l'accès à des stages pratiques dans des structures sanitaires performantes. En investissant dans la construction de telles institutions, l'État se dote d'un levier stratégique pour renforcer durablement son système de santé, former des professionnels compétents et autonomes, et répondre efficacement aux besoins de la population.

Un personnel soignant bien formé se distingue par la qualité des soins prodigués, la précision des diagnostics, la rapidité de la prise en charge et le respect des protocoles médicaux. Cette maîtrise technique et scientifique se reflète directement dans les résultats cliniques : baisse du taux de mortalité, diminution des complications, meilleure gestion des maladies chroniques et amélioration globale de l'état de santé des patients. Un professionnel bien formé est également mieux préparé à gérer les situations d'urgence, à adopter les bonnes pratiques d'hygiène, et à utiliser les technologies médicales modernes avec efficacité.

Au-delà des résultats médicaux, la compétence du personnel soignant influence fortement la satisfaction des patients. Ces derniers se sentent en sécurité, écoutés, compris et respectés lorsqu'ils sont pris en charge par des soignants compétents et humains. La qualité de l'interaction entre soignant et patient renforce la confiance dans le système de santé, favorise l'observance thérapeutique et contribue à une image positive des structures sanitaires. Ainsi, investir dans la formation du personnel ne bénéficie pas uniquement à la performance du système, mais participe aussi à la construction d'une relation de confiance et de dignité entre l'institution médicale et la population.

Cependant, l'État a l'impérieux devoir de mettre en place un plan structuré de formation continue pour les professionnels de santé, afin de maintenir et d'actualiser leurs compétences tout au long de leur carrière. Le domaine médical évolue constamment : de nouveaux protocoles apparaissent, des maladies émergentes se déclarent, et les technologies deviennent plus sophistiquées. Sans une mise à jour régulière, les connaissances acquises deviennent rapidement obsolètes, exposant les patients à des soins inadaptés et compromettant l'efficacité du système de santé.

La formation continue permet au personnel soignant de s'adapter aux innovations médicales, aux normes sanitaires internationales, et aux besoins spécifiques des populations. Elle renforce également la motivation, la confiance en soi et la valorisation professionnelle des agents de santé. À travers des séminaires, des ateliers, des stages pratiques ou encore des formations en ligne, l'État peut offrir à ses soignants un cadre propice au développement permanent de leurs compétences. Cela est d'autant plus crucial dans les contextes où la santé publique est régulièrement mise à l'épreuve par des crises sanitaires, des pandémies ou des conflits.

Un personnel soignant privé de formation continue est condamné, à terme, à l'obsolescence professionnelle. Il devient incapable de répondre aux exigences contemporaines, perd la maîtrise des outils modernes, et voit sa relation avec le patient se détériorer par manque de confiance. À l'échelle nationale, cette dégradation affecte la performance globale du système de santé et la crédibilité des structures sanitaires. C'est pourquoi l'État, en garantissant un mécanisme permanent de renforcement des capacités, protège non seulement la qualité des soins, mais aussi la dignité et l'évolution de la carrière de chaque professionnel de santé.

Sur l'ensemble du territoire, l'État peut et doit construire plusieurs centres de recyclage et de formation continue dédiés au personnel soignant. Ces centres, stratégiquement répartis dans les différentes régions, permettraient de faciliter l'accès à la mise à jour des connaissances pour tous les agents de santé, y compris ceux exerçant dans les zones rurales ou enclavées. Ils joueraient un rôle crucial dans la normalisation des pratiques médicales, la maîtrise des innovations technologiques et l'intégration des nouvelles directives sanitaires, en assurant une homogénéité dans la qualité des soins sur tout le territoire national.

En outre, ces centres serviraient de lieux d'échange, de partage d'expériences et de perfectionnement professionnel. Ils pourraient offrir des modules spécialisés par domaine (pédiatrie, obstétrique, soins d'urgence, épidémiologie, etc.) et accueillir des formations certifiantes, en partenariat avec les facultés de médecine et les institutions internationales. En instaurant une telle dynamique de recyclage continu, l'État renforcerait durablement son capital humain en santé, améliorerait la performance des structures sanitaires, et contribuerait à bâtir une culture médicale d'excellence et d'éthique au service de la population.

Dans le cadre de l'octroi des autorisations de prestations aux cliniques privées, l'État a l'obligation de s'assurer que le personnel soignant proposé est non seulement qualifié, mais également reconnu par ses pairs pour sa compétence et son intégrité professionnelle. Cette exigence relève du devoir de protection de la santé publique. Une clinique ne peut être perçue comme un simple espace commercial ; elle est un établissement de soins dont la vocation est de sauver des vies, soulager les souffrances et garantir un traitement médical digne et efficace. À ce titre, la validation de l'équipe soignante constitue un préalable incontournable à toute autorisation.

Accorder une autorisation sans procéder à une vérification rigoureuse des qualifications, de l'expérience et des références du personnel constitue une négligence grave de la part de l'autorité publique. Cela expose les patients à des risques majeurs : erreurs médicales, traitements inappropriés, complications évitables, voire décès injustifiés. Une clinique mal encadrée devient un lieu de maltraitance sanitaire, d'expérimentations douteuses ou de pratiques non conformes à l'éthique médicale. Il en résulte une perte de confiance dans le système de santé et une atteinte grave aux droits fondamentaux des usagers.

C'est pourquoi l'État, à travers les structures de régulation sanitaire, doit mettre en place un mécanisme rigoureux d'évaluation des compétences avant toute autorisation d'exercice. Cela implique des audits techniques, la vérification des diplômes, l'examen des parcours professionnels, et, au besoin, l'avis des ordres professionnels ou des commissions indépendantes. Un personnel soignant reconnu par ses pairs pour son sérieux et son expertise constitue une garantie de sécurité pour les patients et de crédibilité pour le système sanitaire dans son ensemble.

Par ailleurs, le personnel soignant d'une clinique doit être en mesure de maîtriser les langues locales, car la langue joue un rôle central dans la qualité de la prise en charge. Une communication claire, fluide et compréhensible entre le soignant et le patient est essentielle pour établir un diagnostic fiable, expliquer un traitement, et instaurer un climat de confiance. Dans de nombreuses régions, le recours à une langue étrangère ou à un jargon médical inaccessible crée une barrière linguistique qui compromet le dialogue et peut conduire à des erreurs graves. La compétence linguistique locale devient ainsi un critère fondamental d'humanisation des soins.

Plus encore, la langue conditionne directement le consentement éclairé du patient, principe fondamental du droit médical. Un patient qui ne comprend pas ce qu'on lui explique ne peut pas consentir librement à un acte médical. Cela fragilise la légitimité des soins reçus et viole ses droits les plus élémentaires. Il est donc impératif que les professionnels de santé soient capables de s'exprimer dans les langues vernaculaires, particulièrement dans les zones où la langue nationale ou officielle est peu maîtrisée. En adaptant la communication à la réalité linguistique de la population, on renforce l'efficacité du soin et le respect de la dignité humaine.

C'est pourquoi il ne suffit pas simplement de recruter une main-d'œuvre étrangère pour combler les déficits en personnel soignant ; il est tout aussi crucial de s'assurer que ce personnel maîtrise les langues locales ou, à tout le moins, qu'il puisse communiquer efficacement avec les patients. Une barrière linguistique entre le soignant et le soigné compromet la qualité des soins, entrave la compréhension des symptômes, nuit à l'explication des traitements et remet en cause le principe du consentement éclairé. Ainsi, tout recrutement étranger dans le secteur de la santé doit intégrer un volet linguistique, afin de garantir une intégration harmonieuse et une prise en charge respectueuse des réalités culturelles et linguistiques du pays d'accueil.

B. Un personnel soignant motivé et bien organisé[41] – L'article 9 de loi 009-88 du 23 mai 1988 instituant un Code de Déontologie des professions de la santé et des affaires sociales[42] dispose que « Les personnels de la santé et des affaires sociales doivent respecter : la hiérarchie administrative, la discipline au travail, l'autorité, la ponctualité et l'assiduité dans le service, la bonne administration et la bonne gestion dans le cadre des fonctions qui leur sont attribuées. Ils doivent être disponibles, efficaces et compétents.». L'État, en tant que garant de l'offre sanitaire, ne se limite pas à l'obligation de former et de déployer un personnel soignant compétent. Il lui incombe également de veiller à ce que ce personnel soit motivé et organisé, coordonné et encadré de manière efficiente. La compétence sans motivation et organisation équivaut à une force mal dirigée, dont les effets peuvent être contraires à l'objectif de santé publique. Une organisation rigoureuse du personnel soignant permet une répartition équitable des tâches, une communication fluide entre les différentes catégories professionnelles, et une gestion optimale du temps et des ressources.

Un personnel soignant bien organisé est capable d'assurer une continuité des soins, une prise en charge rapide et cohérente des patients, et une réponse efficace en cas d'urgence. Cela suppose l'existence de protocoles clairs, de plannings maîtrisés, d'équipes multidisciplinaires bien structurées et d'un encadrement hiérarchique fonctionnel. L'organisation contribue à prévenir les erreurs médicales, à réduire les délais d'attente, et à améliorer la satisfaction des patients. Elle est le socle sur lequel repose la qualité et la sécurité des soins.

En sus, un personnel soignant motivé constitue la pierre angulaire d'un système de santé performant et équitable. Il se caractérise par son engagement, son sens du devoir, sa résilience face aux difficultés, et sa volonté constante de prodiguer des soins de qualité. La motivation du personnel soignant dépend

---

[41] Organisation mondiale de la santé (OMS), Renforcer la performance du personnel de santé en Afrique : rapport du bureau régional pour l'Afrique, OMS Afrique, 2010 ; voir aussi : Pierre-André Dandine, Management des équipes soignantes, Lamarre, 2015.

[42] L'article 9 de loi 009-88 du 23 mai 1988 instituant un Code de Déontologie des professions de la santé et des affaires sociales dispose que « Les personnels de la santé et des affaires sociales doivent respecter : la hiérarchie administrative, la discipline au travail, l'autorité, la ponctualité et l'assiduité dans le service, la bonne administration et la bonne gestion dans le cadre des fonctions qui leur sont attribuées. Ils doivent être disponibles, efficaces et compétents. »

étroitement de facteurs tels que des conditions de travail décentes, une rémunération juste, un encadrement professionnel valorisant, des opportunités de formation continue, ainsi que la reconnaissance institutionnelle et sociale de leur rôle. Lorsqu'il est soutenu et encouragé, ce personnel devient un acteur essentiel non seulement dans la prise en charge des malades, mais aussi dans la promotion de la santé publique, la prévention des maladies et le renforcement de la confiance entre les citoyens et les institutions sanitaires.

À l'inverse, un personnel mal motivé et désorganisé agit comme une machine déréglée : les soins deviennent chaotiques, les responsabilités se diluent, les conflits internes se multiplient, et les patients en subissent directement les conséquences. Les rendez-vous sont mal gérés, les traitements peuvent être administrés à contretemps, les urgences sont mal prioritaires, et la surcharge de travail crée un climat de stress propice à l'épuisement professionnel. Dans ce contexte, la souffrance et la mort ne sont plus des issues accidentelles, mais deviennent des réalités prévisibles.

L'État doit donc mettre en place un système de gestion des ressources humaines en santé, avec des mécanismes clairs d'affectation, de supervision, d'évaluation et de redéploiement. Il s'agit notamment de veiller à la présence de cadres intermédiaires bien formés, capables de coordonner les équipes, de répartir les tâches en fonction des compétences, et de résoudre rapidement les dysfonctionnements. L'organisation ne doit pas être laissée au bon vouloir des individus, mais institutionnalisée à travers des normes de gestion, des outils informatiques adaptés, et une culture de performance.

La formation à la gestion organisationnelle doit également être intégrée dans le cursus des soignants. Il ne suffit pas de savoir diagnostiquer et soigner ; il faut aussi apprendre à travailler en équipe, à respecter les circuits de communication, à gérer les priorités et à s'adapter à des situations complexes. L'organisation repose ainsi sur un équilibre entre compétence technique, discipline collective, et leadership opérationnel. Chaque membre de l'équipe soignante devient acteur d'un système ordonné et fonctionnel.

Il est important de souligner que la motivation et l'organisation du personnel soignant constituent deux piliers fondamentaux de l'efficacité du système de santé. L'État, en négligeant cet aspect, compromet non seulement la vie des patients, mais expose également les soignants à l'échec et au discrédit. Un personnel désorganisé est une machine qui, loin de guérir, produit la souffrance et la mort. Il est donc impératif que les pouvoirs publics fassent de l'organisation des ressources humaines en santé une priorité stratégique, au même titre que la formation et l'équipement.

L'expérience a démontré que la nuit ou la fin de la journée est, en effet, un moment particulièrement critique pour tomber malade au Congo, surtout lorsqu'il s'agit d'une affection nécessitant l'intervention rapide d'un spécialiste. Dans de nombreux hôpitaux, la quasi-totalité des spécialistes quittent les établissements en fin de journée, laissant la permanence des soins entre les mains de médecins généralistes ou d'internes. Ces derniers, bien que compétents dans leur domaine, se retrouvent souvent dépassés face à des situations complexes relevant de spécialités précises comme la cardiologie, la neurologie ou la chirurgie. Cette absence de spécialisation nocturne fragilise dangereusement la chaîne de prise en charge.

Le discours est presque devenu routinier dans les services d'urgence : "Il faut attendre demain matin, quand le professeur ou le spécialiste sera disponible." Une telle réponse, bien qu'honnête dans le fond, constitue un aveu d'impuissance qui coûte parfois la vie à des patients. Dans le domaine médical, chaque minute compte. Reporter une prise en charge spécialisée peut aggraver de façon irréversible l'état du patient, compromettre ses chances de survie ou entraîner des séquelles lourdes. Cette situation révèle une organisation hospitalière inadaptée aux exigences du service public de santé, qui devrait fonctionner 24h/24 avec la même rigueur et la même compétence.

Ce dysfonctionnement met également en lumière une concentration excessive du savoir médical dans les mains de quelques praticiens souvent surchargés, au lieu d'un système structuré de relève et de continuité des soins. Un hôpital qui fonctionne correctement doit prévoir une garde de spécialistes ou, à défaut, des protocoles de téléconsultation ou de coordination rapide entre les services. Il ne s'agit pas de maintenir tous les professeurs en service permanent, mais d'organiser une rotation, d'assurer des gardes spécialisées par secteur critique, et de créer des mécanismes pour intervenir à temps, même en dehors des heures normales de travail.

L'État congolais, garant de l'organisation sanitaire, ne peut ignorer cette faille systémique. Il doit imposer des normes de permanence des soins, encourager la formation de spécialistes disponibles en rotation de nuit, et investir dans des outils technologiques pour assurer un appui médical continu. La vie humaine ne connaît pas d'horaires. Une maladie grave ne prévient pas et n'attend pas l'arrivée du jour. Il est donc impératif d'adapter l'organisation hospitalière congolaise à cette réalité, en assurant une présence continue de compétences spécialisées, pour que les soins de qualité ne soient plus une affaire d'horaires, mais une garantie constante.

Le manque d'organisation dans le système de santé entraîne une banalisation inquiétante des situations d'urgence. Faute de protocoles clairs, de personnel spécialisé en poste ou d'un circuit bien défini de prise en charge rapide, des cas critiques sont souvent traités comme des consultations ordinaires. Les patients arrivent aux urgences avec des pathologies graves nécessitant une intervention immédiate, mais se retrouvent confrontés à des délais d'attente, à l'absence d'équipements ou de professionnels qualifiés, et parfois à une mauvaise orientation. Ce dysfonctionnement transforme une urgence vitale en une situation sanitaire normale, avec pour conséquence directe l'aggravation de l'état du patient, voire son décès.

Cette dérive révèle une défaillance structurelle dans la gestion des soins urgents, où la réactivité et la coordination devraient pourtant primer. Il ne suffit pas d'avoir des infrastructures et du personnel en nombre ; encore faut-il que les services soient organisés selon des logiques d'efficacité, de priorité et de responsabilité. L'État doit impérativement instaurer une culture de l'urgence médicale, appuyée par des formations spécifiques, une planification rigoureuse des gardes, et des centres d'appels ou de triage capables de hiérarchiser les interventions. Redonner à l'urgence sa juste place dans le dispositif sanitaire, c'est protéger la vie humaine face à l'imprévu.

L'une des failles majeures observées dans l'organisation du système de santé réside aussi dans la répartition déséquilibrée du personnel soignant sur le territoire national. Certaines localités, notamment rurales ou enclavées, souffrent cruellement d'un manque de personnel médical et paramédical, ce qui limite l'accès aux soins et aggrave les inégalités sanitaires. Cette pénurie se traduit souvent par l'absence de médecins, d'infirmiers qualifiés ou de sage-femmes dans les centres de santé de proximité, exposant ainsi les populations à des risques accrus en matière de morbidité et de mortalité.

Paradoxalement, dans les grandes villes, on constate une concentration excessive de soignants dans quelques établissements hospitaliers, parfois au détriment de leur efficacité collective. Cette pléthore urbaine, souvent motivée par la recherche de meilleures conditions de vie ou d'équipements plus modernes, crée une pression sur les infrastructures existantes et engendre une concurrence interne parfois malsaine. Pour corriger ce déséquilibre, l'État doit adopter une politique volontariste de répartition équitable, fondée sur des incitations financières, sociales et professionnelles, afin d'encourager le personnel à exercer dans les zones sous-médicalisées.

Paragraphe 2 : Obligations et devoirs du personnel soignant

Les obligations et devoirs du personnel soignant[43] dans le domaine de la santé s'imposent tant aux acteurs étatiques qu'aux professionnels de santé, chacun devant contribuer à la réalisation effective du droit à la santé pour tous. L'État a l'obligation de garantir un accès équitable, disponible et de qualité aux services sanitaires, tout en mettant en place des cadres juridiques et institutionnels protecteurs. Les professionnels de santé, quant à eux, ont le devoir de soigner avec compétence, humanité, loyauté et respect de la dignité des patients. Ces obligations et devoirs, complémentaires et indissociables,

[43] Code international d'éthique des soins infirmiers, Conseil international des infirmières (CII), 2021 ; voir aussi : Code de déontologie médicale, République française, Décret n° 2004-802 du 29 juillet 2004, et Emmanuel Hirsch, L'éthique dans les pratiques de soin, Érès, 2010

forment l'armature d'un système de santé juste, où chaque manquement peut engager la responsabilité, tant administrative que judiciaire.

A. Obligations - Il pèse sur le personnel soignant plusieurs obligations juridiques et déontologiques qui encadrent l'exercice de leurs fonctions. Parmi celles-ci, cinq se démarquent par leur portée essentielle : l'obligation de moyens, l'obligation de résultat et l'obligation de sécurité. Ces obligations visent à garantir la qualité des soins, à protéger les patients contre les risques médicaux, et à assurer la responsabilité professionnelle des acteurs de santé. Leur respect est au cœur de la confiance entre le soignant et le patient.

1/ L'obligation de moyens – L'obligation de moyens est la plus fondamentale dans le domaine médical. Elle impose au soignant de mettre en œuvre, avec compétence, diligence et prudence, tous les moyens nécessaires pour atteindre le meilleur résultat possible. Cela comprend le respect des protocoles médicaux, l'actualisation de ses connaissances, l'utilisation appropriée du matériel, et la rigueur dans le suivi du patient. En cas d'échec thérapeutique, le professionnel ne sera pas automatiquement fautif, à condition qu'il prouve avoir accompli toutes les diligences requises selon l'état de la science et les ressources disponibles.

2/ L'obligation de résultat - L'obligation de résultat, quant à elle, s'applique de manière plus ciblée, notamment dans certains actes médicaux bien déterminés où le résultat attendu est précis et mesurable. C'est le cas, par exemple, dans les actes de chirurgie esthétique, la délivrance de lunettes correctrices ou les analyses biologiques. Ici, le soignant est tenu d'atteindre un résultat déterminé. En cas d'échec, il lui revient de démontrer l'existence d'une cause étrangère exonératoire, faute de quoi sa responsabilité est engagée. Cette obligation renforce la rigueur professionnelle, mais ne doit pas faire oublier que la médecine reste une science incertaine.

3/ L'obligation de sécurité – L'obligation de sécurité impose au personnel de santé de garantir au patient un environnement de soins exempt de risques évitables. Cela inclut la prévention des infections nosocomiales, la bonne utilisation des dispositifs médicaux, la surveillance des actes pratiqués, et la garantie d'un lieu d'hospitalisation sécurisé. Le soignant doit aussi s'assurer que le patient comprend bien le traitement proposé, en fournissant une information claire, loyale et appropriée, ce qui relève également du devoir d'information, parfois considéré comme une obligation à part entière.

4/ L'obligation d'humanité[44] - L'article 5 de loi 009-88 du 23 mai 1988 instituant un Code de Déontologie des professions de la santé et des affaires sociales dispose que « Le personnel de la santé et des affaires sociales doit : respecter la vie et la personne humaine… ».

L'obligation d'humanité consiste à traiter le patient avec respect, dignité, bienveillance et empathie, indépendamment de son origine, de sa situation sociale ou de sa pathologie. Elle impose également de respecter le secret médical et la vie privée. Dans un contexte où le système de santé peut devenir impersonnel, l'obligation d'humanité rappelle que le soin est avant tout une relation humaine.

5/ L'obligation de formation continue[45] - L'article 11 de loi 009-88 du 23 mai 1988 instituant un Code de Déontologie des professions de la santé et des affaires sociales dispose que « Le personnel de la santé et des affaires sociales a le devoir d'entretenir et de perfectionner ses connaissances ». L'obligation de formation continue, devenue incontournable dans un environnement médical en constante évolution. Le professionnel de santé a le devoir de se tenir informé des avancées scientifiques, technologiques et thérapeutiques pour adapter sa pratique aux normes actuelles. Cette obligation permet de maintenir la compétence professionnelle et d'assurer une prise en charge actualisée et conforme aux standards de qualité. Ensemble, ces obligations forment un socle de responsabilité qui doit guider le comportement du personnel soignant, dans le respect de l'éthique, du droit et de l'intérêt supérieur du patient.

B. Devoirs - Le devoir professionnel du personnel soignant[46] est l'obligation morale, éthique et juridique de remplir sa mission avec compétence, rigueur, intégrité et humanité, dans le respect des règles déontologiques et des droits des patients. Il implique de prodiguer des soins de qualité, de respecter le secret médical, d'agir avec diligence, de maintenir un haut niveau de formation continue, et de placer l'intérêt du patient au centre de toutes les décisions. Ce devoir est la pierre angulaire de la confiance entre la population et le système de santé, garantissant la sécurité, la dignité et le

---

[44] L'article 5 de loi 009-88 du 23 mai 1988 instituant un Code de Déontologie des professions de la santé et des affaires sociales dispose que « Le personnel de la santé et des affaires sociales doivent : respecter la vie et la personne humaine ….»

[45] L'article 11 de loi 009-88 du 23 mai 1988 instituant un Code de Déontologie des professions de la santé et des affaires sociales dispose que « Le personnel de la santé et des affaires sociales ont le devoir d'entretenir et de perfectionner leurs connaissances ».

[46] Conseil international des infirmières (CII), Code international d'éthique des soins infirmiers, 2021 ; voir également : Ordre national des médecins, Code de déontologie médicale, Journal Officiel de la République française, Décret n°2004-802 du 29 juillet 2004 ; et Emmanuel Hirsch, Ethique et pratiques soignantes, Érès, 2001.

respect de chaque personne soignée. Voici donc quelques devoirs essentiels du personnel soignant, tant sur le plan juridique que déontologique :

1. Devoir de compétence - Le devoir de compétence impose au personnel soignant d'exercer sa profession avec un niveau de savoir, de savoir-faire et de savoir-être conforme aux exigences de la pratique médicale moderne. Il suppose la maîtrise des connaissances scientifiques, techniques et relationnelles nécessaires à la qualité des soins, ainsi que la capacité à les adapter aux situations cliniques rencontrées. Ce devoir engage également le professionnel à actualiser régulièrement ses compétences par la formation continue, afin de répondre efficacement aux évolutions médicales, technologiques et épidémiologiques. Toute négligence à ce devoir expose le patient à des risques et engage la responsabilité du soignant.

2. Devoir de diligence - Le devoir de diligence impose au personnel soignant d'agir avec promptitude, attention et conscience professionnelle dans la prise en charge des patients. Il ne s'agit pas seulement d'intervenir, mais de le faire au bon moment, avec le niveau de réactivité et de vigilance requis par l'urgence ou la gravité de la situation. Ce devoir comprend également l'obligation de suivi, de coordination avec les autres acteurs de santé et de continuité des soins. Le manquement à ce devoir peut aggraver l'état du patient, compromettre sa guérison et engager la responsabilité du soignant pour négligence ou retard fautif.

3. Devoir de respect de la personne humaine - Le devoir de respect de la personne humaine impose au personnel soignant de traiter chaque patient avec dignité, considération et impartialité, indépendamment de son origine, de sa condition sociale, de ses croyances ou de son état de santé. Ce devoir se manifeste par le respect de la vie privée, de l'intimité, de l'intégrité physique et morale du patient, ainsi que de son autonomie, notamment à travers le recueil du consentement éclairé. Il interdit toute forme de discrimination, de jugement ou de maltraitance, et fonde la relation de soins sur l'éthique, la bienveillance et l'humanité, piliers essentiels d'un système de santé respectueux des droits fondamentaux.

4. Devoir d'information - Le devoir d'information impose au personnel soignant de délivrer au patient une information claire, loyale, complète et compréhensible sur son état de santé, les examens, les traitements proposés, leurs bénéfices, leurs risques éventuels, ainsi que les alternatives possibles. Cette obligation vise à permettre au patient de donner un consentement libre et éclairé avant toute intervention médicale. Le manquement à ce devoir constitue une atteinte au droit fondamental du patient à l'autonomie et peut engager la responsabilité du soignant. Ce devoir est un pilier de la relation de confiance entre le soignant et le soigné, fondée sur la transparence et le respect mutuel.

5. Devoir de secret professionnel - Le devoir de secret professionnel impose au personnel soignant de ne divulguer aucune information relative à la santé, à la vie privée ou à la situation personnelle du patient, obtenue dans l'exercice de ses fonctions. Ce devoir protège la confidentialité et l'intimité du patient, et constitue un fondement essentiel de la relation de confiance entre le soignant et le soigné. Il s'applique à toute information, qu'elle ait été recueillie verbalement, par écrit ou par observation, et demeure valable même après la mort du patient. Le secret professionnel ne peut être levé que dans les cas expressément prévus par la loi, notamment pour prévenir un danger grave ou répondre à une obligation légale.

6. Devoir de coopération - Le devoir de coopération impose au personnel soignant de travailler en étroite collaboration avec l'ensemble des acteurs du système de santé : médecins, infirmiers, pharmaciens, agents administratifs, et autres professionnels dans un esprit d'équipe, de respect mutuel et de complémentarité. Cette coopération vise à garantir la continuité, la qualité et la sécurité des soins, en assurant une coordination efficace des interventions autour du patient. Elle suppose une communication claire, la transmission rigoureuse des informations pertinentes et le respect du rôle de chacun. Le défaut de coopération peut entraîner des erreurs, des ruptures de prise en charge et compromettre la santé du patient.

7. Devoir de formation continue - Le devoir de formation continue impose au personnel soignant de maintenir et d'actualiser régulièrement ses connaissances et compétences tout au long de sa carrière, afin de répondre aux évolutions constantes des sciences médicales, des technologies de soins et des besoins de santé publique. Cette obligation professionnelle et éthique garantit la qualité, la sécurité et l'efficacité des soins dispensés aux patients. Elle traduit l'engagement du soignant envers l'excellence et l'adaptabilité, tout en contribuant à renforcer la confiance du public dans le système de santé. La négligence de ce devoir peut entraîner une obsolescence des pratiques et mettre en danger la vie des patients.

8. Devoir de loyauté envers l'institution - Le devoir de loyauté envers l'institution impose au personnel soignant de respecter les valeurs, les règles et les objectifs de l'établissement de santé au sein duquel il exerce, tout en contribuant activement à son bon fonctionnement et à sa réputation. Cette loyauté se manifeste par un comportement éthique, une collaboration constructive avec la hiérarchie et les collègues, ainsi qu'un respect des procédures internes. Elle interdit toute attitude de dénigrement, de sabotage ou de conflit d'intérêts susceptible de nuire à l'intérêt général ou à la cohésion de l'équipe. Ce devoir renforce la stabilité institutionnelle et la qualité de l'offre de soins.

9. Devoir de neutralité - Le devoir de neutralité impose au personnel soignant de s'abstenir de toute manifestation d'opinion politique, religieuse ou idéologique dans l'exercice de ses fonctions, afin de garantir un traitement équitable et impartial à tous les patients. Ce devoir vise à préserver la relation de soins de toute influence ou pression susceptible d'altérer la confiance, la liberté de conscience ou la dignité du patient. Il s'inscrit dans le respect des principes de laïcité, d'objectivité et de non-discrimination, et contribue à faire de l'espace médical un lieu neutre, centré exclusivement sur la santé et le bien-être de la personne soignée.

10. Devoir de signalement - Le devoir de signalement impose au personnel soignant de porter à la connaissance des autorités compétentes toute situation mettant en danger la santé, la sécurité ou l'intégrité physique ou morale d'un patient, en particulier lorsqu'il s'agit de violences, de maltraitances, de négligences graves ou de maladies à déclaration obligatoire. Ce devoir, encadré par la loi, vise à protéger les personnes vulnérables, notamment les enfants, les personnes âgées ou les personnes en situation de handicap. Il ne constitue pas une violation du secret professionnel lorsqu'il est exercé dans le respect des textes légaux, mais une responsabilité morale et citoyenne du soignant au service de la protection de la vie humaine.

11. Le devoir d'aménité - Le devoir d'aménité impose au personnel soignant une attitude empreinte de respect, de courtoisie, de bienveillance et de retenue dans toutes ses interactions, tant avec les patients qu'avec leurs familles et les collègues. Ce devoir participe à la qualité de la relation de soins en instaurant un climat de confiance, d'écoute et de dignité, essentiel à la prise en charge. Il exige du soignant non seulement une compétence technique, mais aussi une posture humaine et éthique, même dans des contextes difficiles ou face à des comportements hostiles. L'aménité rappelle que soigner, c'est aussi savoir se comporter avec noblesse et respect de l'autre.

Section 2 : L'offre sanitaire pharmaceutique

L'offre sanitaire pharmaceutique occupe une place centrale dans tout système de santé, car il n'existe ni traitement efficace ni guérison possible sans accès aux médicaments appropriés.

L'implantation d'une pharmacie sur un territoire obéit, par principe, à un critère démographique. Il est généralement admis que dans une zone comptant entre 1 et 5 000 habitants, l'installation d'une pharmacie s'impose. Certaines doctrines, toutefois, fixent ce seuil à 10 000 habitants pour une officine. Quoi qu'il en soit, entre 0 et 10 000 habitants, la présence d'au moins une pharmacie demeure nécessaire.

Elle constitue le prolongement direct de l'acte médical et conditionne la réussite de toute prise en charge thérapeutique. Une pharmacie bien approvisionnée, dotée de médicaments de qualité, accessibles et bien conservés, est indispensable pour garantir le droit à la santé. L'absence ou l'insuffisance de cette offre expose les patients à des complications graves, voire à la mort, et affaiblit considérablement la crédibilité du système sanitaire national.

Paragraphe 1 : La place des médicaments dans l'offre sanitaire

Les médicaments occupent une place centrale dans l'offre sanitaire[47], car ils constituent un élément essentiel du processus de prise en charge, de traitement, de prévention et de rétablissement de la santé. Leur disponibilité, leur accessibilité financière, leur qualité et leur bon usage conditionnent directement l'efficacité des soins prodigués et la confiance des populations envers le système de santé. Une politique pharmaceutique bien structurée, intégrée à l'offre sanitaire, permet non seulement de lutter contre les maladies, mais aussi de prévenir les dérives telles que la contrefaçon, l'automédication abusive ou les ruptures d'approvisionnement. Ainsi, les médicaments, loin d'être de simples produits de consommation, sont des outils thérapeutiques stratégiques dont la gestion rationnelle et éthique est cruciale pour garantir le droit à la santé.

A. Fabrication - La fabrication des médicaments est un processus complexe et hautement réglementé, qui repose sur des normes scientifiques, techniques et éthiques strictes. Elle commence par la recherche pharmaceutique, laquelle identifie les substances actives capables de traiter, prévenir ou soulager une maladie. Une fois la molécule découverte, elle est soumise à de nombreux essais précliniques et cliniques pour évaluer son efficacité, sa sécurité et ses effets secondaires éventuels. Ce processus peut durer plusieurs années et nécessite d'importants investissements en recherche et développement.

Après l'autorisation de mise sur le marché (AMM) délivrée par une autorité compétente, comme l'OMS ou une agence nationale de régulation, commence la phase industrielle de production. Celle-ci se déroule dans des laboratoires pharmaceutiques certifiés, qui doivent respecter les Bonnes Pratiques de Fabrication (BPF). Ces normes garantissent la qualité, la pureté, le dosage exact et la traçabilité des produits finis. Toute défaillance dans cette chaîne peut entraîner des risques graves pour la santé publique, d'où la nécessité d'un contrôle rigoureux à chaque étape.

La fabrication locale des médicaments constitue un enjeu stratégique majeur pour les pays en développement, notamment en Afrique. Elle permet de réduire la dépendance vis-à-vis de l'importation, de garantir une meilleure

[47] Organisation mondiale de la santé (OMS), Cadre d'action pour les médicaments essentiels 2023–2030, Genève, 2023 ; voir aussi : République française, Code de la santé publique, art. L.5121-1 ; et Pierre Chirac, Médicaments : bien commun ou marchandise ?, Revue Prescrire, n° 431, mars 2020.

disponibilité des produits de santé, et de renforcer la souveraineté sanitaire nationale. Toutefois, elle suppose des investissements lourds en infrastructures, en formation de ressources humaines qualifiées, ainsi qu'un cadre réglementaire solide pour encadrer la production et éviter la prolifération de médicaments falsifiés ou de mauvaise qualité.

Enfin, la fabrication des médicaments ne peut être efficace que si elle s'accompagne d'une volonté politique affirmée, d'une coopération internationale et d'une politique pharmaceutique nationale cohérente. L'État a le devoir de soutenir l'industrie pharmaceutique locale à travers des incitations fiscales, des subventions à la recherche, et des partenariats public-privés. Cette stratégie contribue non seulement à renforcer le système de santé, mais aussi à stimuler l'économie nationale en créant des emplois et en favorisant le transfert de technologies.

B. Pas de santé sans médicaments de qualité - Il n'y a pas de santé possible sans médicaments de qualité. Le médicament représente l'élément fondamental de toute stratégie de traitement. Lorsqu'il est administré à un patient, il doit produire l'effet thérapeutique attendu sans générer de dommages inutiles. Pour cela, trois exigences majeures doivent être réunies : la qualité, l'efficacité et l'innocuité. Ces critères constituent les piliers de la confiance que l'on peut accorder à un médicament.

1/ La qualité d'un médicament – Elle concerne sa conformité aux normes de fabrication, de conservation et de distribution. Un médicament de qualité doit contenir la substance active exacte dans les bonnes proportions, être stable dans le temps, et être fabriqué dans des conditions d'hygiène rigoureuses. Il ne doit présenter aucune contamination ou variation qui pourrait compromettre son effet thérapeutique. L'État a donc l'obligation de contrôler l'ensemble de la chaîne de production et de distribution à travers des inspections régulières et des laboratoires de contrôle.

2/ L'efficacité du médicament – Elle renvoie à sa capacité à produire l'effet attendu chez le patient pour une pathologie donnée. Cette efficacité doit être scientifiquement prouvée à travers des études cliniques sérieuses. L'État, via ses organes de régulation, ne peut autoriser la commercialisation d'un médicament que si les preuves d'efficacité sont établies de manière rigoureuse. L'accès à des traitements réellement efficaces est une garantie du droit à la santé.

3/ L'innocuité – Elle est l'assurance que le médicament ne provoquera pas d'effets indésirables graves lorsqu'il est utilisé conformément à sa posologie. Même les médicaments efficaces peuvent devenir dangereux s'ils ne respectent pas cette exigence. Il revient donc à l'État d'imposer des essais de tolérance, de surveiller les effets post-commercialisation (pharmacovigilance) et de retirer tout produit dont les risques dépassent les bénéfices thérapeutiques.

Lorsque l'État perd le contrôle du marché pharmaceutique, il ouvre involontairement la porte à la prolifération des médicaments falsifiés, contrefaits ou de qualité douteuse. Ces produits, souvent introduits dans le système par des circuits parallèles non réglementés, échappent aux contrôles de sécurité, de composition et de conservation. Ils envahissent les pharmacies, les marchés informels et parfois même les établissements de santé, mettant gravement en péril la santé publique. Cette situation traduit une faiblesse institutionnelle majeure et compromet l'autorité de l'État en matière de régulation sanitaire.

Les conséquences sont dramatiques : les patients subissent des échecs thérapeutiques répétés, les maladies deviennent plus résistantes aux traitements, et les professionnels de santé perdent des repères cliniques fiables. Les infections banales deviennent mortelles, les coûts de traitement augmentent inutilement, et la confiance envers le système de santé s'effondre. C'est pourquoi il est impératif que l'État assure un contrôle strict du marché pharmaceutique, renforce les dispositifs de traçabilité des produits et lutte vigoureusement contre la vente illicite de médicaments. La santé d'une nation commence par la fiabilité de ce qu'elle prescrit.

Voilà pourquoi, pour des raisons de fiabilité et de sécurité sanitaire, la vente des médicaments doit exclusivement se faire dans des circuits officiels et contrôlés, notamment dans les pharmacies hospitalières ou les officines privées légalement autorisées. Ces structures sont tenues par des professionnels qualifiés, en particulier des docteurs en pharmacie, formés pour garantir la qualité, la traçabilité, la conservation et le bon usage des médicaments. Cela permet d'éviter les erreurs de dispensation, de fournir des conseils pharmaceutiques adaptés, et surtout de protéger les patients contre les produits contrefaits ou inappropriés.

Permettre la vente de médicaments en dehors de ces circuits professionnels, notamment dans les marchés informels ou par des personnes non habilitées, expose gravement la population à des risques sanitaires majeurs. Le médicament n'est pas un produit comme les autres : il doit être prescrit, dispensé et contrôlé avec rigueur. En confiant cette mission à des pharmaciens diplômés et inscrits à l'ordre, l'État renforce la sécurité des soins et garantit une chaîne pharmaceutique fiable, fondée sur la compétence, l'éthique et la responsabilité.

Les pharmacies hospitalières ne doivent, par principe, jamais être en rupture de stock de médicaments essentiels. Leur rôle est central dans la chaîne de soins, car elles garantissent l'accès immédiat aux traitements prescrits par les médecins. Une indisponibilité de médicaments dans ces structures pousse les familles, souvent en situation d'urgence, à se disperser dans toute la ville à la recherche des produits inscrits sur l'ordonnance, avec tous les risques que cela comporte : retards de traitement, exposition à des médicaments falsifiés ou mal conservés, surcoûts financiers, et parfois renoncement aux soins.

Par ailleurs, l'absence de médicaments au sein même des hôpitaux favorise l'introduction anarchique de produits issus de l'extérieur, souvent non contrôlés, compromettant ainsi la qualité thérapeutique globale et exposant l'établissement à des risques juridiques et sanitaires. Une pharmacie hospitalière bien approvisionnée permet non seulement de sécuriser le parcours de soins, mais aussi de soulager les familles des malades en leur évitant une double peine : celle de la maladie et celle de la course au médicament. C'est donc un impératif de gouvernance sanitaire et de dignité pour le système hospitalier.

Pour mieux garantir la qualité des médicaments mis à la disposition de sa population, l'État doit, par principe, s'engager dans la production locale de ses propres médicaments. Une telle initiative permet de maîtriser toute la chaîne de fabrication, depuis les matières premières jusqu'à la distribution, en s'assurant que les normes de sécurité, d'efficacité et d'innocuité sont rigoureusement respectées. Produire sur son propre sol, c'est également réduire la dépendance vis-à-vis des importations, souvent soumises à des aléas logistiques, politiques ou commerciaux.

Cette stratégie de production locale s'inscrit dans un principe fondamental : la souveraineté pharmaceutique. Un État qui ne contrôle pas sa capacité à produire des médicaments est exposé à des vulnérabilités graves en cas de crise sanitaire, de guerre, ou de perturbation des marchés internationaux. La souveraineté pharmaceutique permet à une nation de répondre rapidement à ses besoins de santé publique, de sécuriser son approvisionnement et de protéger sa population contre les ruptures de stock ou l'invasion de produits contrefaits.

Par ailleurs, en se concentrant sur la fabrication des médicaments génériques, l'État peut significativement améliorer l'accessibilité des soins. Les génériques, ayant la même efficacité thérapeutique que les médicaments princeps mais à un coût réduit, permettent de soigner davantage de patients à moindre prix. Cette politique de production ciblée rend l'offre sanitaire plus équitable, en allégeant le fardeau financier des familles, tout en consolidant le budget national de la santé.

Enfin, développer une industrie pharmaceutique nationale favorise la création d'emplois qualifiés, stimule la recherche locale, renforce les partenariats avec les universités et instituts de santé, et donne à l'État un rôle moteur dans l'innovation thérapeutique. C'est une vision stratégique, à la fois sanitaire, économique et politique, qui positionne la santé publique comme un pilier de la souveraineté nationale.

Même lorsque l'État concède à des opérateurs privés le droit d'importer ou de distribuer des médicaments, sa responsabilité en tant que garant de l'offre sanitaire demeure pleine et entière. Il doit impérativement s'assurer que ces partenaires sont bien intégrés dans le système de régulation pharmaceutique national, qu'ils respectent les normes en vigueur, et qu'ils se conforment à un cahier des charges strict en matière de traçabilité, de qualité et de conformité des produits. L'intégration des partenaires privés dans une dynamique de contrôle rigoureux est indispensable pour prévenir toute dérive ou infiltration de produits de contrefaçon dans le système de santé.

La confiance dans les partenaires privés ne doit en aucun cas faire obstacle aux mécanismes de contrôle. Le médicament étant un produit sensible, à fort impact sur la vie humaine, l'État doit maintenir une surveillance continue sur les circuits d'approvisionnement, en renforçant les inspections, les vérifications documentaires, les analyses en laboratoire, et en instaurant des sanctions dissuasives en cas d'infraction. L'absence de contrôle ouvre la voie aux faux médicaments, aux échecs thérapeutiques et à la perte de confiance des populations dans le système de santé. Le partenariat public-privé ne doit pas affaiblir l'autorité de l'État, mais au contraire, renforcer la sécurité pharmaceutique nationale.

Toutefois, chaque fois qu'un citoyen consomme un faux médicament ou en achète un, cela traduit un échec de l'État dans sa mission régalienne de protection de la santé publique. Le médicament, par sa nature, est un produit à risque qui nécessite une régulation stricte. Laisser circuler ou se vendre des médicaments falsifiés revient à exposer délibérément la population à un danger grave, compromettant non seulement la guérison du malade, mais aggravant parfois son état de santé ou causant la mort. C'est donc un signe manifeste de défaillance des mécanismes de contrôle et de vigilance pharmaceutique.

En tant que garant de l'offre sanitaire, l'État a l'obligation de mettre en place des dispositifs efficaces pour prévenir, détecter et éliminer les médicaments falsifiés ou de mauvaise qualité. Cela passe par un encadrement rigoureux des importations, la surveillance du marché, l'autorisation stricte des circuits de distribution, et la sensibilisation du public. Si malgré ces mesures, un faux médicament atteint un patient, la responsabilité de l'État est engagée. Il s'agit d'un manquement grave à ses devoirs envers les citoyens, dont la confiance repose sur la fiabilité du système de santé national.

En sus, le médecin, dans l'exercice de ses fonctions, a le devoir de prescrire uniquement des médicaments autorisés par les autorités sanitaires compétentes. Cette obligation s'inscrit dans le respect des protocoles médicaux et des listes nationales de médicaments homologués. En prescrivant des produits non reconnus ou interdits, le médecin met en danger la santé du patient et viole les principes déontologiques de sa profession. Il s'agit là d'une faute grave susceptible d'engager sa responsabilité civile, pénale et disciplinaire.

Par ailleurs, recommander des médicaments autorisés permet de garantir leur qualité, leur efficacité et leur innocuité. Cela facilite également le contrôle de la chaîne pharmaceutique, favorise la transparence dans l'offre sanitaire et protège le patient contre les risques d'effets secondaires imprévus ou de traitements inefficaces. Le respect de cette exigence renforce la confiance du public envers le système de santé, tout en contribuant à la lutte contre la prolifération des médicaments contrefaits dans le pays.

En définitive, garantir la qualité, l'efficacité et l'innocuité des médicaments est une obligation régalienne de l'État, au même titre que la sécurité ou la justice. Il s'agit d'une responsabilité de santé publique, mais aussi d'un engagement moral envers les citoyens. Car un médicament non contrôlé peut détruire plus qu'il ne soigne. La santé d'un peuple commence par la confiance dans les traitements qu'il reçoit.

Paragraphe 1 : La couverture de l'offre pharmaceutique sur l'ensemble du territoire national[48]

La couverture de l'offre sanitaire pharmaceutique sur l'ensemble du territoire national est un enjeu majeur de santé publique, car elle conditionne l'équité dans l'accès aux médicaments essentiels. Une répartition déséquilibrée des officines, dépôts pharmaceutiques et circuits de distribution renforce les inégalités territoriales, laissant des zones rurales ou enclavées sans solutions thérapeutiques fiables. Pour garantir une véritable justice sanitaire, l'État doit mettre en place des politiques de maillage pharmaceutique, de régulation des prix, de subvention des zones défavorisées et de lutte contre les circuits informels. Une couverture nationale complète assure non seulement la disponibilité des médicaments, mais aussi la continuité des soins, la prévention des ruptures de traitement et la protection

[48] Organisation mondiale de la santé (OMS), Renforcement des systèmes pharmaceutiques en Afrique : défis et perspectives, Rapport régional, Bureau Afrique, 2022 ; voir aussi : Ministère de la Santé Publique du Congo, Plan national pharmaceutique 2021–2025, Brazzaville, 2021.

des populations contre les risques liés aux produits de santé illicites ou inappropriés.

A. Lieux de la vente des médicaments – Le médicament, en raison de sa nature potentiellement dangereuse s'il est mal utilisé, ne peut être commercialisé que dans des structures encadrées par la loi, à savoir la pharmacie hospitalière ou l'officine privée régulièrement autorisée. Cette exigence juridique découle de la nécessité de sécuriser l'accès aux produits médicaux et d'en garantir la qualité, la traçabilité et la conformité. Vendre un médicament hors de ces circuits légaux, c'est exposer le patient à des produits non contrôlés, à des erreurs de dosage ou à des contrefaçons aux conséquences parfois irréversibles sur la santé.

De plus, la vente exclusive en pharmacie permet l'encadrement par des professionnels qualifiés, notamment les docteurs en pharmacie, qui disposent des compétences nécessaires pour délivrer les bons produits, conseiller les patients, et alerter en cas d'interactions ou de contre-indications. Cette exigence protège le malade, encadre l'usage du médicament et prévient les automédications dangereuses. En cela, la réglementation sur la distribution pharmaceutique est un pilier fondamental de la politique de santé publique.

En réalité, la pharmacie assure la gestion sécurisée du circuit du médicament. Cette unité structurelle gère l'approvisionnement, le stockage, la dispensation et le contrôle qualité des médicaments et dispositifs médicaux stériles. Elle garantit la conformité des produits aux exigences pharmaco techniques et assure la traçabilité des prescriptions. La pharmacie joue également un rôle consultatif auprès des prescripteurs, contribuant à la rationalisation de la consommation médicamenteuse, à la prévention des iatrogénies et à la lutte contre l'antibiorésistance.

L'absence de pharmacie au sein d'une structure sanitaire, ou la récurrence des ruptures de stock en médicaments essentiels, compromet gravement la qualité de l'offre de soins. Une structure de santé, pour être fonctionnelle et efficiente, doit impérativement disposer d'une pharmacie bien approvisionnée afin de répondre rapidement et efficacement aux besoins thérapeutiques des patients.

Cette carence fragilise la capacité de l'hôpital ou de la clinique à assurer une prise en charge continue, en particulier pour les patients en situation de détresse sanitaire nécessitant une intervention immédiate. Le manque de médicaments ou leur indisponibilité sur place entraînent des retards dans l'administration des traitements, ce qui peut aggraver l'état clinique du patient, voire mettre sa vie en danger.

Or, la disponibilité des médicaments constitue un pilier fondamental de toute offre sanitaire sérieuse. Pourtant, dans de nombreux hôpitaux du Congo, cette exigence est loin d'être respectée. Trois situations préoccupantes se rencontrent fréquemment : soit la pharmacie existe mais reste désespérément vide, soit elle n'existe tout simplement pas, soit encore elle est dépourvue des médicaments essentiels, même pour les pathologies les plus courantes. Ce manque d'organisation place les patients dans une position de grande vulnérabilité et fragilise la chaîne de soins dès la phase de traitement.

Face à cette carence, les patients ou leurs accompagnants sont contraints de quitter l'hôpital pour chercher les médicaments ailleurs, parfois en urgence, et souvent dans des conditions éprouvantes. Si les faits surviennent la nuit, la situation devient encore plus critique : il faut identifier une pharmacie de garde, qui peut être située à plusieurs kilomètres, sans garantie d'y trouver les produits prescrits. Dans des cas extrêmes, le temps passé à chercher les médicaments peut coûter la vie au patient. On a vu, par exemple, des patients souffrant de crises hypertensives ou de complications diabétiques graves décéder avant que les médicaments adéquats ne soient retrouvés.

À l'étranger, notamment en Europe, cette situation est quasiment impensable. Chaque établissement hospitalier est doté d'une pharmacie interne bien équipée, approvisionnée de manière continue, et capable de répondre rapidement aux prescriptions médicales. L'accès aux médicaments y est fluide, ce qui garantit une prise en charge immédiate du patient, conformément aux protocoles de soins. Cette disponibilité, couplée à une traçabilité rigoureuse, réduit considérablement les risques thérapeutiques et permet une plus grande efficacité dans les traitements.

En dehors des pharmacies hospitalières, le paysage pharmaceutique au Congo comprend également un réseau important de pharmacies privées, généralement tenues par des professionnels formés. Toutefois, malgré leur présence, la répartition géographique de ces pharmacies privées révèle de graves déséquilibres. Elles sont massivement concentrées dans les centres urbains, notamment dans les quartiers les plus accessibles et les plus densément peuplés, où la rentabilité commerciale est garantie. Cette concentration urbaine crée une inégalité manifeste d'accès pour les habitants des zones périphériques, des nouveaux quartiers et surtout des zones rurales.

Ce déséquilibre soulève la question de la régulation étatique. Le rôle de l'État, en tant que garant de l'offre pharmaceutique, devrait consister à veiller à une répartition équitable des établissements pharmaceutiques sur l'ensemble du territoire national. L'octroi des autorisations d'ouverture de pharmacie ne devrait pas seulement répondre à des critères économiques, mais aussi à des impératifs de santé publique. Or, dans les faits, on observe peu ou pas de critères de rééquilibrage territorial dans l'attribution de ces autorisations, ce qui alimente une offre pharmaceutique profondément inégalitaire.

B. Les problèmes de la couverture pharmaceutique sur l'ensemble du territoire[49] - L'orientation de plus en plus commerciale de l'activité pharmaceutique occupe une place de choix dans la conscience collective. De nombreuses pharmacies privées fonctionnent davantage comme des commerces ordinaires que comme des établissements de santé. Les impératifs de rentabilité prennent souvent le pas sur les exigences de santé publique, avec parfois des conseils thérapeutiques insuffisants, une sur-prescription de produits inutiles, voire des pratiques contraires à l'éthique. Ce comportement dénature le rôle du pharmacien, qui est censé accomplir une mission de service public, en garantissant l'accès sécurisé, efficace et rationnel aux médicaments.

Face à cette situation, il devient urgent que les autorités publiques revoient la gouvernance pharmaceutique nationale. Des mesures telles que la planification territoriale de l'installation des pharmacies, l'obligation de service dans les zones sous-équipées, des incitations fiscales ou des subventions ciblées pourraient contribuer à une meilleure couverture pharmaceutique. De même, une charte nationale de déontologie pharmaceutique, renforcée par des contrôles réguliers, permettrait de rappeler aux pharmaciens leur double rôle de professionnels de santé et de relais de la puissance publique, au service de la population, et non d'une logique purement marchande.

À l'intérieur du pays, l'offre sanitaire pharmaceutique reste l'un des maillons les plus faibles du système de santé congolais. Dans plusieurs localités, l'accès aux médicaments essentiels est soit difficile, soit totalement inexistant. Cette carence est particulièrement criante dans les zones rurales et enclavées, où les structures sanitaires sont déjà précaires. L'absence de pharmacie de proximité prive ainsi des milliers de citoyens de traitements de base, compromettant gravement leur droit fondamental à la santé.

Prenons l'exemple du département du Niari. En quittant la ville de Dolisie pour se rendre vers les districts de l'intérieur, on constate une rareté presque absolue des pharmacies. Certaines localités en sont complètement dépourvues. Là où une pharmacie est présente, elle est souvent mal équipée, sous-approvisionnée, et tenue par du personnel non qualifié. Il n'est pas rare de trouver des officines sans médicaments de première nécessité comme les antipyrétiques, les antipaludiques ou encore les antibiotiques de base.

Dans la Bouenza, le district de Yamba, qui regroupe plusieurs villages répartis sur un vaste territoire, l'absence totale de pharmacie constitue une

---

[49] Organisation mondiale de la santé (OMS), Accès aux médicaments essentiels dans les zones rurales et reculées : état des lieux et recommandations, Genève, 2020 ; voir aussi : Banque africaine de développement (BAD), Renforcer les chaînes d'approvisionnement pharmaceutique en Afrique rurale, Rapport sectoriel, 2021.

grave lacune en matière d'accès aux soins de santé. Cette situation expose les populations à des risques sanitaires importants, en particulier en cas d'urgences médicales ou de maladies chroniques nécessitant un traitement régulier. Les habitants sont contraints de parcourir de longues distances pour se procurer des médicaments essentiels, ce qui aggrave les inégalités en matière de santé et fragilise davantage les communautés rurales déjà vulnérables. Cette carence souligne l'urgence de mettre en place au moins une pharmacie de proximité pour garantir le droit fondamental à la santé.

Cette situation expose les populations rurales à des risques graves : automédication hasardeuse, recours aux marchés parallèles, consommation de faux médicaments, ou encore abandon pur et simple des soins. En cas d'urgence, les malades sont obligés de parcourir de longues distances, souvent à moto ou à pied, pour rejoindre un centre mieux équipé. Cette inégalité territoriale dans l'accès aux produits pharmaceutiques crée une médecine à deux vitesses entre les zones urbaines et rurales, contraire aux principes d'équité en matière de santé publique.

Pour pallier cette carence, l'État congolais doit engager une réforme ambitieuse de la politique pharmaceutique nationale. Cela implique la création de pharmacies publiques dans chaque district, le renforcement des circuits d'approvisionnement, la régulation du secteur pour lutter contre les médicaments de contrefaçon, et la formation de pharmaciens compétents. Sans un maillage pharmaceutique solide et homogène, aucune politique sanitaire ne peut être pleinement efficace, car la disponibilité des médicaments est une condition non négociable de tout système de santé performant.

Un autre facteur majeur qui fragilise l'offre sanitaire pharmaceutique au Congo réside dans le contrôle défaillant de la chaîne d'approvisionnement. De la production en laboratoire jusqu'à la mise à disposition des médicaments dans les pharmacies, le système souffre d'un manque de traçabilité et de surveillance rigoureuse. Ce vide institutionnel crée des brèches exploitables par des acteurs malintentionnés, compromettant la fiabilité des médicaments mis sur le marché.

Les circuits de distribution, censés être encadrés et sécurisés, sont parfois infiltrés par des réseaux parallèles qui introduisent des produits contrefaits ou de qualité douteuse dans le circuit officiel. Ces intrusions passent souvent inaperçues en raison de la faiblesse des mécanismes de contrôle, de la corruption ou encore du manque de formation des agents chargés de la régulation pharmaceutique. Il en résulte une perte de confiance dans le système de santé et une difficulté pour les patients à accéder à des traitements sûrs.

La présence de faux médicaments dans le circuit légal engendre de graves conséquences sanitaires. Non seulement elle compromet l'efficacité des traitements prescrits, mais elle est également à l'origine de nombreux échecs thérapeutiques, pouvant aller jusqu'à la perte de vies humaines. Ces situations alimentent un cycle de méfiance envers le personnel médical et les institutions, accentuant la vulnérabilité des populations face aux maladies.

Plus préoccupant encore, ce phénomène nourrit un véritable réseau illicite, dans lequel certains individus privilégient l'enrichissement personnel au détriment de la santé publique. Ce commerce parallèle, souvent bien organisé, s'appuie sur l'absence de sanctions exemplaires et l'insuffisance des contrôles douaniers et logistiques. Il affaiblit l'autorité de l'État en matière de santé et met en péril les politiques de sécurité pharmaceutique.

Face à cette menace, il est urgent de renforcer la gouvernance pharmaceutique à tous les niveaux. Cela passe par la mise en place d'un système national de traçabilité des médicaments, la digitalisation des circuits de distribution, la formation continue des professionnels de santé et le durcissement des sanctions à l'encontre des trafiquants. Seule une action coordonnée entre autorités sanitaires, forces de l'ordre, pharmaciens et société civile permettra de sécuriser la chaîne d'approvisionnement et de restaurer la confiance dans le système de santé.

La défaillance aux frontières constitue aussi l'un des maillons faibles les plus préoccupants dans la chaîne de l'offre sanitaire pharmaceutique. En l'absence d'un dispositif rigoureux de contrôle à l'entrée du territoire, de nombreux médicaments de qualité douteuse, voire contrefaits, parviennent à franchir les points douaniers. Cette situation expose la population à des risques sanitaires graves et compromet l'efficacité des politiques de santé publique.

Les agents douaniers, bien qu'en première ligne dans la régulation des flux de marchandises, sont souvent démunis face à l'ampleur du phénomène. Ils ne disposent ni des moyens techniques adéquats ni du soutien d'une structure spécialisée pour identifier et certifier les médicaments à l'importation. En l'absence d'un observatoire pharmaceutique opérationnel aux frontières, le contrôle reste approximatif, basé sur la documentation fournie par les importateurs, sans possibilité de vérification scientifique immédiate.

Cette carence dans la chaîne de contrôle favorise l'entrée massive de produits pharmaceutiques non conformes aux normes internationales. Une fois ces produits introduits dans le circuit, leur traçabilité devient difficile, et les risques d'échec thérapeutique, d'effets secondaires graves, voire de mortalité, augmentent. La frontière, censée être un rempart de sécurité, devient alors une passerelle vers l'insécurité sanitaire.

Il est donc impératif de renforcer le contrôle pharmaceutique aux frontières par la création d'un observatoire national de surveillance de la qualité des médicaments. Cette structure, dotée d'un laboratoire mobile et de personnel qualifié, travaillerait en collaboration étroite avec les douanes, le ministère de la Santé et les partenaires internationaux. Une telle réforme permettrait de sécuriser les importations, de protéger la santé des citoyens et de restaurer la crédibilité du système pharmaceutique national.

Section 3 : Plateau technique moderne

Il représente un véritable support opérationnel de la pratique médicale. Il comprend les équipements de diagnostic (imagerie médicale, biologie, anatomopathologie), les dispositifs d'exploration fonctionnelle (ECG, EEG, endoscopie), ainsi que les instruments thérapeutiques (blocs opératoires, unités de réanimation, équipements de stérilisation). La performance de ce plateau repose sur la disponibilité, la maintenance préventive et corrective des appareils, ainsi que sur leur conformité aux normes internationales. L'intégration du numérique et de l'intelligence artificielle dans certains outils renforce la précision et l'efficience des actes médicaux.

L'absence d'un plateau technique moderne constitue un handicap majeur pour la qualité des soins et rend inévitablement l'offre sanitaire médiocre. Un établissement de santé, même doté de personnel compétent, ne peut répondre efficacement aux besoins diagnostiques et thérapeutiques sans des équipements adaptés aux exigences médicales contemporaines. L'insuffisance ou l'obsolescence des outils médicaux limite considérablement la capacité à poser des diagnostics précis, à intervenir en urgence ou à assurer un suivi rigoureux des patients. Par ailleurs, un plateau technique moderne est un indicateur essentiel de performance et de crédibilité d'une structure sanitaire. Il permet non seulement d'assurer une meilleure qualité de soins, mais aussi de réduire les évacuations sanitaires coûteuses vers d'autres établissements. Ainsi, l'investissement dans un plateau technique adéquat doit être une priorité dans toute politique de santé publique soucieuse d'efficacité, de souveraineté sanitaire et de sécurité des patients.

La médiocrité du plateau technique constitue un facteur aggravant dans la survenance d'erreurs médicales, notamment en matière de diagnostic. En l'absence d'équipements modernes et performants, le personnel soignant est contraint de poser des diagnostics approximatifs, souvent basés sur des évaluations cliniques limitées. Cette situation engendre un risque élevé de méprises, de retards dans la prise en charge ou d'administrations de traitements inadaptés, compromettant ainsi la qualité des soins.

Ces erreurs, directement liées à l'insuffisance des moyens techniques, sont fréquemment à l'origine de fautes médicales aux conséquences parfois irréversibles. Elles exposent non seulement les patients à des dangers graves, mais elles engagent également la responsabilité juridique des professionnels de santé et des établissements concernés. Il est donc impératif que toute structure sanitaire soit dotée d'un plateau technique conforme aux standards actuels, afin de garantir une pratique médicale fiable, sécurisée et respectueuse des droits du patient.

L'offre sanitaire, pour être crédible et efficace, exige que l'hôpital dispose de la capacité technique et logistique nécessaire pour assurer une prise en charge rapide et complète du patient. Cela implique la présence d'équipements adaptés, de laboratoires fonctionnels, et de personnels qualifiés capables d'agir avec célérité, notamment en situation d'urgence. En effet, la qualité des soins repose en grande partie sur la rapidité du diagnostic et la réactivité de l'intervention médicale, principes au cœur du devoir de diligence qui encadre l'action sanitaire.

Paragraphe 1 : Les équipements de diagnostic et les dispositifs d'exploration fonctionnelle

Les équipements de diagnostic et les dispositifs d'exploration fonctionnelle[50] constituent un pilier fondamental de l'offre sanitaire, en ce qu'ils permettent une évaluation précise, rapide et fiable de l'état de santé des patients. Leur présence et leur bon fonctionnement conditionnent la qualité des soins, la pertinence des traitements prescrits, ainsi que la prévention des erreurs médicales. En facilitant la détection précoce des pathologies, le suivi des affections chroniques et la surveillance épidémiologique, ces outils renforcent l'efficacité du système de santé. Ainsi, leur accessibilité, leur maintenance, ainsi que la formation du personnel à leur utilisation sont des priorités stratégiques pour garantir une prise en charge équitable et conforme aux standards médicaux modernes.

A – Les équipements de diagnostic – Les équipements de diagnostic représentent un pilier fondamental de l'offre sanitaire, car ils permettent de poser un diagnostic précis, rapide et fiable. Sans ces outils, le personnel soignant est souvent contraint de poser des diagnostics approximatifs, basés uniquement sur des observations cliniques, ce qui peut conduire à des erreurs médicales graves. Disposer d'un plateau technique performant, incluant des appareils de radiologie, d'échographie, de scanner, d'IRM ou encore de biologie médicale, est donc indispensable pour offrir une médecine moderne et efficace.

Pour assurer une offre sanitaire de qualité, plusieurs équipements de diagnostic sont indispensables, chacun jouant un rôle spécifique dans l'identification et le suivi des pathologies. Parmi les plus importants figure l'appareil de radiographie (rayons X). Il permet de visualiser les structures

[50] Organisation mondiale de la santé (OMS), Medical Devices: Managing the Mismatch — An Outcome of the Priority Medical Devices Project, Genève, 2010 ; voir aussi : Ministère de la Santé du Congo, État des lieux des équipements biomédicaux dans les établissements de santé publique, Brazzaville, 2022.

internes du corps, notamment les os, les articulations et certains organes. Essentiel pour diagnostiquer les fractures, les infections pulmonaires ou les obstructions, il constitue souvent la première étape d'un diagnostic médical.

1/ L'échographe ou appareil d'échographie – L'échographe ou appareil d'échographie repose sur les ultrasons pour produire des images en temps réel des organes mous. Il est particulièrement utile en gynécologie-obstétrique (suivi de grossesse), en cardiologie (étude du cœur), et en urologie. Sa capacité à détecter les anomalies dans les tissus mous en fait un outil non invasif, polyvalent et sans danger pour les patients, ce qui explique son importance dans l'offre sanitaire.

2/ Le scanner (ou tomodensitométrie) - Le scanner est un équipement plus avancé, permettant de reconstituer en images 3D les organes internes à partir de coupes fines du corps. Il est essentiel pour identifier les tumeurs, les hémorragies internes, les lésions cérébrales ou les pathologies complexes. Sa précision permet un diagnostic plus affiné, souvent indispensable avant une intervention chirurgicale ou un traitement lourd.

3/ L'IRM (imagerie par résonance magnétique) - L'IRM va plus loin encore en produisant des images très détaillées des tissus mous, du cerveau, de la moelle épinière, des ligaments ou du cœur. Elle est irremplaçable pour diagnostiquer les pathologies neurologiques, les lésions médullaires ou les affections cardio-vasculaires. Sa technologie, bien que coûteuse, offre une imagerie sans rayonnement, idéale pour les suivis sensibles.

Enfin, les appareils de biologie médicale comme les automates d'analyse sanguine, les spectrophotomètres ou les centrifugeuses permettent d'évaluer les paramètres biologiques du patient : numération sanguine, fonction rénale, hépatique, sérologies, etc. Ces analyses de laboratoire sont souvent déterminantes dans la confirmation d'un diagnostic clinique, le suivi thérapeutique et la prévention des complications. Ces équipements doivent donc être disponibles, modernes et maintenus en état de fonctionnement dans tous les hôpitaux et laboratoires publics ou privés agréés.

Or, dans de nombreux centres hospitaliers au Congo, cette exigence est loin d'être satisfaite. Il n'est pas rare que, face à une situation critique, le patient ou ses proches soient contraints de sortir de l'établissement pour rechercher un laboratoire externe, parfois éloigné, afin d'effectuer les examens nécessaires. Ce va-et-vient, en plus d'être une perte de temps dramatique, expose le malade à un risque vital accru. Un exemple fréquent concerne les cas de douleurs abdominales aiguës où, faute d'échographe ou de biologiste sur place, les examens nécessaires sont différés, retardant le diagnostic d'une appendicite ou d'un ulcère perforé, avec des conséquences parfois irréversibles.

Une telle organisation constitue une violation flagrante du principe de diligence, lequel impose aux établissements de santé d'offrir une réponse adaptée, rapide et sécurisée à chaque situation médicale. En dispersant les actes médicaux au lieu de les centraliser, le système favorise non seulement la désorganisation, mais aussi l'inégalité d'accès aux soins, car seuls ceux ayant des moyens peuvent assumer les frais de transport ou payer des analyses en dehors du circuit hospitalier. Ce dysfonctionnement mine profondément la confiance dans les structures publiques.

Les Congolais ayant eu l'opportunité de se faire soigner dans des pays occidentaux en témoignent : la différence est frappante. Dans la plupart des hôpitaux européens, même de second niveau, le parcours du patient est fluide, intégré, et encadré par des protocoles clairs. Dès l'admission, des examens sont réalisés sans délai, les résultats sont disponibles rapidement, et les décisions médicales sont prises dans un délai compatible avec l'urgence. Ce modèle d'efficience et de cohérence contraste fortement avec la désarticulation et la précarité qui caractérisent de nombreuses structures sanitaires congolaises. Il est donc urgent de repenser l'offre sanitaire nationale, en intégrant la technologie, l'organisation interne et la formation du personnel autour du patient, et non à ses dépens.

B – Les dispositifs d'exploration fonctionnelle (ECG, EEG, endoscopie) – Les dispositifs d'exploration fonctionnelle jouent un rôle central dans l'évaluation des fonctions vitales et organiques du corps humain. Parmi eux, l'électrocardiogramme (ECG) est l'un des plus courants. Il permet d'enregistrer l'activité électrique du cœur et de détecter des anomalies telles que les troubles du rythme cardiaque, les infarctus, les ischémies ou les hypertrophies cardiaques. Simple à utiliser, non invasif et peu coûteux, l'ECG est un outil indispensable pour toute structure sanitaire, du centre de santé de base aux hôpitaux de référence.

1/ L'électro-encéphalogramme (EEG) - L'électro-encéphalogramme sert à enregistrer l'activité électrique du cerveau. Il est principalement utilisé pour diagnostiquer les épilepsies, les troubles neurologiques, les encéphalopathies, et parfois dans le cadre de la mort cérébrale. Sa précision dans la lecture des impulsions cérébrales permet de poser un diagnostic là où les examens cliniques classiques échouent. Son usage en neurologie est capital pour la surveillance de l'état de conscience et pour orienter les traitements.

2/ L'endoscopie - Un autre dispositif d'exploration fonctionnelle très répandu, notamment dans les hôpitaux spécialisés. Elle permet d'examiner de manière visuelle et directe l'intérieur des organes creux (œsophage, estomac, intestins, voies respiratoires, vessie, etc.) à l'aide d'un tube souple muni d'une caméra. L'endoscopie est particulièrement utilisée pour détecter les ulcères, les cancers, les inflammations chroniques ou encore pour réaliser des biopsies.

Elle représente une avancée majeure pour un diagnostic précis sans intervention chirurgicale.

3/ La spirométrie – Elle est utilisée pour l'exploration des fonctions respiratoires et permet de mesurer les volumes pulmonaires et de diagnostiquer des pathologies comme l'asthme ou la broncho-pneumopathie chronique obstructive (BPCO). Ces outils sont essentiels pour adapter les traitements respiratoires et suivre l'évolution de certaines maladies chroniques.

L'importance de ces dispositifs impose à l'État de les intégrer dans les structures de santé publiques, non seulement en les acquérant, mais aussi en formant du personnel apte à les manipuler et à interpréter les résultats. Sans cette capacité d'exploration fonctionnelle, l'offre sanitaire reste incomplète, car ces outils permettent d'aller au-delà des simples symptômes pour identifier la cause réelle d'un malaise ou d'une affection.

Paragraphe 2 : Les instruments thérapeutiques[51] (blocs opératoires, unités de réanimation, équipements de stérilisation)

Les instruments thérapeutiques tels que les blocs opératoires, les unités de réanimation et les équipements de stérilisation représentent des piliers incontournables de l'offre sanitaire, car ils assurent la capacité du système de santé à intervenir efficacement face aux situations critiques et à dispenser des soins curatifs complexes. Leur disponibilité conditionne la sécurité des interventions chirurgicales, la prise en charge des urgences vitales, et la prévention des infections nosocomiales. Sans ces infrastructures et équipements, l'offre de soins reste incomplète, voire dangereuse, même en présence de personnel qualifié. Leur mise en place, leur entretien régulier et leur bon usage doivent donc être au cœur des politiques sanitaires pour garantir des soins sûrs, efficaces et conformes aux exigences de santé publique.

A – Blocs opératoires - Le bloc opératoire constitue l'un des piliers essentiels de l'offre sanitaire moderne. Il s'agit d'un espace hautement spécialisé, conçu pour la réalisation d'actes chirurgicaux dans des conditions optimales de sécurité, d'asepsie et d'efficacité. Sans bloc opératoire, il est impossible de traiter de nombreuses pathologies nécessitant une intervention invasive, telles que les appendicites, les césariennes, les tumeurs ou encore les traumatismes graves. Sa présence est donc un indicateur fondamental du niveau de développement d'une structure hospitalière.

---

[51] Organisation mondiale de la santé (OMS), Global Atlas of Medical Devices, Genève, 2017 ; voir également : Agence française de sécurité sanitaire des produits de santé (AFSSAPS), Les dispositifs médicaux : guide de bon usage et de sécurité, Paris, 2011.

L'organisation du bloc opératoire repose sur une série d'exigences techniques et humaines. Il comprend plusieurs salles : une ou plusieurs salles d'opération proprement dites, une salle de réveil, des vestiaires, des zones de stérilisation et des circuits bien différenciés pour éviter toute contamination croisée. Chaque espace est équipé de matériels spécialisés tels que les tables opératoires, les respirateurs, les bistouris électriques, les scopes de surveillance, les lampes scialytiques, etc. Le respect strict des normes d'hygiène et de sécurité est vital pour réduire les risques infectieux.

Le personnel du bloc opératoire est tout aussi essentiel. Il s'agit d'une équipe pluridisciplinaire composée de chirurgiens, d'anesthésistes, d'infirmiers de bloc, de techniciens et parfois d'assistants instrumentistes. Leur coordination, leur rigueur et leur compétence sont déterminantes pour la réussite des interventions. L'État doit s'assurer non seulement de la formation continue de ces professionnels, mais également de leur répartition équilibrée sur le territoire national pour éviter une concentration uniquement dans les grandes villes.

L'accessibilité géographique et financière du bloc opératoire est également un enjeu crucial. Dans plusieurs pays, surtout en milieu rural, l'absence d'infrastructures chirurgicales entraîne des décès évitables ou des complications graves. Pour garantir l'équité d'accès aux soins chirurgicaux, l'État doit investir dans la construction de blocs opératoires régionaux, bien équipés et fonctionnels, même en zone reculée, et intégrer ces services dans les politiques de couverture sanitaire universelle.

Il n'est pas admissible, dans un État qui se veut garant du droit à la santé, que des citoyens soient contraints de parcourir des distances interminables, parfois au péril de leur vie, simplement pour accéder à une structure dotée d'un bloc opératoire. Cette situation est non seulement injuste, mais elle constitue une véritable négation de l'égalité d'accès aux soins. Généralement, les blocs opératoires sont concentrés dans les grands centres urbains, laissant les zones rurales ou enclavées dans un abandon sanitaire profond. Cette centralisation excessive est responsable de nombreux décès évitables dus à l'absence de prise en charge chirurgicale en urgence.

Très peu de responsables politiques ou sanitaires prennent réellement la mesure de ce drame silencieux : comment les populations vivant dans des zones reculées font elles pour transporter un malade en état critique sur des centaines de kilomètres, souvent sans ambulance, sur des routes impraticables, et avec des moyens financiers limités ? Le simple fait d'imaginer qu'une femme enceinte en détresse, un enfant accidenté ou un vieillard souffrant d'une hernie étranglée doivent franchir de telles distances est une alerte qui devrait mobiliser l'action publique. Il est donc impératif que l'État construise des blocs opératoires régionaux ou mobiles, adaptés aux réalités locales, afin d'assurer une offre chirurgicale équitable et digne sur l'ensemble du territoire.

Dans plusieurs districts, les structures sanitaires existantes sont de niveau intermédiaire, souvent dénuées de blocs opératoires, de services d'imagerie moderne ou de laboratoires bien équipés. Cette configuration laisse transparaître une politique sanitaire discriminatoire, qui réserve la prise en charge des pathologies graves aux centres urbains. Or, les maladies graves, les accidents, les urgences chirurgicales, les complications obstétricales ne choisissent ni le lieu ni le statut social. Les populations rurales, qui représentent une bonne partie de la population, sont donc exposées à des pertes humaines évitables, faute d'une infrastructure adaptée à proximité.

Cette inégalité territoriale dans la répartition de l'offre sanitaire est en contradiction avec les principes d'universalité et d'égalité devant le service public. L'État, garant du droit à la santé pour tous, doit impérativement adopter une planification proportionnée et équilibrée de l'offre de soins. Cela implique la construction de structures sanitaires complètes, incluant les blocs opératoires, dans les zones éloignées et la dotation en ressources humaines et matérielles suffisantes. Aucune vie ne vaut moins qu'une autre. Réduire les disparités sanitaires territoriales, c'est affirmer que chaque citoyen, où qu'il vive, mérite un accès rapide, digne et équitable aux soins.

Enfin, le bloc opératoire reflète la souveraineté sanitaire d'un État. Un pays qui ne peut pas opérer ses citoyens sur son sol, faute de matériel ou de compétences, reste dépendant de l'extérieur pour des soins de base. Il en résulte un exil sanitaire coûteux et inégalitaire. Ainsi, le développement et la modernisation des blocs opératoires doivent figurer parmi les priorités stratégiques des politiques publiques de santé pour garantir une prise en charge efficace et sécurisée de l'ensemble des citoyens.

B – Unités de réanimation, équipements de stérilisation - Les unités de réanimation constituent l'un des maillons les plus sensibles de l'offre sanitaire. Elles sont destinées à la prise en charge des patients en état critique, dont la vie dépend d'un suivi intensif et constant. Ces unités doivent être dotées d'équipements sophistiqués comme les respirateurs, les moniteurs multiparamétriques, les pompes à perfusion, et disposer d'un personnel hautement qualifié, notamment des réanimateurs, des anesthésistes, des infirmiers spécialisés et du personnel de garde en continu. Sans unités de réanimation fonctionnelles, les hôpitaux ne peuvent pas traiter efficacement les urgences vitales, augmentant ainsi les risques de mortalité.

Toutefois, la réanimation n'est pleinement efficace que si elle est soutenue par un service de stérilisation rigoureux. La stérilisation est la clé de la sécurité des soins : elle permet d'éviter les infections nosocomiales, souvent contractées en milieu hospitalier par l'usage de matériels contaminés. Le service de stérilisation doit être organisé, autonome et doté de dispositifs modernes (autoclaves, lave-instruments, emballeuses, etc.). Il doit appliquer des protocoles stricts pour garantir la destruction de tous les micro-organismes.

Il est donc impératif que chaque structure sanitaire, surtout celles de niveau intermédiaire ou supérieur, intègre un service de stérilisation opérationnel, centralisé et contrôlé. Cela permet non seulement d'assurer la sécurité des patients, mais aussi de protéger le personnel soignant dans ses interventions. Un bon système de stérilisation est un indicateur de sérieux, de rigueur et de qualité dans la chaîne de soins.

L'État, dans sa politique sanitaire, doit prendre en compte la nécessité de renforcer à la fois les unités de réanimation et les équipes de stérilisation dans tous les hôpitaux publics et autorisés. Il ne suffit pas de construire des hôpitaux ; encore faut-il les rendre capables de sauver des vies sans en créer de nouvelles menaces. Ces unités sont le cœur du soin intensif et de la prévention médicale en milieu hospitalier.

La pandémie de la COVID-19 a agi comme un révélateur brutal des faiblesses structurelles des systèmes de santé en Afrique, notamment en République du Congo. Face à un virus qui attaque principalement le système respiratoire, la possession d'appareils respiratoires performants était vitale. Or, le Congo s'est retrouvé démuni, avec un nombre insignifiant de respirateurs artificiels, concentrés dans quelques hôpitaux urbains. Les structures sanitaires des zones périphériques étaient complètement dépourvues de ces dispositifs, rendant toute réponse médicale efficace impossible pour de nombreux citoyens.

Cette carence dramatique en équipements essentiels a eu des conséquences lourdes : plusieurs patients n'ont pas pu bénéficier d'une ventilation assistée à temps, entraînant une surmortalité évitable. La COVID-19 a mis en évidence que la survie ne dépendait plus seulement de la gravité de la maladie, mais surtout du lieu de résidence et de l'accessibilité à un matériel adéquat. Le manque de planification stratégique et d'investissement dans le matériel de réanimation s'est traduit par une réponse sanitaire insuffisante et douloureusement inégalitaire.

La crise a également démontré l'urgence pour les États africains, dont le Congo, de ne plus se contenter d'une médecine d'attente ou de fortune. Il est impérieux de doter les hôpitaux, même de niveau secondaire, de plateaux techniques modernes, comprenant des appareils respiratoires, des unités de soins intensifs et des moyens de surveillance sophistiqués. La santé ne peut pas continuer à être gérée comme une option secondaire, surtout lorsque les enjeux concernent directement la vie humaine.

Enfin, cette pandémie doit servir de leçon structurelle. Le Congo, à l'instar d'autres pays, doit bâtir une véritable politique de résilience sanitaire. Cela passe par la formation de personnel qualifié en réanimation, l'implantation d'unités équipées sur tout le territoire et une anticipation des risques sanitaires à venir. L'expérience de la COVID-19 ne doit pas être simplement un souvenir douloureux, mais bien un point de rupture vers une réforme profonde de l'offre sanitaire nationale.

Section 4 : Bâtiments hospitaliers modernes

Ils doivent être conçus selon les standards de l'architecture hospitalière. Ces infrastructures doivent répondre à des critères de fonctionnalité (compartimentation des zones propres et souillées, circuits courts pour les soins, accessibilité universelle), de sécurité (résistance parasismique, conformité incendie, isolation acoustique et thermique) et de confort (ventilation naturelle, lumière, ergonomie des espaces). L'agencement rationnel des services permet d'optimiser les flux de patients, de personnels et de matériels, tout en renforçant la confidentialité et la dignité des soins.

L'absence de bâtiments hospitaliers modernes[52] constitue un frein majeur à la qualité de l'offre sanitaire. Les infrastructures vétustes, mal conçues ou inadaptées aux exigences contemporaines de la médecine compromettent l'organisation efficace des soins, la sécurité des patients et le confort du personnel soignant. Des locaux exigus, mal ventilés ou insalubres nuisent à la prise en charge et exposent les malades à des risques supplémentaires, notamment d'infections nosocomiales.

Un hôpital moderne ne se limite pas à l'esthétique ; il doit répondre à des normes précises en matière d'accessibilité, de fonctionnalité et de respect des circuits de soins. Cela suppose des espaces bien répartis entre les services (urgences, maternité, bloc opératoire, réanimation, etc.), des installations électriques et sanitaires fiables, ainsi qu'une bonne gestion des flux de patients et de personnel. Sans cela, l'efficacité du travail médical est entravée et la qualité globale du service se dégrade.

En réalité, la modernité des bâtiments hospitaliers contribue directement à renforcer la confiance du public envers le système de santé. Elle symbolise l'engagement de l'État ou du promoteur privé à offrir des soins de qualité dans un cadre digne et sécurisé. Investir dans des infrastructures hospitalières modernes n'est donc pas un luxe, mais une nécessité stratégique pour améliorer durablement l'offre sanitaire et répondre aux attentes légitimes des populations.

---

[52] Organisation mondiale de la santé (OMS), Guidelines for Health Care Equipment Planning and Infrastructure Design, Genève, 2020 ; voir également : République française, Recommandations techniques pour la conception des établissements de santé, Ministère de la Santé, Direction de l'hospitalisation et de l'organisation des soins, 2016.

Lorsqu'un service des urgences est incapable de prendre en charge rapidement les patients en détresse en raison du manque de place ou de l'inadaptation des structures, cela révèle une défaillance grave de l'offre sanitaire. Le principe même d'un service d'urgence repose sur la réactivité, la disponibilité et la capacité à intervenir sans délai pour sauver des vies. Attendre plusieurs heures sans être vu par un professionnel de santé constitue une rupture manifeste du droit fondamental à l'accès aux soins en temps utile.

Cette situation découle souvent d'un sous-dimensionnement des infrastructures, d'une mauvaise organisation interne ou d'un manque de coordination entre les différents services. Elle traduit également une insuffisance en ressources humaines ou matérielles, ce qui nuit à la fluidité de la prise en charge. Une telle gestion défaillante met en danger les patients les plus vulnérables et détériore la qualité globale du service médical rendu à la population.

Enfin, une offre sanitaire qui expose les malades à une attente prolongée dans un contexte d'urgence perd toute crédibilité. Elle entraîne non seulement une perte de confiance des usagers envers le système de santé, mais elle accentue également les inégalités d'accès aux soins. L'État et les gestionnaires des structures sanitaires ont donc l'obligation de veiller à ce que les services d'urgence soient suffisamment équipés, bien organisés et capables de faire face à la demande en tout temps.

L'adéquation entre le centre hospitalier et la zone géographique qu'il dessert est un principe fondamental d'une offre sanitaire équilibrée. L'État, en tant que garant de la santé publique, a l'obligation d'assurer une répartition équitable des structures sanitaires sur l'ensemble du territoire national. Chaque zone habitée, qu'elle soit urbaine, périurbaine ou rurale, doit pouvoir disposer d'un centre de santé accessible, fonctionnel et adapté aux besoins de la population locale. Lorsque cette exigence n'est pas respectée, et que des populations doivent parcourir des dizaines voire des centaines de kilomètres pour accéder à un centre de santé, cela constitue une rupture manifeste de l'offre sanitaire. Cette situation fragilise les couches les plus vulnérables, notamment les femmes enceintes, les personnes âgées ou les malades chroniques, pour qui la distance devient un obstacle majeur à l'accès aux soins de base.

En outre, cette inadéquation territoriale aggrave les inégalités sociales en matière de santé. Les populations vivant dans les zones mal desservies sont souvent confrontées à un double fardeau : la pauvreté économique et l'éloignement sanitaire. Cela entraîne un retard dans la prise en charge des pathologies, une hausse des complications médicales et, dans bien des cas, une mortalité évitable. Il s'agit là d'une défaillance structurelle aux conséquences humaines importantes. Pour y remédier, l'État doit planifier une carte sanitaire rationnelle, fondée sur des critères démographiques, épidémiologiques et géographiques. Il ne s'agit pas seulement de construire des bâtiments, mais de créer de véritables centres de santé fonctionnels, dotés de ressources humaines, matérielles et techniques. C'est à cette condition que l'offre sanitaire pourra répondre efficacement aux impératifs d'équité, de proximité et de justice sociale.

En réalité, ces cinq piliers de l'offre sanitaire interagissent de manière systémique. La performance globale du système dépend de l'équilibre et de la synergie entre ces composantes. Une défaillance dans l'un de ces piliers compromet inévitablement la qualité des soins et l'efficacité des interventions médicales. C'est pourquoi les politiques de santé publique doivent intégrer une vision stratégique et intégrée de ces cinq fondations, en mettant l'accent sur l'investissement durable, la gouvernance efficiente et l'évaluation continue de la qualité.

Comparer par exemple le système sanitaire congolais à celui de la France peut utilement se faire à travers l'analyse comparative de l'offre sanitaire, qui reflète les capacités respectives de ces deux pays à répondre aux besoins de santé de leur population. En France, l'offre sanitaire est largement structurée, diversifiée et bien répartie sur le territoire. Elle comprend des hôpitaux publics, des cliniques privées, un réseau dense de médecins généralistes et spécialistes, des dispositifs de permanence des soins, des équipements de haute technologie, et un système de couverture sociale étendu qui facilite l'accès aux soins.

À l'inverse, l'offre sanitaire en République du Congo demeure encore fragile et insuffisante. Elle est marquée par une concentration des structures sanitaires dans les grands centres urbains, notamment Brazzaville et Pointe-Noire, au détriment des zones rurales. Les établissements de santé sont souvent sous-équipés, le personnel médical en nombre limité, et l'accès aux soins reste contraint par des obstacles financiers, logistiques et parfois culturels. Le plateau technique est généralement faible, ce qui oblige certains patients à se rendre à l'étranger pour des soins spécialisés.

Par ailleurs, la qualité de l'offre sanitaire en France bénéficie de normes strictes, d'un contrôle rigoureux de la pratique médicale, d'une formation continue des professionnels de santé et d'un financement public soutenu. À l'inverse, au Congo, malgré les efforts de réforme, la gouvernance du secteur sanitaire reste perfectible, avec des insuffisances dans la régulation, la formation, la motivation et la répartition des ressources humaines, sans compter les problématiques récurrentes de corruption et de gestion inefficace des fonds publics.

En réalité, la comparaison de l'offre sanitaire entre la France et le Congo révèle un écart considérable tant en termes de quantité, de qualité que de répartition des ressources. Cette analyse met en évidence la nécessité pour le

Congo d'investir durablement dans la santé publique, de former et de retenir les professionnels de santé, de renforcer la gouvernance sanitaire et de garantir l'accès équitable aux soins pour tous, conditions sine qua non d'un système de santé crédible, souverain et résilient.

L'imperfection de l'offre sanitaire constitue un terrain propice à la survenance des fautes médicales. Lorsqu'un système de santé est caractérisé par l'insuffisance du personnel qualifié, l'absence de plateau technique adéquat, la mauvaise organisation des services ou encore la carence en médicaments, les risques d'erreurs médicales augmentent considérablement. Ces dysfonctionnements, loin d'être de simples imperfections, deviennent des facteurs directs de mise en danger des patients et compromettent la fiabilité des soins prodigués.

Dans ce contexte, la faute médicale, qu'elle soit liée à une erreur de diagnostic, un retard de prise en charge ou un traitement inapproprié, engage inévitablement la responsabilité des professionnels de santé et de l'établissement concerné. Elle ouvre la voie à une intervention judiciaire, que ce soit devant les juridictions civiles, pénales ou ordinales. Ainsi, la médiocrité de l'offre sanitaire n'est pas seulement un problème de gouvernance ou de politique de santé ; elle constitue également un facteur juridique à part entière, appelant des mécanismes de réparation et de sanction.

Paragraphe 1 : L'architecture des infrastructures hospitalières

L'architecture des infrastructures hospitalières[53] constitue un pilier essentiel de l'offre sanitaire, car elle conditionne à la fois l'efficacité des soins, la fluidité des parcours de santé et le bien-être des patients et du personnel soignant. Une conception hospitalière bien pensée doit favoriser l'accessibilité, la fonctionnalité des espaces, la séparation des circuits propres et souillés, ainsi que l'adaptabilité aux évolutions technologiques et épidémiologiques. Elle permet également de garantir la sécurité sanitaire, la confidentialité des soins, et une prise en charge rapide et coordonnée. Ainsi, l'architecture hospitalière ne se limite pas à une dimension technique ou esthétique, mais représente un facteur stratégique de performance et de justice dans l'accès aux soins.

A – Les exigences internationales – L'architecture des infrastructures hospitalières ne saurait être laissée au hasard, car elle constitue un pilier fondamental de l'offre sanitaire. Une infrastructure hospitalière bien pensée garantit non seulement un accueil digne pour les patients, mais aussi un environnement de travail optimal pour le personnel soignant. L'espace

---

[53] Organisation mondiale de la santé (OMS), Framework for Design and Construction of Health Infrastructure, Genève, 2021 ; voir aussi : International Federation of Hospital Engineering (IFHE), Guidelines for the Design and Construction of Hospitals and Health Facilities, 2019.

hospitalier doit permettre la fluidité des déplacements, la séparation des circuits propres et sales, ainsi que la mise en œuvre efficace des soins. L'organisation spatiale devient ainsi un facteur clé de sécurité et de performance sanitaire.

Les exigences internationales en matière d'architecture hospitalière imposent des standards précis. Il s'agit notamment du respect des normes d'accessibilité pour les personnes à mobilité réduite, de la conformité aux normes de sécurité incendie, de ventilation, d'éclairage, d'hygiène et d'asepsie. Les bâtiments hospitaliers doivent également intégrer des matériaux résistants et facilement désinfectables pour limiter la propagation des infections nosocomiales. L'architecture doit anticiper les flux de patients, d'agents de santé, de visiteurs, de déchets et de matériels médicaux pour éviter toute contamination croisée.

Par ailleurs, les recommandations de l'Organisation mondiale de la santé (OMS) insistent sur l'importance de zones spécifiques bien définies : zones de soins, zones d'attente, services d'urgences, blocs opératoires, unités de soins intensifs, maternités, pharmacies et laboratoires. Chaque espace doit répondre à une finalité précise, avec une ergonomie adaptée et des conditions de confort pour les malades. L'objectif est de faire du bâtiment hospitalier un levier d'efficacité dans la prise en charge des patients.

L'hôpital moderne doit aussi intégrer des considérations de développement durable. Les normes internationales encouragent l'utilisation des énergies renouvelables, une bonne gestion des eaux usées, une consommation énergétique optimisée, et une construction écologique. Un hôpital durable est un hôpital qui réduit ses impacts environnementaux tout en garantissant une qualité de service optimale. L'intelligence architecturale est donc désormais indissociable de la conscience environnementale.

Enfin, pour les pays en développement comme le Congo, s'aligner sur ces standards internationaux est une exigence de justice sanitaire. Cela suppose une volonté politique affirmée, une expertise nationale renforcée en architecture hospitalière et une planification à long terme. La construction ou la rénovation des hôpitaux doit être confiée à des professionnels qualifiés et pilotée par des cahiers des charges rigoureuses, afin que chaque hôpital construit soit un véritable lieu de soins, de vie et d'espoir.

B – Les différents établissements de santé et les exigences architecturales – Les structures sanitaires se déclinent en plusieurs niveaux, selon la complexité des soins qu'elles sont appelées à offrir. À la base, on retrouve :

1/ Les centres de santé communautaires - Ils assurent les soins de première ligne. Ils sont censés couvrir les besoins courants : vaccination, consultations prénatales, soins préventifs et traitements simples. L'exigence infrastructurelle ici porte sur la fonctionnalité minimale. Il est généralement composé des éléments suivants :

- Salle d'accueil et d'attente - espace destiné à recevoir les patients avant consultation, avec des sièges et parfois un affichage éducatif.

- Salle de consultation - local médical principal où se déroulent les examens, les diagnostics et les soins. Elle doit être équipée d'un mobilier de base, d'un bureau, d'un divan d'examen et de matériel de première nécessité.

- Salle de soins infirmiers - dédiée aux soins courants (pansements, injections, vaccinations), souvent alternance à la salle de consultation.

- Salle d'accouchement simple - dans les centres bien structurés, un espace pour les accouchements non compliqués est prévu, avec une table d'accouchement, du matériel d'urgence et des produits stériles.

- Petite salle d'hospitalisation ou d'observation - généralement 2 à 4 lits, pour l'observation de cas simples ou pour les soins de courte durée.

- Pharmacie ou dépôt de médicaments - lieu sécurisé pour le stockage des médicaments essentiels.

- Sanitaires (latrines ou toilettes) - séparés pour les hommes, les femmes et le personnel, répondant aux normes d'hygiène.

- Logement pour le personnel (facultatif mais recommandé) - surtout en zones rurales, pour assurer la présence permanente du personnel de santé.

- Zone administrative - espace pour les dossiers médicaux, la gestion du centre et les réunions communautaires.

- Zone de gestion des déchets biomédicaux - incinérateur ou fosse sécurisée pour l'élimination des déchets de soins. Chaque bâtiment doit être fonctionnel, bien ventilé, accessible, et doté d'un minimum d'électricité et d'eau potable pour garantir des conditions de soins sûres et dignes.

2/ Les centres de santé intégrés – Les centres de santé intégrés (CSI) sont des structures de niveau intermédiaire dans le système sanitaire, plus développées que les centres de santé communautaires. Ils assurent des soins de santé primaires complets, avec une capacité d'intervention plus large. Un CSI bien structuré est généralement composé des éléments suivants :

- Bloc administratif – il contient les bureaux de gestion, d'archivage des dossiers médicaux, de planification des activités sanitaires, et parfois une salle de réunion pour le personnel.

- Bloc de consultations externes – il comprend plusieurs salles de consultation (médecine générale, pédiatrie, gynécologie), une salle de soins infirmiers, et une salle de dépistage.

- Unité de maternité – c'est une salle de travail et d'accouchement, une salle de post-partum, une salle de repos pour les mères et parfois une salle pour la vaccination des nouveau-nés.

- Unité d'hospitalisation - Elle est souvent séparée en hospitalisation hommes, femmes et enfants, avec une dizaine de lits en moyenne pour les cas ne nécessitant pas de transfert vers un hôpital.

- Pharmacie intégrée – C'est un dépôt pharmaceutique bien structuré pour stocker et distribuer les médicaments essentiels sous la supervision d'un personnel qualifié.

- Laboratoire d'analyses médicales – c'est un espace équipé pour les examens courants (hématologie, parasitologie, biochimie simple), indispensables au diagnostic.

- Unité de vaccination – c'est une chambre froide ou un réfrigérateur pour la conservation des vaccins, respectant la chaîne du froid.

- Salle de stérilisation – Elle sert pour la désinfection des instruments médicaux, souvent annexée au bloc d'accouchement ou à la salle de soins.

- Bloc sanitaire (toilettes et douches) - Il sert pour le personnel, les patients hospitalisés et les visiteurs.

- Logements pour le personnel (souvent en zone rurale) – Ils assurent la permanence des soins, notamment la nuit et les jours fériés.

- Aire d'attente abritée – elle sert parfois d'espace d'éducation sanitaire pour la sensibilisation des patients en attente.

- Zone de gestion des déchets biomédicaux – Incinérateur, fosse à déchets, fosse à aiguilles pour garantir l'hygiène et la sécurité.

Le CSI, de par sa mission, doit être construit selon des normes d'accessibilité, de ventilation, d'hygiène et de sécurité, et disposer de l'électricité, d'un système d'eau potable et de communication fonctionnelle.

3/ Les hôpitaux de district ou hôpitaux généraux de référence - Ils accueillent des pathologies plus complexes. Ces établissements exigent une architecture plus développée. En termes de bâtiment, les hôpitaux généraux ou de référence constituent le second niveau de la pyramide sanitaire, après les structures de soins primaires. Ils assurent des soins spécialisés et une prise en charge plus complexe des patients. Leur infrastructure est donc plus vaste et organisée autour de plusieurs pavillons ou unités fonctionnelles. Un hôpital général ou de référence est généralement composé des bâtiments suivants :

- Bloc administratif – Il comprend la direction générale, les bureaux des chefs de services, le secrétariat médical, la facturation, l'archivage et souvent une salle de réunion ou de conférence.

- Service des consultations externes – C'est un bâtiment distinct ou un étage dédié avec plusieurs salles spécialisées (médecine interne, chirurgie, pédiatrie, gynécologie-obstétrique, ORL, dermatologie, etc.), une salle de triage et un espace d'attente.

- Service des urgences – C'est un bâtiment autonome ou annexe doté de plusieurs salles (salle de réanimation, salle d'observation, salle de suture, petite chirurgie) et d'un accueil fonctionnant 24h/24.

- Bloc opératoire - C'est une structure cruciale, avec plusieurs salles d'opération selon les disciplines, une salle de réveil, une salle de stérilisation attenante, et un circuit propre/sale bien défini selon les normes d'hygiène hospitalière.

- Service de maternité – C'est un pavillon dédié comprenant les salles de pré-travail, accouchement, post-partum, césarienne, néonatalogie et une unité de planification familiale.

- Services d'hospitalisation – Il est réparti par spécialités (médecine, chirurgie, pédiatrie, gynécologie, etc.), avec des chambres ou salles à plusieurs lits, des sanitaires et des zones d'observation.

- Unités de soins intensifs et de réanimation – Elle est dotée des équipements spécifiques pour la prise en charge des cas critiques (moniteurs, respirateurs, etc.).

- Laboratoire central - C'est un bâtiment équipé pour les examens de biologie médicale, parasitologie, hématologie, bactériologie, sérologie, biochimie, etc.

- Service d'imagerie médicale – C'est une salle de radiographie, échographie, mammographie, scanner, parfois IRM selon les moyens de l'établissement.

- Pharmacie hospitalière – C'est une grande salle de stockage et de distribution des médicaments avec zone de réception, zone de préparation et bureau du pharmacien.

- Service de stérilisation centralisée – Il a pour but de traiter le matériel médical utilisé dans tous les services cliniques.

- Blanchisserie et cuisine hospitalière – C'est souvent dans un bâtiment séparé pour des raisons sanitaires.

- Zone technique - C'est pour les équipements de maintenance, le groupe électrogène, la station d'eau, l'atelier biomédical.

- Logements de garde – Logements pour internes, résidents, médecins en garde et parfois pour les familles de patients en cas d'hospitalisation prolongée.

- Le logement des garde-malades – c'est un bâtiment essentiel au sein d'une structure hospitalière, destiné à accueillir dans des conditions dignes les parents ou proches qui accompagnent un patient hospitalisé. Trop souvent, ces accompagnants sont contraints de passer la nuit à la belle étoile, exposés aux intempéries, aux moustiques vecteurs du paludisme et à l'insécurité. Cette situation non seulement déshumanise la prise en charge hospitalière, mais augmente également le risque sanitaire pour ces personnes déjà fragilisées par l'inquiétude liée à la maladie d'un proche. Doter les hôpitaux de logements adaptés pour les garde-malades relève donc d'une exigence de santé publique, de dignité humaine et de solidarité familiale.

- Bloc sanitaire et infrastructures d'hygiène - Il est composé des toilettes pour le public, douches, zones de lavage du linge, zones de tri des déchets biomédicaux (incinérateur, fosses spécifiques).

En réalité, l'architecture de ces hôpitaux obéit à des normes précises en matière de circulation des patients, d'accessibilité, de gestion des risques infectieux, et doit être pensée pour faciliter la coordination entre les différents services.

4/ Les hôpitaux régionaux - En termes de bâtiment, les hôpitaux régionaux sont des structures sanitaires de second ou troisième niveau, conçues pour offrir une prise en charge médicale plus spécialisée que les centres de santé intégrés. Leur composition architecturale comprend généralement les éléments suivants :

- Un pavillon des urgences avec salle d'accueil, de triage, et de stabilisation des cas critiques.

- Des blocs de consultation pour les principales spécialités – ils sont composés de la médecine interne, pédiatrie, chirurgie, gynécologie-obstétrique, et parfois ophtalmologie ou ORL.

- Un bloc opératoire avec salles d'intervention, de réveil et d'asepsie.

- Un service d'hospitalisation par spécialité, avec des chambres, dortoirs, sanitaires, et salle de soins.

- Un laboratoire d'analyses médicales et un centre d'imagerie médicale (radiographie, échographie, parfois scanner).

- Un service de maternité avec salle d'accouchement, de post-partum et néonatalogie.

- Une pharmacie hospitalière, un service de stérilisation centralisée, et une cuisine hospitalière.

- Des bureaux administratifs, une salle de réunion ou de formation, ainsi que des logements pour le personnel et, si possible, des logements pour les gardes-malade.

5/ Les centres hospitaliers universitaires (CHU) - En termes de bâtiment, les Centres Hospitaliers Universitaires (CHU) représentent le plus haut niveau de l'offre de soins dans un pays. Ils allient les missions de soins de pointe, d'enseignement médical et paramédical, ainsi que de recherche. Leur structure architecturale est complexe et articulée autour de pôles hautement spécialisés. Un CHU est généralement composé des bâtiments suivants :

- Bloc administratif central – C'est le siège de la direction générale, des directions médicales, des ressources humaines, de la comptabilité, du contrôle de gestion et des affaires juridiques. C'est le centre décisionnel et stratégique.

- Pavillons de soins spécialisés- Il est composé de chaque spécialité médicale (cardiologie, neurologie, oncologie, pneumologie, etc.) qui dispose souvent de son propre bâtiment ou d'un service autonome dans une tour hospitalière. Cela comprend les unités de consultation, d'hospitalisation, de soins intensifs et de suivi post-hospitalier.

- Plateau technique centralisé- Il regroupe le bloc opératoire multidisciplinaire, la stérilisation, la réanimation, les soins intensifs et les urgences. C'est le cœur opérationnel du CHU, doté d'équipements médicaux de haute technologie.

- Faculté de médecine et écoles paramédicales – Elles sont intégrées ou attenantes au CHU, ces infrastructures permettent la formation des étudiants en médecine, en pharmacie, en soins infirmiers, en anesthésie, en kinésithérapie, etc.

- Laboratoires de recherche et d'enseignement - Ce sont des espaces dédiés à la recherche biomédicale, à la pharmacologie clinique, à la recherche en santé publique, aux publications scientifiques et aux essais cliniques.

- Service d'imagerie médicale avancée - IRM, scanner, radiologie interventionnelle, médecine nucléaire, échographie de pointe, etc. Installés dans des locaux hautement protégés et spécialisés.

- Pharmacie hospitalo-universitaire – Elle est dotée d'une officine de dispensation, d'un circuit de médicaments internes, d'un service de cytotoxiques, et parfois d'une unité de fabrication de médicaments (préparations magistrales et hospitalières).

- Centre d'enseignement et amphithéâtres – Il sert pour les conférences, les cours magistraux, les séminaires, les soutenances de thèse et les activités scientifiques.

- Service de médecine légale - Le service de médecine légale au sein d'un Centre Hospitalier Universitaire (CHU) est constitué d'experts médico-légaux dûment inscrits au registre des experts près la cour d'appel. Ces professionnels, spécialisés dans l'évaluation des atteintes à l'intégrité physique ou mentale, interviennent à la demande de la justice pour réaliser des autopsies, des examens médico-légaux sur victimes vivantes, des expertises psychologiques, ou encore des constats de violences. Leur rôle est essentiel dans l'articulation entre le médical et le judiciaire, garantissant une analyse scientifique rigoureuse au service de la manifestation de la vérité.

- Laboratoires de biologie médicale - Biochimie, hématologie, microbiologie, immunologie, génétique, virologie, avec des équipements de pointe et des systèmes d'information connectés.

- Bâtiments logistiques – Il est composé de blanchisserie, cuisine centrale, gestion des déchets biomédicaux, ateliers techniques, zones de stockage, centre de maintenance biomédicale.

- Hébergement et logements de garde : Logements pour internes, résidents, médecins en garde et parfois pour les familles de patients en cas d'hospitalisation prolongée.

- Unités de soins palliatifs, de réadaptation et de psychiatrie : Intégrées ou annexes selon la taille du CHU, pour assurer la prise en charge globale des patients.

L'ensemble de l'architecture d'un CHU répond à des normes internationales strictes en matière de fonctionnalité, d'accessibilité, de sécurité, d'hygiène hospitalière, mais aussi de modularité, pour s'adapter aux évolutions médicales et technologiques.

Paragraphe 2 : L'absence de bâtiments hospitaliers modernes constitue un frein majeur à la qualité de l'offre sanitaire

L'absence de bâtiments hospitaliers modernes constitue un frein majeur à la qualité de l'offre sanitaire[54], car elle compromet l'efficacité des soins, la

[54] Organisation mondiale de la santé (OMS), Improving Health Facility Infrastructure in Low-Resource Settings: Challenges and Opportunities, Genève, 2019 ; voir aussi : Banque mondiale, Rapport sur les infrastructures sanitaires en Afrique subsaharienne, 2020.

sécurité des patients et les conditions de travail des professionnels de santé. Des infrastructures vétustes, mal adaptées ou sous-équipées limitent la capacité à accueillir les malades dans des conditions dignes, entravent l'utilisation optimale des équipements médicaux, et exposent les usagers à des risques accrus d'infections, de retards de prise en charge ou d'erreurs médicales. De plus, un cadre hospitalier inadéquat décourage l'investissement en ressources humaines qualifiées et affaiblit la confiance de la population envers le système de santé. La modernisation des infrastructures hospitalières apparaît ainsi comme un impératif pour garantir une offre sanitaire accessible, sécurisée et conforme aux standards internationaux.

A – Défaut de respect des exigences architecturales sanitaires dans les constructions des bâtiments hospitaliers – La construction des infrastructures hospitalières doit répondre à des normes architecturales strictes, dictées par des impératifs sanitaires, techniques et fonctionnels. Or, dans de nombreux pays, notamment en Afrique, ces exigences sont souvent négligées ou volontairement ignorées. On assiste ainsi à l'érection de bâtiments qui ne tiennent pas compte des flux de circulation des patients, du personnel et des déchets médicaux, compromettant la qualité des soins et la sécurité des usagers.

L'architecture hospitalière ne peut être uniforme, car chaque structure sanitaire a une fonction spécifique dans la pyramide du système de santé. Malheureusement, dans plusieurs pays comme le Congo-Brazzaville, il est courant de constater que des bâtiments sont érigés sans considération du niveau hiérarchique de la structure dans laquelle ils s'inscrivent. Ainsi, un centre de santé communautaire peut présenter une architecture proche de celle d'un hôpital général, sans toutefois disposer des services, équipements ni du personnel correspondant, créant une incohérence manifeste entre forme et fonction.

Cette confusion architecturale a pour conséquence directe l'inefficacité dans la délivrance des soins. Par exemple, certains centres de santé sont construits avec de multiples salles sans logique fonctionnelle, tandis que des hôpitaux de référence manquent cruellement d'unités essentielles comme les blocs opératoires ou les services de réanimation. Cela démontre un défaut de planification intégrée et l'absence d'un référentiel architectural fondé sur la hiérarchie sanitaire.

Un autre problème récurrent est le non-respect des normes d'espacement et de circulation à l'intérieur des établissements. Les structures censées accueillir un grand nombre de patients, comme les hôpitaux régionaux, sont parfois conçues avec les mêmes gabarits que des postes de santé ruraux, sans tenir compte des flux de malades, du personnel ni des exigences en matière de sécurité sanitaire. Le bâtiment devient alors un obstacle au soin, au lieu d'en être le support.

Cette mauvaise adaptation architecturale compromet également la fonctionnalité des services spécialisés. Ainsi, un CHU construit sans respecter les standards internationaux sur la séparation des circuits (patients, personnel, déchets, approvisionnement) devient un lieu de contamination croisée. De même, des laboratoires sont installés dans des espaces exigus, non ventilés, mettant en péril la fiabilité des diagnostics et la sécurité des techniciens.

Il est également courant de voir des infrastructures hospitalières sous-utilisées ou inadaptées, car conçues sans tenir compte de l'équipement nécessaire ou de la capacité en ressources humaines. Un bâtiment peut exister, mais sans salle de stérilisation, sans pharmacie, ni source d'énergie autonome. Ce défaut de cohérence entre le niveau de la structure, son architecture et ses missions crée un dysfonctionnement permanent dans la chaîne de soins.

Pour remédier à cette situation, il est indispensable que l'État adopte un guide national d'architecture hospitalière, tenant compte de chaque niveau de la pyramide sanitaire. Ce guide devra encadrer la construction des centres de santé communautaires, des centres de santé intégrés, des hôpitaux généraux, régionaux et universitaires, en intégrant à chaque fois les exigences infrastructurelles, fonctionnelles et sanitaires propres à leur rang. C'est à ce prix que l'on assurera une offre sanitaire cohérente, durable et équitable sur tout le territoire.

B – La vétusté des bâtiments hospitaliers composant l'offre sanitaire - La vétusté des bâtiments hospitaliers constitue l'un des principaux freins à l'amélioration de l'offre sanitaire dans de nombreux pays africains, notamment au Congo-Brazzaville. De nombreux établissements de santé, datant de l'époque coloniale ou des premières décennies post-indépendance, n'ont pas connu de rénovation majeure. Les murs fissurés, les toitures dégradées, les installations électriques obsolètes et les systèmes de plomberie défaillants témoignent d'un abandon progressif du patrimoine hospitalier.

Cette dégradation structurelle impacte directement la qualité des soins. Les services hospitaliers, tels que les salles d'hospitalisation, les blocs opératoires ou les laboratoires, ne répondent plus aux normes d'hygiène, de sécurité et de confort. Le manque de ventilation, d'éclairage adéquat et de climatisation rend le travail difficile pour le personnel et la prise en charge pénible pour les patients. La vétusté favorise également la prolifération des infections nosocomiales.

Dans certains hôpitaux, les patients doivent être soignés dans des bâtiments aux plafonds lézardés, exposés à l'humidité, aux infiltrations d'eau et aux nuisibles. Il n'est pas rare de constater l'effondrement partiel de certains murs ou plafonds, exposant les malades et le personnel à des risques physiques. Cette situation dramatique ternit l'image du système sanitaire national et compromet la confiance des citoyens envers les services publics de santé.

Cette vétusté est souvent aggravée par un entretien insuffisant ou inexistant. Les budgets alloués à la maintenance des infrastructures hospitalières sont faibles ou mal exécutés. Dans bien des cas, aucune politique de rénovation préventive n'est mise en œuvre, si bien que les bâtiments continuent de se dégrader jusqu'à devenir inutilisables. Certains établissements fonctionnent partiellement, faute de pouvoir utiliser tous les blocs ou ailes du bâtiment.

Il est également à noter que cette situation affecte plus sévèrement les zones rurales et semi-urbaines. Alors que les grandes villes peuvent parfois bénéficier de rénovations ponctuelles, les structures périphériques sont souvent oubliées. Cette disparité territoriale aggrave l'inégalité d'accès aux soins et contraint les populations des zones reculées à parcourir de longues distances vers des centres mieux équipés, accentuant la pression sur les rares établissements fonctionnels.

Face à cette urgence sanitaire silencieuse, l'État a l'obligation de mettre en place un vaste programme de réhabilitation et de modernisation des infrastructures hospitalières, en tenant compte des priorités médicales, géographiques et démographiques. La rénovation ne doit pas se limiter à un simple coup de peinture : elle doit intégrer les normes architecturales sanitaires, les exigences de sécurité, d'accessibilité, de fonctionnalité et d'efficacité énergétique. C'est à cette condition que l'offre sanitaire pourra véritablement être améliorée et répondra aux besoins de santé publique dans leur globalité.

En réalité, un véritable connaisseur du secteur de la santé n'a pas besoin de longs discours pour évaluer la qualité de l'offre sanitaire d'un pays. Il lui suffit de visiter les infrastructures hospitalières : l'état des bâtiments, leur organisation fonctionnelle, leur conformité aux normes architecturales sanitaires et leur adéquation aux niveaux de soins attendus sont des indicateurs immédiats de la pertinence ou de la médiocrité du système. Un centre de santé délabré, sans ventilation, sans salle d'attente digne, sans bloc opératoire ou laboratoire équipé, trahit instantanément l'insuffisance de la politique sanitaire mise en œuvre.

L'architecture hospitalière ne relève pas du simple esthétisme, elle est un langage technique qui traduit la vision, la rigueur et l'ambition d'un système de santé. Lorsqu'un centre hospitalier universitaire (CHU) ou un hôpital de référence présente des installations vétustes, mal conçues ou inadaptées aux flux de soins, il devient clair que l'offre sanitaire souffre d'un déficit grave de planification et de gouvernance. Ainsi, l'évaluation visuelle des bâtiments devient un outil rapide et fiable pour juger de la solidité et de la crédibilité de l'offre sanitaire nationale.

Section 5 : L'hygiène hospitalière

Il est déterminant pour la maîtrise du risque infectieux. Il s'appuie sur des protocoles rigoureux de prévention des infections associées aux soins (IAS), une gestion efficiente des déchets biomédicaux, un contrôle permanent de la qualité de l'air et de l'eau, ainsi que la mise en œuvre d'actions de biosécurité. Ce système est piloté par une cellule d'hygiène hospitalière[55], souvent appuyée par un comité de lutte contre les infections nosocomiales (CLIN). Il s'agit d'un domaine transversal qui engage l'ensemble du personnel hospitalier dans une démarche qualité permanente.

Le défaut d'hygiène dans les hôpitaux et cliniques constitue un indicateur alarmant de la médiocrité de l'offre sanitaire. Une structure de santé insalubre expose les patients à des infections nosocomiales, aggrave leur état de santé et compromet les chances de guérison. L'hygiène hospitalière n'est pas un luxe, mais une exigence fondamentale pour garantir la sécurité des soins et préserver la dignité des patients.

Au-delà du risque médical, l'insalubrité affecte la confiance du public envers les établissements de santé. Elle reflète une mauvaise gouvernance, un déficit de rigueur dans la gestion et un non-respect des normes sanitaires essentielles. Assurer la propreté des locaux, la désinfection régulière des équipements et la gestion rigoureuse des déchets biomédicaux est une obligation non négociable pour toute structure sanitaire qui se veut crédible et efficace.

La question de l'insalubrité dans les structures sanitaires au Congo constitue l'un des défis majeurs de la qualité des soins. Sur l'ensemble du territoire, de nombreux établissements hospitaliers présentent un niveau d'hygiène préoccupant, incompatible avec les exigences fondamentales de la médecine moderne. Les murs défraîchis, les sols sales, les toilettes inutilisables et l'absence de dispositifs de propreté élémentaires sont autant de signes visibles d'un manque criant d'entretien et de politique d'hygiène hospitalière.

Or, il est bien établi que la maladie prospère dans un environnement malsain, tandis que la guérison exige un milieu propre, sain et rassurant. Dans

---

[55] Organisation mondiale de la santé (OMS), Guidelines on Core Components of Infection Prevention and Control Programmes at the National and Acute Health Care Facility Level, Genève, 2016 ; voir aussi : Ministère de la Santé Publique du Congo, Normes et protocoles d'hygiène hospitalière, Brazzaville, 2021.

certains hôpitaux congolais, des odeurs nauséabondes émanent des salles d'hospitalisation, des déchets médicaux traînent parfois à l'air libre, et les bacs à ordures débordent, faute d'un système efficace de collecte et de traitement. Ce contexte favorise la prolifération des infections nosocomiales, met en danger les patients, et dégrade le moral du personnel comme des malades.

À titre d'exemple, dans certaines maternités, les femmes accouchent dans des conditions d'hygiène déplorables, avec du matériel mal stérilisé et un personnel parfois dépourvu de gants ou de protections de base. De telles pratiques exposent à des complications évitables, comme des infections post-partum ou des septicémies néo-natales. Cette situation alarme d'autant plus que des standards internationaux clairs existent en matière d'hygiène hospitalière, et qu'ils sont appliqués avec rigueur dans d'autres pays.

Pour répondre à ce problème structurel, il est indispensable de repenser l'organisation et la gestion de l'hygiène dans les établissements de santé. Cela passe par la formation du personnel à la prévention des infections, la mise en place d'un service de nettoyage professionnel, la fourniture de matériel d'entretien adapté, et le respect strict des normes d'assainissement. L'hygiène hospitalière ne doit plus être considérée comme une option secondaire, mais comme une priorité de santé publique, au même titre que la disponibilité des médicaments ou la compétence médicale. C'est une condition sine qua non pour restaurer la dignité des soins et la confiance des populations dans leur système de santé.

Paragraphe 1 : La maîtrise du risque infectieux

La maîtrise du risque infectieux[56] constitue un pilier fondamental de l'offre sanitaire, car elle garantit la sécurité des soins, protège les patients, le personnel soignant et l'ensemble de la communauté contre la propagation des infections, qu'elles soient nosocomiales ou épidémiques. Elle repose sur l'application rigoureuse des protocoles d'hygiène, la stérilisation des instruments, la gestion des déchets biomédicaux, ainsi que la formation continue des professionnels de santé aux pratiques de prévention. Une telle maîtrise renforce la qualité des services de santé, limite les complications post-thérapeutiques, réduit les coûts liés aux traitements prolongés et contribue à la résilience du système sanitaire face aux menaces infectieuses. Elle est donc un indicateur clé de performance et un levier de confiance dans toute politique de santé publique.

---

[56] Organisation mondiale de la santé (OMS), Prevention of Hospital-Acquired Infections: A Practical Guide, Genève, 2002 ; voir aussi : Ministère de la Santé Publique du Congo, Guide national de prévention et contrôle des infections, Brazzaville, 2020.

A – La prévention des infections associées aux soins (IAS) - Les infections nosocomiales, également appelées infections associées aux soins (IAS), sont des infections contractées par un patient au cours de sa prise en charge dans un établissement de santé, qu'il s'agisse d'un hôpital, d'un centre de santé ou d'une clinique. Elles ne sont ni présentes ni en incubation au moment de l'admission du patient. Elles peuvent se manifester pendant l'hospitalisation ou après la sortie, si elles sont directement liées aux soins reçus. Les infections nosocomiales touchent particulièrement les patients vulnérables, comme ceux en réanimation, en chirurgie ou avec des dispositifs médicaux invasifs (cathéters, sondes, etc.).

Les formes les plus courantes d'infections nosocomiales sont les infections urinaires, les infections pulmonaires (notamment les pneumonies), les infections du site opératoire, et les septicémies liées aux dispositifs médicaux. Ces infections ont des conséquences graves : elles peuvent prolonger la durée d'hospitalisation, aggraver l'état de santé du patient, augmenter la mortalité et entraîner des coûts supplémentaires pour le système de santé. Dans certains cas, elles sont causées par des bactéries multirésistantes, rendant leur traitement plus difficile.

La prévention des infections nosocomiales repose en premier lieu sur l'hygiène des mains. Il s'agit de la mesure la plus simple, la plus efficace et la moins coûteuse. Le personnel soignant, les patients et les visiteurs doivent être sensibilisés à l'importance du lavage des mains à l'eau et au savon ou à l'aide d'une solution hydroalcoolique avant et après tout contact. Cette pratique réduit considérablement la transmission croisée des germes.

Une autre mesure préventive fondamentale concerne la stérilisation et la désinfection rigoureuse du matériel médical, en particulier celui utilisé pour les actes invasifs (chirurgie, perfusions, sondages, etc.). L'entretien régulier des équipements, la surveillance des conditions de stérilisation, et la gestion adéquate des déchets biomédicaux sont également essentiels pour limiter la contamination de l'environnement hospitalier.

Enfin, la formation continue du personnel de santé, l'élaboration de protocoles stricts de prévention, et la mise en place de comités d'hygiène hospitalière permettent de renforcer la culture de la sécurité des soins. La surveillance épidémiologique des IAS, le signalement des cas et l'analyse des causes d'infection permettent d'identifier les faiblesses du système et d'y remédier. Prévenir les infections nosocomiales, c'est protéger les patients, mais aussi préserver la crédibilité et la qualité de l'offre sanitaire dans son ensemble.

B – La gestion efficiente des déchets biomédicaux - La gestion efficiente des déchets biomédicaux constitue un maillon fondamental de la sécurité sanitaire dans tout établissement de soins. Ces déchets, issus des activités de diagnostic, de traitement ou de recherche biomédicale, peuvent présenter des risques importants pour la santé humaine et pour l'environnement s'ils ne sont pas convenablement traités. Ils comprennent entre autres les objets piquants et tranchants, les déchets anatomiques, les liquides biologiques, les médicaments périmés ou non utilisés, et les matériaux contaminés.

Un tri rigoureux à la source est la première étape indispensable pour une gestion efficace. Chaque catégorie de déchets doit être identifiée et isolée dans des contenants appropriés, codifiés par couleur selon les normes internationales (par exemple : rouge pour les déchets infectieux, jaune pour les déchets anatomiques, etc.). Ce tri permet non seulement de réduire le volume de déchets dangereux à traiter, mais aussi de limiter les risques de contamination pour le personnel soignant, les patients et les agents de propreté.

Le transport et le stockage temporaire des déchets biomédicaux exigent également des précautions spécifiques. Ils doivent être manipulés avec des équipements de protection individuelle (EPI), entreposés dans des zones sécurisées et ventilées, et évacués selon une fréquence régulière pour éviter toute accumulation. Les véhicules utilisés pour le transport externe doivent être adaptés, étanches et désinfectés régulièrement.

La phase de traitement constitue un enjeu capital. Plusieurs méthodes existent selon les capacités techniques de l'établissement : l'incinération à haute température, la désinfection par autoclave, ou encore les procédés chimiques ou mécaniques. L'objectif est de neutraliser les agents pathogènes et de réduire le volume final des déchets. Ce traitement doit respecter les normes environnementales pour éviter toute pollution de l'air, du sol ou de l'eau.

Enfin, la gestion efficiente des déchets biomédicaux repose sur une gouvernance institutionnelle solide. Cela implique la formation continue du personnel, l'existence de protocoles clairs, l'inspection régulière des dispositifs de gestion, et une politique nationale cohérente en matière de santé publique et de protection de l'environnement. Dans un contexte comme celui du Congo-Brazzaville, où les infrastructures sanitaires sont en pleine évolution, une telle gestion est non seulement un impératif de santé, mais également une exigence de souveraineté sanitaire.

Paragraphe 2 : Contrôle permanent de la qualité de l'air et de l'eau, ainsi que la mise en œuvre d'actions de biosécurité

Le contrôle permanent de la qualité de l'air et de l'eau, ainsi que la mise en œuvre d'actions de biosécurité, représentent des piliers essentiels de l'offre sanitaire, car ils participent activement à la prévention des infections, à la protection de l'environnement hospitalier et à la sécurité sanitaire des populations. L'air vicié ou l'eau contaminée dans les structures de santé peuvent être à l'origine de graves complications, notamment dans les blocs opératoires, les services de réanimation ou les unités d'hémodialyse. De même, la biosécurité à travers des protocoles stricts de gestion des agents pathogènes, des équipements de protection individuelle et des dispositifs de confinement permet de réduire considérablement les risques de transmission croisée. Ces mesures, bien qu'invisibles pour le grand public, sont indispensables pour garantir une offre de soins de qualité, durable et conforme aux normes internationales en matière de santé publique.

A – Contrôle permanent de la qualité de l'air et de l'eau - Le contrôle permanent de la qualité de l'air et de l'eau dans les établissements de santé constitue une exigence essentielle pour garantir un environnement sécurisé tant pour les patients que pour le personnel soignant. Ces deux éléments sont des vecteurs potentiels de contamination, pouvant aggraver les pathologies existantes ou provoquer de nouvelles infections, notamment nosocomiales. Dans le cadre d'une offre sanitaire de qualité, la maîtrise de ces paramètres environnementaux s'impose comme un devoir de vigilance constant.

L'air hospitalier, en particulier dans les unités sensibles telles que les blocs opératoires, les services de réanimation ou les chambres des grands brûlés, doit être filtré, renouvelé et contrôlé selon des normes strictes. L'utilisation de systèmes de traitement de l'air à pression contrôlée, avec filtres HEPA, permet de limiter la prolifération des particules, spores et bactéries. Des contrôles réguliers de la charge microbienne aéroportée doivent être effectués par les services d'hygiène hospitalière pour prévenir tout risque de dissémination.

Quant à l'eau, elle joue un rôle central dans de nombreux actes médicaux : soins, nettoyage, stérilisation, alimentation des dispositifs médicaux. Une eau non conforme ou contaminée peut être à l'origine de graves infections. C'est pourquoi des prélèvements microbiologiques réguliers doivent être réalisés sur l'eau utilisée dans l'établissement, tant au niveau des réseaux d'eau potable que des installations de chauffage ou des systèmes de refroidissement, qui sont susceptibles de favoriser la prolifération de bactéries telles que la Legionella.

Le contrôle qualité de l'air et de l'eau nécessite également la mise en œuvre d'un plan de maintenance préventive des installations techniques. Cela implique le nettoyage fréquent des conduits d'air, la désinfection des réservoirs et canalisations, ainsi que le remplacement périodique des filtres. De plus, les incidents ou anomalies constatés doivent faire l'objet d'un suivi correctif immédiat pour éviter toute mise en danger des usagers de la structure.

Enfin, au-delà de la dimension technique, ces contrôles doivent s'inscrire dans une politique institutionnelle de qualité et de sécurité des soins. L'administration hospitalière doit non seulement prévoir les moyens matériels et humains pour effectuer ces contrôles, mais aussi former le personnel sur les bonnes pratiques d'hygiène environnementale. Au Congo-Brazzaville, le renforcement des capacités dans ce domaine représente un levier stratégique pour améliorer durablement la qualité de l'offre sanitaire nationale.

B – La mise en œuvre d'actions de biosécurité[57] - La mise en œuvre d'actions de biosécurité dans les établissements de santé vise à prévenir les risques biologiques auxquels sont exposés les patients, les soignants et l'environnement hospitalier. Ces risques peuvent provenir de micro-organismes pathogènes (bactéries, virus, champignons, parasites) manipulés dans le cadre du diagnostic, du traitement ou des soins. Dans ce contexte, la biosécurité regroupe l'ensemble des mesures techniques, organisationnelles et comportementales destinées à réduire ou éliminer les dangers liés à l'exposition à ces agents.

La première étape de toute politique de biosécurité repose sur l'identification et l'évaluation des risques biologiques présents dans les différents services hospitaliers. Il s'agit notamment des services de laboratoire, des salles d'opération, des services d'isolement ou encore des unités de soins intensifs. À partir de cette analyse, des protocoles de sécurité doivent être élaborés, incluant la manipulation sécurisée des échantillons biologiques, la gestion des expositions accidentelles et la mise en place d'équipements de protection individuelle (EPI).

Ensuite, la biosécurité passe par la mise en place de barrières physiques et organisationnelles. Cela comprend l'aménagement de zones à accès contrôlé, l'utilisation de hottes microbiologiques pour les prélèvements sensibles, la désinfection régulière des surfaces, et le respect strict des circuits propres/sales. L'instauration de procédures claires pour l'hygiène des mains, la manipulation des dispositifs médicaux, ou encore l'élimination des déchets biologiques contribue également à la prévention de la dissémination des agents pathogènes.

La formation continue du personnel de santé sur les principes de la biosécurité est un maillon central de ce dispositif. Il est impératif que chaque professionnel soit conscient des risques liés à ses activités et maîtrise les gestes barrières et les procédures de sécurité. Cela inclut également la capacité à réagir face à un incident biologique (exposition accidentelle, suspicion

---

[57] Organisation mondiale de la santé (OMS), Biosafety Manual – 3rd Edition, Genève, 2004 ; voir également : Programme des Nations Unies pour le Développement (PNUD), Guide de biosécurité pour les établissements de santé en Afrique francophone, Dakar, 2018.

d'agent hautement pathogène, etc.), en appliquant les protocoles d'urgence prévus.

Enfin, la biosécurité s'intègre dans une démarche globale de qualité des soins. Elle ne doit pas être perçue comme une contrainte administrative, mais comme un facteur de sécurité sanitaire et de crédibilité des structures hospitalières. Au Congo-Brazzaville, renforcer la biosécurité dans les hôpitaux est indispensable pour faire face aux risques d'épidémies et garantir une offre de soins conforme aux normes internationales. Cela suppose un investissement étatique accru dans les équipements, la formation et la supervision.

Titre Deuxième

Contrôle des atteintes de l'offre sanitaire

Le contrôle des atteintes de l'offre sanitaire repose sur deux principaux niveaux : le contrôle juridictionnel et le contrôle non juridictionnel. Le contrôle juridictionnel est exercé par les juridictions compétentes, notamment les juridictions administratives, civiles, pénales ou disciplinaires. Il intervient lorsqu'il y a violation des droits des patients, faute médicale, dysfonctionnement du service ou non-respect des normes légales. Ce type de contrôle permet de sanctionner les responsables et de réparer les préjudices subis par les victimes, tout en renforçant l'exigence de rigueur dans la gestion des services de santé.

Le contrôle non juridictionnel, quant à lui, est assuré par des organes administratifs, techniques ou professionnels, tels que les inspections sanitaires, les ordres professionnels, les comités d'éthique ou les agences de régulation. Il consiste à vérifier le respect des normes de qualité, de sécurité, de déontologie et d'organisation dans la prestation des soins. Ce contrôle préventif et correctif joue un rôle crucial dans l'amélioration continue de l'offre sanitaire, en identifiant les dysfonctionnements avant qu'ils ne dégénèrent en contentieux.

Ces deux types de contrôle sont complémentaires et indispensables au bon fonctionnement du système de santé. Tandis que le contrôle non juridictionnel agit en amont pour prévenir les manquements, le contrôle juridictionnel intervient en aval pour en tirer les conséquences juridiques. Ensemble, ils garantissent la transparence, la responsabilité, la qualité et l'équité dans l'offre des soins de santé, tout en assurant la protection effective des droits des patients.

Chapitre I : Le contrôle juridictionnel des atteintes de l'offre sanitaire

L'arrêt Mercier, rendu par la Cour de cassation française le 20 mai 1936, constitue un jalon fondamental dans la construction juridique du contrat de soins en droit médical. Par cet arrêt, la Haute juridiction reconnaît qu'une relation contractuelle lie le médecin à son patient dès lors qu'il accepte de lui prodiguer des soins, même en l'absence de rémunération explicite. Ce contrat oblige le praticien à fournir des soins consciencieux, attentifs et conformes aux données acquises de la science, engageant ainsi sa responsabilité civile en cas de manquement. L'arrêt Mercier consacre ainsi le fondement contractuel de la médecine moderne, plaçant le patient au centre d'une relation de droits et d'obligations clairement identifiée.

Ainsi, le contrat de soins s'analyse comme une convention liant deux parties : l'État, garant de l'offre sanitaire, et le citoyen, en sa qualité de patient bénéficiaire du système de santé. Cette relation contractuelle s'inscrit dans le cadre de l'article 1134 du code civil qui dispose que : « les conventions légalement formées tiennent lieu de loi à ceux qui les ont faites ». En d'autres termes, dès lors que le patient accepte les soins proposés par une structure de santé habilitée, un engagement réciproque naît entre les deux parties, fondé sur la légalité, la loyauté et l'exécution de bonne foi.

Dans ce contrat, l'État, à travers ses établissements de santé, a l'obligation de mettre à la disposition des citoyens une offre sanitaire adéquate. Cela implique la disponibilité de personnel qualifié, de médicaments de qualité, un plateau technique moderne, de dispositifs de stérilisation, et d'un environnement conforme aux normes d'hygiène. Si cette offre est défaillante, le contrat peut être considéré comme rompu ou mal exécuté, engageant ainsi la responsabilité de l'État sur la base du principe de l'inexécution contractuelle, conformément à l'article 1147 du code civil qui dispose que « le débiteur est condamné, s'il y a lieu, au paiement de dommages-intérêts, soit à raison de l'inexécution de l'obligation, soit à raison du retard dans l'exécution ».

De son côté, le patient est tenu de respecter les exigences organisationnelles et thérapeutiques mises en place dans l'établissement de santé. Il doit se conformer aux prescriptions médicales, aux règles d'hygiène, aux protocoles de soins et aux consignes des professionnels de santé. Ce respect constitue une condition essentielle à la continuité et à la réussite de la prise en charge. Le non-respect de ces obligations peut entraîner une rupture du contrat ou, à tout le moins, une restriction des garanties de prise en charge.

La mise en œuvre effective de l'offre sanitaire repose sur une coordination rigoureuse entre les acteurs institutionnels, les professionnels de santé, les établissements hospitaliers et les usagers. Toutefois, cette coordination ne peut atteindre son plein potentiel sans l'intervention du juge, garant du respect des obligations légales et réglementaires. Le juge, par son rôle de contrôle, veille à la bonne application des normes encadrant les politiques de santé publique, la qualité des soins, l'accessibilité des services, ainsi que les droits fondamentaux des patients. En assurant ce contrôle, il contribue à instaurer un climat de responsabilité, indispensable au bon fonctionnement du système sanitaire.

En outre, la capacité du juge à sanctionner les manquements, qu'ils émanent des autorités sanitaires, des professionnels ou des structures de soins, est un levier fondamental de crédibilité et d'efficacité. Sa mission répressive permet non seulement de corriger les défaillances, mais également de prévenir leur répétition, en instaurant une exigence de conformité permanente. Ainsi, l'action judiciaire ne se limite pas à punir, mais participe activement à l'amélioration continue du système de santé, à la protection de la santé publique et à la consolidation de la confiance des citoyens dans les institutions sanitaires.

L'intervention du juge dans la garantie de l'offre sanitaire découle généralement de la constatation préalable d'une faute révélant un manquement aux obligations contractuelles, légales ou constitutionnelles incombant aux professionnels de santé. Qu'il s'agisse d'une négligence médicale, d'une violation des droits du patient ou d'un dysfonctionnement structurel, toute défaillance engageant la responsabilité des acteurs du système de santé appelle une réponse judiciaire proportionnée. Cette intervention vise non seulement à réparer le préjudice subi, mais aussi à rappeler l'impératif de rigueur, d'éthique et de respect des normes dans la prise en charge des usagers, contribuant ainsi à la consolidation de l'État de droit sanitaire.

Section 1 : La faute, levier du contrôle juridictionnel de l'offre de soins[58]

Depuis l'arrêt Mercier rendu par la Cour de cassation le 20 mai 1936, l'acte médical est juridiquement qualifié d'acte contractuel. Cet arrêt de principe a posé qu'il se forme, entre le médecin et son patient, un contrat de soins par lequel le praticien s'engage, non pas à guérir, mais à fournir des soins consciencieux, attentifs et conformes aux données acquises de la science. Cette obligation est une obligation de moyens, ce qui signifie que le médecin doit tout mettre en œuvre pour atteindre le meilleur résultat possible, sans pour autant être tenu d'y parvenir.

---

[58] Jacques-Henri Robert, Responsabilité médicale et droit de la santé, Dalloz, 2021 ; voir aussi : Jean-Marie Auby, Droit hospitalier, Presses universitaires de France, 2019.

En conséquence, lorsqu'un médecin manque à ses obligations dans le cadre de ce contrat, sa responsabilité peut être engagée sur le fondement de l'article 1147 du Code civ. Cet article prévoit que tout manquement contractuel engage la responsabilité du débiteur (ici, le médecin) sauf cas de force majeure ou cause étrangère. Ainsi, l'arrêt Mercier a introduit une véritable protection juridique pour le patient, en ouvrant la voie à une action en responsabilité contractuelle chaque fois qu'un manquement fautif aux devoirs du médecin est démontré.

L'existence d'une faute constitue le fondement essentiel du contrôle juridictionnel de l'offre sanitaire. C'est en effet à partir de la démonstration d'un manquement à une obligation qu'elle soit contractuelle, légale ou constitutionnelle que le juge est habilité à intervenir pour évaluer la responsabilité des professionnels de santé ou des structures sanitaires. Cette faute peut résulter d'un acte médical inadéquat, d'une défaillance organisationnelle ou d'une violation des droits fondamentaux des patients. Elle ouvre ainsi la voie à une réponse juridictionnelle qui ne se limite pas à la sanction, mais qui vise également la réparation du dommage et la prévention de récidives. Par ce mécanisme, le contrôle juridictionnel contribue à l'instauration d'une culture de responsabilité, garantissant à la fois l'efficacité du système de santé et la protection des usagers.

Dans les situations d'urgence sanitaire, où le patient est inconscient, incapable d'exprimer sa volonté ou dans un état critique, le médecin est fondé à intervenir sans obtenir son consentement préalable. Bien qu'un contrat implicite puisse parfois être admis, la jurisprudence et la doctrine considèrent que dans ces cas exceptionnels, aucun véritable consentement éclairé n'ayant pu être formalisé, le lien contractuel fait défaut. Dès lors, les actes médicaux posés dans un tel contexte sont analysés non sous l'angle contractuel, mais au regard du régime de la responsabilité délictuelle, fondée sur les articles 1382 et 1383 du Code civil.

Ces articles prévoient que tout fait de l'homme qui cause un dommage à autrui engage la responsabilité de son auteur, dès lors qu'il est démontré une faute, un dommage et un lien de causalité. Le médecin, même dans l'urgence, reste tenu à une obligation de prudence, de diligence et de respect des règles de l'art médical. En cas de préjudice résultant d'une faute telle qu'une négligence manifeste ou un acte disproportionné, la responsabilité du praticien pourra donc être engagée sur ce fondement délictuel. Ainsi, l'urgence ne soustrait pas le médecin à toute responsabilité, mais adapte le cadre juridique applicable à la spécificité de la situation.

Paragraphe1 : La faute comme manquement à une obligation de moyens ou résultats[59]

La faute en matière sanitaire peut se traduire par un manquement à une obligation de moyens ou, plus rarement, à une obligation de résultat. Dans le cadre d'une obligation de moyens, le professionnel de santé s'engage à mettre en œuvre toutes les diligences requises, conformément aux règles de l'art et aux données acquises de la science, sans garantir l'issue du traitement. La faute est alors caractérisée lorsque ces diligences ne sont pas respectées. À l'inverse, l'obligation de résultat impose l'atteinte d'un objectif déterminé, comme c'est parfois le cas pour certaines prestations médicales précises (ex. : obligation de stérilisation du matériel ou transfusion sans agents pathogènes). En cas d'échec, la responsabilité peut être engagée indépendamment de l'intention ou de la négligence. Ainsi, la nature de l'obligation permet au juge de qualifier juridiquement la faute et d'en déduire les conséquences en termes de responsabilité.

La justice civile médicale constitue l'un des piliers du contrôle juridictionnel des atteintes contre l'offre sanitaire. Elle intervient pour trancher les litiges opposant les patients aux praticiens de santé ou aux établissements hospitaliers, à la suite d'un acte médical jugé fautif ou préjudiciable. Cette juridiction civile statue sur la base du droit commun des obligations et vise, en priorité, à réparer le dommage subi par le patient. Le juge civil médical examine la nature du lien contractuel ou délictuel, identifie les manquements éventuels et détermine la responsabilité des professionnels de santé.

La compétence juridictionnelle en matière civile médicale est partagée selon les montants en jeu et la nature du litige. Ainsi, les tribunaux d'instance connaissent des affaires dont le montant ne dépasse pas 1.000.000 FC. Les tribunaux de grande instance interviennent pour les contentieux excédant cette somme ou présentant une complexité particulière. Les cours d'appel réexaminent les décisions rendues en première instance, tandis que la Cour suprême, en sa formation civile, joue un rôle de juge du droit, appréciant la conformité des décisions aux règles juridiques en vigueur.

Le cœur de l'intervention du juge civil médical réside dans la recherche de la faute médicale. En principe, il n'existe pas de responsabilité sans démonstration d'un manquement aux obligations professionnelles. Le juge examine les éléments constitutifs de la faute, notamment le non-respect des règles de l'art, une négligence dans l'accomplissement d'un acte ou un défaut

[59] Gérard Mémeteau, Droit médical, LGDJ, 2020 ; voir aussi : Cour de cassation française, 1re civ., 14 octobre 1997, n°95-20.380, précisant la distinction entre obligation de moyens et de résultat en matière médicale.

d'information du patient. Une expertise médicale est souvent ordonnée pour éclairer la juridiction sur les pratiques médicales en cause.

Dans le cadre d'une action en responsabilité civile médicale, la requête introductive d'instance déposée par le patient ou ses ayants droit constitue un acte essentiel. En vertu du principe dispositif, c'est à la partie demanderesse d'initier la procédure, de formuler ses prétentions et de produire les éléments de fait et de droit sur lesquels elle fonde sa demande. Le juge civil ne pouvant pas s'autosaisir, le contenu de la requête détermine l'efficacité du contrôle juridictionnel. Elle doit clairement exposer les circonstances de l'acte médical, les conséquences dommageables subies, et démontrer le lien entre les deux.

L'article 1315 du code civil dispose que « La partie qui réclame l'obligation d'un fait doit en rapporter la preuve ». La charge de la preuve incombe donc à la partie requérante. Le patient ou ses représentants doivent joindre à leur requête les pièces pertinentes : compte rendu médical, dossier d'hospitalisation, résultats d'examens, attestations, rapports d'expertise s'il y en a, ou tout autre document médical susceptible d'établir l'existence d'une faute ou d'une négligence. Il est important que les faits soient exposés de manière précise, chronologique et argumentée pour permettre au juge d'identifier clairement le ou les manquements reprochés au professionnel ou à l'établissement de santé.

Dans les cas classiques, la faute médicale doit être démontrée : erreur de diagnostic manifeste, retard de traitement, non-respect des protocoles, ou encore défaut d'information du patient. Le juge civil examine si la conduite du professionnel de santé s'est écartée des standards de diligence et de compétence attendus. Toutefois, dans des hypothèses particulières, comme les infections nosocomiales ou les dommages liés à un produit de santé défectueux, une responsabilité sans faute peut être envisagée, ce qui allège la charge probatoire du patient.

En réalité, la qualité de la requête introductive permet au juge de statuer en toute objectivité sur la recevabilité de l'action, d'ordonner éventuellement une expertise judiciaire, et d'enclencher la procédure dans le respect du contradictoire. Une requête mal rédigée ou imprécise expose la partie demanderesse à un rejet ou à un ajournement de sa demande. Dès lors, le recours à un conseil juridique qualifié est vivement recommandé pour garantir la solidité de l'action civile médicale.

En droit médical, la faute médicale est définie comme une violation des règles de l'art médical, commise par un professionnel de santé dans l'exercice de sa mission de soin. Elle suppose un écart de conduite par rapport à ce qu'aurait fait un praticien normalement compétent et prudent placé dans les mêmes circonstances. Voici donc une liste non exhaustive des principales fautes médicales pouvant être commises par les professionnels de santé, classées par nature :

1. Faute de diagnostic - La faute de diagnostic est une erreur commise par un professionnel de santé dans l'identification de la maladie ou de l'état du patient, résultant d'un manque de diligence, d'attention ou de compétence. Elle peut consister en un retard de diagnostic, un diagnostic erroné, ou une absence d'examens complémentaires nécessaires. Cette faute engage la responsabilité du praticien si elle cause un dommage au patient, notamment une aggravation de son état ou une perte de chance de guérison. Par exemple, un médecin qui diagnostique une simple gastro-entérite alors que le patient présente en réalité les signes cliniques d'une appendicite aiguë commet une faute de diagnostic si cette erreur retarde l'intervention chirurgicale et entraîne une péritonite.

2. Faute technique (gestes médicaux ou chirurgicaux) - La faute technique en matière médicale désigne une erreur dans l'exécution d'un acte médical ou chirurgical, en contradiction avec les règles de l'art ou les protocoles reconnus. Elle peut résulter d'une imprécision, d'un geste mal réalisé, d'un usage incorrect d'un instrument ou d'une négligence dans la préparation de l'intervention. Cette faute est d'autant plus grave qu'elle survient dans des situations où la maîtrise technique est essentielle à la sécurité du patient. Par exemple, un chirurgien qui sectionne accidentellement un nerf au cours d'une opération orthopédique en raison d'un mauvais repérage anatomique commet une faute technique susceptible d'entraîner une paralysie irréversible.

3. Faute de prescription - La faute de prescription intervient lorsqu'un professionnel de santé prescrit un traitement inadapté, dangereux ou non conforme aux règles de la science médicale, exposant ainsi le patient à un risque injustifié. Elle peut résulter d'un mauvais dosage, d'une interaction médicamenteuse non prise en compte, ou de la prescription d'un médicament contre-indiqué en fonction de l'état du patient. Par exemple, un médecin qui prescrit un anticoagulant à forte dose à un patient déjà sous traitement anticoagulant, sans vérifier son dossier médical, commet une faute de prescription.

4. Faute dans le suivi ou la surveillance - La faute dans le suivi ou la surveillance désigne le manquement d'un professionnel de santé à son obligation de contrôler l'évolution de l'état du patient après un acte médical ou pendant un traitement. Elle peut se manifester par une absence de visites de contrôle, un défaut d'analyse des signes de complication, ou une négligence dans l'adaptation du traitement. Cette faute est particulièrement grave lorsqu'elle empêche de détecter à temps une aggravation de la situation du patient. Par exemple, si un médecin ne surveille pas l'état postopératoire d'un patient ayant subi une intervention abdominale, alors que ce dernier présente des douleurs croissantes et des signes d'infection, il commet une faute de surveillance pouvant entraîner une péritonite non traitée à temps.

5. Faute liée au consentement - La faute de consentement survient lorsqu'un professionnel de santé réalise un acte médical sans avoir préalablement informé le patient des risques, des alternatives thérapeutiques et des conséquences possibles, privant ainsi ce dernier de son droit à un consentement libre et éclairé. Cette faute engage la responsabilité du praticien même si l'acte a été techniquement bien réalisé, dès lors que le patient n'a pas pu prendre une décision en toute connaissance de cause. Par exemple, un chirurgien qui pratique une intervention esthétique sans avoir informé la patiente des risques de cicatrices visibles commet une faute de consentement, même si l'intervention réussit sur le plan médical.

6. Faute d'organisation ou de coordination - La faute d'organisation et de coordination résulte d'un dysfonctionnement dans la gestion collective des soins, notamment entre les différents intervenants médicaux ou au sein d'un établissement de santé. Elle peut concerner une mauvaise répartition des tâches, un défaut de communication entre services, ou une absence de protocoles clairs, entraînant un préjudice pour le patient. Par exemple, dans un hôpital, si un patient diabétique est transféré d'un service à un autre sans que les consignes relatives à son insuline ne soient transmises, provoquant un coma hyperglycémique, l'établissement engage sa responsabilité pour faute de coordination entre les équipes médicales.

7. Faute d'hygiène - La faute d'hygiène désigne tout manquement aux règles sanitaires et protocoles d'asepsie censés prévenir les infections et garantir un environnement de soins sûr. Elle peut résulter de locaux insalubres, d'un matériel mal stérilisé, d'un non-respect des gestes barrières ou d'un personnel négligent dans l'application des procédures. Cette faute est souvent à l'origine d'infections nosocomiales, graves et évitables. Par exemple, si une clinique utilise du matériel chirurgical insuffisamment stérilisé lors d'une opération, provoquant chez le patient une septicémie, elle engage sa responsabilité pour faute d'hygiène ayant compromis la sécurité des soins.

8. Faute éthique ou comportementale - La faute éthique et comportementale désigne une attitude ou un comportement inapproprié d'un professionnel de santé portant atteinte à la dignité, à la confidentialité ou au respect dû au patient. Elle peut se traduire par des propos déplacés, un refus injustifié de soins, une discrimination, ou encore la violation du secret médical. Ces fautes, bien qu'elles ne relèvent pas toujours d'une erreur médicale au sens strict, compromettent la relation de confiance entre soignant et patient. Par exemple, un médecin qui divulgue publiquement des informations sur l'état de santé d'un patient sans son consentement commet une faute grave, violant le principe du secret professionnel.

En droit de la responsabilité, la faute constitue l'un des éléments essentiels du mécanisme de réparation du dommage. Elle se définit comme la violation d'une norme de conduite imposée par la loi, la déontologie ou la prudence. Pour engager la responsabilité d'un professionnel, il ne suffit pas qu'un dommage ait eu lieu ; il faut établir que ce dommage est la conséquence directe d'un comportement fautif. La faute peut être une action ou une omission, un acte volontaire ou une négligence. Ainsi, elle déclenche l'obligation de réparer si elle a causé un préjudice à autrui.

Toutefois, la charge de la preuve repose sur la victime, qui doit démontrer non seulement l'existence d'une faute, mais également un lien de causalité direct et certain entre cette faute et le préjudice subi. Par exemple, si un patient subit une paralysie après une opération, il ne suffit pas d'invoquer cette paralysie pour engager la responsabilité du chirurgien ; il faudra prouver que celle-ci découle d'un geste médical fautif (ex. : section d'un nerf par erreur) et non d'une complication imprévisible ou d'un risque connu. En l'absence de cette démonstration, la demande en réparation peut être rejetée, même en présence d'un dommage réel.

A. La faute comme manquement à l'obligation de moyens et de résultats - La faute comme manquement à l'obligation de moyens est une notion centrale en droit médical et plus largement dans le contrôle juridictionnel de l'offre sanitaire. L'obligation de moyens impose au professionnel de santé de déployer tous les efforts et compétences nécessaires pour atteindre un résultat satisfaisant, sans toutefois garantir ce résultat. Cette obligation se distingue clairement de l'obligation de résultat, car elle ne lie pas le praticien à un succès absolu, mais à une diligence et une prudence conforme aux normes de sa profession.

Le manquement à cette obligation de moyens se traduit par une faute lorsque le professionnel n'a pas respecté les règles de l'art, les protocoles en vigueur ou les précautions élémentaires. Par exemple, un chirurgien qui omettrait de réaliser les examens préopératoires indispensables ou de respecter les règles d'asepsie engage sa responsabilité pour faute. En effet, il n'a pas mis en œuvre les moyens nécessaires pour prévenir un risque prévisible, ce qui constitue une négligence sanctionnable.

Il est important de souligner que la faute ne repose pas sur l'échec du traitement en lui-même, mais sur la défaillance dans la mise en œuvre des moyens. Par exemple, si un patient ne guérit pas malgré une prise en charge conforme aux standards médicaux, le professionnel ne peut être tenu responsable. En revanche, si un retard dans le diagnostic ou un traitement inapproprié est établi, la faute est caractérisée, car le professionnel n'a pas respecté son obligation de moyens.

Ainsi, la reconnaissance de la faute en tant que manquement à l'obligation de moyens constitue un fondement juridique essentiel pour le contrôle des pratiques sanitaires. Elle permet au juge d'évaluer objectivement la qualité des soins prodigués et de sanctionner les comportements négligents, tout en respectant la complexité et les incertitudes inhérentes à la pratique médicale.

- La faute comme manquement à l'obligation de résultats.

La faute comme manquement à l'obligation de résultats revêt une nature plus stricte que celle liée à l'obligation de moyens. En effet, dans ce cadre, le professionnel de santé ou l'établissement s'engage à atteindre un résultat précis et déterminé, et sa responsabilité peut être engagée dès lors que ce résultat n'est pas atteint, sans qu'il soit nécessaire de prouver une faute de sa part. Cette obligation est moins fréquente en matière médicale, car la nature même des soins comporte souvent une part d'incertitude, mais elle existe néanmoins dans certains cas bien définis.

Un exemple classique d'obligation de résultat est celui de la stérilisation du matériel médical. L'établissement hospitalier ou le service de stérilisation s'engage à fournir du matériel exempt de toute contamination. Si une infection nosocomiale survient à cause d'un matériel mal stérilisé, la responsabilité de l'établissement peut être engagée, car le résultat attendu d'un matériel stérile n'a pas été atteint. La preuve du manquement est ainsi plus simple à établir, puisqu'il suffit de démontrer que le résultat attendu n'a pas été obtenu.

De même, dans le domaine de la transfusion sanguine, l'obligation de résultat implique que le sang transfusé soit compatible et exempt d'agents pathogènes. En cas d'erreur entraînant une contamination, le professionnel ou l'établissement répond sur le fondement du manquement à cette obligation. La responsabilité est donc engagée sans qu'il soit nécessaire de démontrer une négligence ou une faute intentionnelle.

Ainsi, le manquement à l'obligation de résultats engage la responsabilité de façon quasi-automatique, ce qui renforce la protection des patients dans certains domaines critiques. Cette rigueur juridique impose aux professionnels et aux structures sanitaires un niveau élevé de qualité et de sécurité, indispensable à la confiance des usagers dans le système de santé.

B. Le lien de causalité entre la faute et le dommage et le caractère licite du dommage ou du préjudice[60] - Le lien de causalité entre la faute et le dommage constitue une condition essentielle de la mise en œuvre de la

---

[60] Gérard Mémeteau, Droit médical, LGDJ, 2020, p. 465 ; voir également : Jean-Marie Auby, Droit hospitalier, PUF, 2019, p. 312 ; et Cour de cassation française, 1re civ., 25 février 1997, n°94-19.385 (affaire « Perruche »), qui consacre la nécessité du lien de causalité entre la faute et le préjudice.

responsabilité civile en matière sanitaire. Il ne suffit pas, en effet, de démontrer l'existence d'une faute du professionnel de santé ou de l'établissement : encore faut-il établir que cette faute est la cause directe et certaine du préjudice subi par le patient. Sans ce lien causal, aucune indemnisation ne peut être accordée, même si un manquement aux obligations médicales est avéré. Le juge doit donc apprécier si le dommage est la conséquence prévisible et directe de l'acte fautif.

La démonstration du lien de causalité peut s'avérer complexe dans le domaine médical, en raison de l'interférence de nombreux facteurs : l'état de santé antérieur du patient, la nature de la pathologie traitée, ou encore les effets imprévisibles de certains traitements. En cas d'incertitude, la jurisprudence admet parfois un lien de causalité présumé, notamment lorsque la succession des événements paraît cohérente et logique, ou lorsque le dommage est anormal au regard de l'évolution attendue. Cette présomption permet d'alléger la charge de la preuve pour le patient, souvent démuni face à la technicité des actes médicaux.

Par exemple, si un patient subit une paralysie à la suite d'une opération du rachis, et que l'enquête révèle une erreur technique durant l'intervention, la faute du chirurgien pourra être retenue, mais encore faudra-t-il prouver que cette faute est bien à l'origine du dommage. En l'absence de cette preuve, la responsabilité pourrait être écartée. Toutefois, si la paralysie survient immédiatement après l'acte et que les expertises concluent à un geste non conforme aux bonnes pratiques, le lien de causalité sera plus facilement admis.

Enfin, le lien de causalité est apprécié souverainement par le juge, sur la base des éléments fournis par les parties et les experts médicaux. Il peut être direct, lorsqu'un acte fautif engendre immédiatement le dommage, ou indirect, lorsque le dommage résulte d'un enchaînement de faits initiés par la faute. L'analyse de ce lien joue ainsi un rôle central dans l'équilibre entre les droits du patient et la protection des professionnels de santé, en assurant que la responsabilité n'est engagée que lorsque le dommage résulte effectivement d'un manquement avéré.

- **Le caractère licite du dommage ou du préjudice** - En effet, pour être juridiquement réparable, un préjudice doit répondre à trois conditions fondamentales : il doit être licite, certain et personnel : 1. Licite - Le préjudice doit être légitime au regard de l'ordre juridique. Cela signifie qu'un dommage résultant d'une activité illicite ou contraire aux bonnes mœurs ne peut être indemnisé. Par exemple, une femme ne peut réclamer réparation suite à l'avortement pour lequel elle a donné son consentement. 2. Certain - Le préjudice doit être réel, avéré, et non hypothétique. Il peut être actuel (déjà réalisé) ou futur, à condition que sa réalisation soit inévitable. Les préjudices purement éventuels ou conjecturaux ne donnent pas lieu à réparation. 3. Personnel - Seule la personne directement atteinte dans ses droits ou intérêts peut demander réparation. Cela signifie que le demandeur doit subir lui-même le dommage, sauf exception prévue par la loi (par exemple, les proches d'une victime en cas de décès peuvent invoquer un préjudice moral propre). Ces conditions permettent de délimiter clairement le champ de la responsabilité civile et d'assurer une indemnisation équitable, fondée sur des principes objectifs.

Dans le cadre d'une faute médicale, la réparation du préjudice subi par le patient repose sur les mêmes principes de droit civil, appliqués au domaine de la responsabilité médicale. Ainsi, pour obtenir une indemnisation, le patient (ou ses ayants droit) doit démontrer que le préjudice remplit les trois conditions classiques : il doit être licite, certain et personnel.

Toutefois, il existe des hypothèses dans lesquelles la responsabilité du professionnel ou de l'établissement de santé peut être engagée sans qu'une faute ne soit établie. Il s'agit notamment des cas de responsabilité pour faute présumée ou de responsabilité objective. Par exemple, en matière de produits de santé défectueux ou d'infections nosocomiales contractées dans les établissements publics, la loi permet d'engager la responsabilité sans qu'il soit nécessaire de démontrer une faute directe du personnel soignant.

Cette possibilité de responsabilité sans faute vise à protéger le patient, considéré comme la partie vulnérable dans la relation de soins. Elle permet aussi de garantir une indemnisation rapide, sans que le fardeau de la preuve ne repose entièrement sur la victime. C'est une avancée significative du droit médical, reflétant une humanisation de la justice civile dans les affaires de santé, en phase avec les exigences modernes de l'accès au droit et à la réparation.

En définitive, la justice civile médicale est un outil essentiel pour garantir la transparence, la responsabilité et la qualité des soins. Elle renforce la confiance des citoyens dans leur système de santé, en leur offrant un recours effectif en cas de manquement médical. Ce mécanisme de contrôle participe activement à l'équilibre entre le droit du patient à la sécurité sanitaire et les devoirs professionnels des acteurs de santé, tout en assurant un traitement équitable des litiges dans le respect des principes de droit.

Paragraphe 2 : Prise en compte de la responsabilité médicale sans faute[61]

La responsabilité sans faute en matière sanitaire repose sur l'idée que certains dommages subis par les patients doivent être indemnisés, même en l'absence de toute négligence ou manquement de la part des professionnels ou des établissements de santé. Ce régime trouve notamment à s'appliquer dans les cas d'accidents médicaux non fautifs, d'infections nosocomiales ou de dommages liés à des produits de santé défectueux. Il s'agit d'une responsabilité objective, fondée sur le risque, qui vise à garantir une réparation équitable des préjudices lorsque ceux-ci sont anormaux et d'une certaine gravité. En assurant une indemnisation sans preuve de faute, ce mécanisme consacre une logique de solidarité nationale et renforce la confiance des usagers dans le système de santé.

A. Cas d'infection nosocomiale et d'accidents médicaux sériels - Les infections nosocomiales et les accidents sériels représentent des situations typiques dans lesquelles la responsabilité sans faute peut être engagée dans le domaine sanitaire. Ces événements, bien que distincts dans leur nature, ont en commun d'exposer les patients à des risques qui ne résultent pas nécessairement d'un comportement fautif, mais de l'existence même de l'activité médicale ou du recours à certains produits ou dispositifs. Leur prise en charge par le droit traduit une volonté de mieux protéger les victimes et de leur garantir une réparation équitable, même en l'absence de faute avérée.

Les infections nosocomiales sont des infections contractées au sein d'un établissement de santé, postérieurement à l'admission du patient, et qui ne se manifestaient ni à l'entrée ni au début de l'hospitalisation. Par exemple, un patient opéré du genou peut développer, plusieurs jours après l'intervention, une infection bactérienne grave, malgré le respect par l'équipe soignante des protocoles d'asepsie. Même si aucune faute médicale n'est identifiée, l'établissement peut être tenu responsable sur le fondement d'une responsabilité sans faute, en raison du risque inhérent à l'environnement hospitalier.

La jurisprudence admet ainsi que dans certains cas, notamment en présence d'un patient déjà fragilisé, l'infection nosocomiale constitue un dommage anormal ouvrant droit à réparation. Cette approche permet de soulager les victimes de la charge de la preuve, en reconnaissant que le seul fait d'avoir subi une telle infection dans un cadre médical justifie, dans certains cas, une indemnisation. Le mécanisme repose sur une logique de solidarité, dans

[61] Gérard Mémeteau, Droit médical, LGDJ, 2020, p. 492 ; voir aussi : Loi française n°2002-303 du 4 mars 2002 relative aux droits des malades et à la qualité du système de santé (dite « loi Kouchner »), art. L.1142-1 du Code de la santé publique.

laquelle les établissements ou des organismes publics prennent en charge les conséquences de ces risques liés à l'offre de soins.

Les accidents sériels concernent quant à eux des dommages affectant plusieurs patients, souvent à partir d'un même acte médical, d'un produit défectueux ou d'un protocole généralisé. Ils peuvent découler, par exemple, de l'utilisation d'un lot de prothèses défectueuses ou d'un vaccin contaminé. L'affaire du vaccin contre l'hépatite B en France, soupçonné à une époque d'avoir déclenché des cas de sclérose en plaques, a illustré les difficultés juridiques posées par ces situations, même si les preuves de causalité n'étaient pas toujours établies.

Un autre exemple marquant est celui de la pose de prothèses mammaires défectueuses par la société PIP (Poly Implant Prothèse), qui a concerné des milliers de femmes à travers le monde. Bien que les chirurgiens aient parfois agi de bonne foi, les victimes ont pu engager la responsabilité du fabricant, de l'organisme certificateur ou même de l'État dans le cadre d'un mécanisme d'indemnisation sans faute. Ce type de responsabilité permet de répondre à l'ampleur des conséquences d'un acte médical ou industriel non fautif mais dangereux.

En définitive, la prise en compte des infections nosocomiales et des accidents sériels dans le régime de la responsabilité sans faute renforce la protection juridique des patients. Elle marque l'adaptation du droit de la santé à la réalité du risque médical et à la complexité des chaînes de responsabilité dans le secteur sanitaire. Cette approche favorise une réparation plus rapide, plus équitable et contribue à la confiance dans le système de soins, tout en incitant à une vigilance accrue dans l'usage des actes, produits et technologies médicales.

B. Les aléas thérapeutiques[62] - Les aléas thérapeutiques, également appelés accidents médicaux non fautifs, désignent des complications imprévisibles survenant au cours d'un acte médical réalisé conformément aux règles de l'art, et sans qu'aucune faute ne puisse être reprochée au professionnel ou à l'établissement de santé. Il s'agit d'un risque inhérent à la pratique médicale, qui peut provoquer chez le patient un dommage grave et disproportionné par rapport à son état de santé initial. Longtemps exclus du champ de la réparation, ces aléas sont désormais pris en compte par certains régimes juridiques pour garantir une indemnisation équitable des victimes.

Le principe de responsabilité sans faute permet ainsi d'engager une procédure d'indemnisation même en l'absence de manquement professionnel. En France, par exemple, l'Office National d'Indemnisation des Accidents Médicaux (ONIAM) peut intervenir pour indemniser les victimes d'un aléa

---

[62] Gérard Mémeteau, Droit médical, LGDJ, 2020, p. 498 ; Conseil d'État (France), 9 avril 1993, Bianchi, n° 69336 ; voir également : Jean-Marie Auby, Droit hospitalier, PUF, 2019, p. 328.

thérapeutique lorsque certaines conditions sont réunies : un acte médical nécessaire, un dommage grave, et un lien direct entre l'acte et le préjudice. Cette logique d'indemnisation repose sur la solidarité nationale, reconnaissant que certains risques doivent être assumés collectivement dans l'intérêt des patients.

Un exemple fréquent est celui d'une réaction allergique grave et inattendue à un médicament prescrit dans le respect des indications médicales. Si cette réaction provoque une invalidité ou un dommage irréversible, la victime peut obtenir réparation même si le médecin a agi avec diligence et compétence. De même, certaines complications rares mais connues d'interventions chirurgicales peuvent donner lieu à une indemnisation à condition qu'elles aient causé un dommage anormal au regard de l'évolution attendue de la pathologie traitée.

Ainsi, la reconnaissance des aléas thérapeutiques dans le droit de la responsabilité médicale reflète une avancée significative en faveur des droits des patients. Elle consacre une approche humaniste du soin, qui admet que la médecine, bien que fondée sur la science, comporte une part d'incertitude. En garantissant une voie d'indemnisation en dehors de la logique de la faute, cette reconnaissance renforce la confiance dans le système de santé et permet d'assurer une justice réparatrice pour les victimes.

Section 2 : Le contrôle des atteintes de l'offre sanitaire par le juge civil et administratif[63]

L'article 1382 du code civil dispose que « Tout fait quelconque de l'homme, qui cause à autrui un dommage, oblige celui par la faute duquel il est arrivé à le réparer ». Cela signifie que toute personne qui, par sa faute, cause un préjudice à autrui est tenue de le compenser. Cette règle s'applique indépendamment d'un contrat, et repose sur trois conditions essentielles : une faute, un dommage, et un lien de causalité direct entre les deux. En matière médicale, cet article permet notamment aux patients de poursuivre un professionnel ou un établissement de santé lorsque ceux-ci ont causé un dommage par un comportement fautif, même en dehors d'un contrat de soins.

En matière de responsabilité médicale, la distinction entre le juge civil et le juge administratif repose sur la nature juridique de l'établissement de santé où le médecin exerce. Lorsqu'un patient engage une action à l'encontre d'un médecin travaillant dans une structure de santé privée, c'est le juge civil qui est compétent pour apprécier la faute. Ce dernier recherche une faute

[63] Jean-Marie Auby, Droit hospitalier, PUF, 2019, p. 285 ; Gérard Mémeteau, Droit médical, LGDJ, 2020, p. 470 ; Conseil d'État (France), 26 mai 1995, Consorts X, n° 135692, précisant la compétence du juge administratif en matière d'organisation des soins dans les hôpitaux publics.

personnelle du praticien, directement liée à son comportement, son diagnostic, sa prescription ou son geste médical. La responsabilité est donc individualisée, et le médecin peut être tenu personnellement responsable du préjudice subi par le patient.

En revanche, lorsqu'un médecin exerce dans un établissement de santé public, la juridiction compétente devient le juge administratif. Dans ce cadre, ce n'est pas la faute individuelle du praticien qui est d'abord recherchée, mais la faute de service, c'est-à-dire un dysfonctionnement du service public hospitalier. La responsabilité incombe alors à l'administration, représentée par l'hôpital public, sauf si le comportement du médecin est détachable du service, c'est-à-dire manifestement étranger à l'exercice normal de ses fonctions, intentionnel ou gravement fautif.

L'hypothèse de la faute détachable est l'exception notable qui permet de faire basculer la compétence du juge administratif vers le juge judiciaire, même lorsque l'acte fautif a été commis dans un hôpital public. Dans ce cas, le médecin est poursuivi à titre personnel devant les juridictions civiles pour une faute étrangère au service. Cette distinction permet de protéger à la fois le patient, en lui offrant un recours adapté, et le praticien, en clarifiant les régimes de responsabilité selon la nature de l'établissement et la gravité du comportement reproché.

L'action du juge civil et administratif dans le cadre du contrôle de l'offre sanitaire vise essentiellement à garantir la protection du droit à la santé, reconnu comme un droit fondamental. Lorsqu'un patient subit un préjudice en raison d'un manquement à une obligation contractuelle ou délictuelle de la part d'un professionnel ou d'un établissement de santé, le juge est compétent pour statuer sur la responsabilité engagée. Ce contrôle juridictionnel se traduit concrètement par la condamnation de la partie fautive au paiement de dommages et intérêts, afin de réparer le préjudice subi. Ainsi, le juge joue un rôle essentiel dans la régulation du système de santé en assurant à la fois réparation des victimes et incitation à la qualité des soins.

Par contre, en principe, les litiges relatifs à une faute médicale survenue dans une clinique privée relèvent de la compétence du juge judiciaire, en raison de la nature privée de l'établissement concerné. Toutefois, un patient pourrait envisager de saisir le juge administratif non pas pour la faute médicale en elle-même, mais pour mettre en cause la responsabilité de l'État sur un fondement distinct : la carence fautive dans l'exercice de sa mission de contrôle, notamment lors de la délivrance de l'agrément ou de l'autorisation d'ouverture de la clinique. Cette action serait fondée sur une faute de l'administration dans l'exercice de ses pouvoirs de police sanitaire, si le patient parvient à démontrer que l'établissement ne remplissait pas les conditions légales d'exploitation et que cette défaillance administrative a contribué de manière directe au préjudice subi. Il s'agirait alors d'une responsabilité pour faute de l'État, relevant du juge administratif, indépendante de la faute médicale imputée au praticien ou à la clinique.

Paragraphe 1 : Le contrôle du premier et deuxième pilier de l'offre sanitaire par le juge civil et administratif

Le juge, en sa qualité de garant des droits de l'homme, détient le pouvoir de contrôler la régularité de l'offre sanitaire à travers ses deux piliers fondamentaux : le personnel soignant compétent, premier pilier garantissant des soins humains, sûrs et conformes aux règles de l'art, et le plateau technique moderne, deuxième pilier assurant l'efficacité matérielle et technologique des interventions médicales. Ce double contrôle permet au juge d'évaluer si l'accès aux soins et la qualité des prestations sont conformes aux exigences légales et constitutionnelles, en tenant compte à la fois des compétences professionnelles mobilisées et des moyens techniques déployés. Ainsi, le juge veille à ce que l'offre sanitaire respecte le droit à la santé, à travers une articulation équilibrée entre l'élément humain et l'infrastructure médicale, condition indispensable à la réalisation d'un système de santé juste, sécurisé et performant.

A. Le contrôle du premier pilier de l'offre sanitaire par le juge civil et administratif (Personnel soignant) – La compétence du personnel soignant représente le premier pilier de l'offre sanitaire, en ce qu'elle conditionne la qualité, la sécurité et l'efficacité des soins délivrés aux patients. Sans professionnels formés, rigoureux et respectueux des règles de l'art médical, toute politique de santé publique demeure fragile. Ce pilier fondamental soutient l'ensemble de la structure sanitaire : il ne suffit pas de disposer d'équipements modernes ou d'infrastructures adaptées si le savoir-faire humain fait défaut. Ainsi, le personnel soignant, par sa compétence, incarne la première garantie du bon fonctionnement du système de santé.

Dans le cadre d'un contentieux en responsabilité civile, le juge doit apprécier si le soignant a respecté les règles de l'art. Cela implique une analyse rigoureuse de la conduite adoptée au regard des standards médicaux reconnus au moment des faits. Le juge civil, souvent assisté d'une expertise médicale, doit déterminer si le professionnel de santé a agi comme l'aurait fait un praticien normalement compétent placé dans les mêmes circonstances. L'évaluation de cette compétence devient alors un critère déterminant dans l'appréciation d'une éventuelle faute médicale, susceptible d'engager la responsabilité civile du soignant ou de l'établissement.

Le juge ne s'autosaisit pas dans le cadre du contentieux sanitaire ; il est saisi par la partie la plus diligente, le plus souvent le patient lui-même ou ses ayants droit lorsqu'un préjudice est allégué. Une fois saisi, le juge doit procéder à une analyse rigoureuse des faits en se posant une série de questions fondamentales pour établir l'existence éventuelle d'une faute :

1. Quelle est la spécialité ou la compétence médicale officiellement reconnue du médecin mis en cause - Cette question vise à délimiter le champ de responsabilité du praticien. En effet, la faute médicale ne peut être appréciée qu'en tenant compte du niveau de compétence attendu d'un professionnel exerçant dans une spécialité déterminée (chirurgie, gynécologie, anesthésie, etc.). Par exemple, un généraliste n'est pas tenu aux mêmes obligations qu'un spécialiste en neurochirurgie. Le juge doit donc s'assurer que le médecin avait la qualification requise pour poser l'acte litigieux.

2. L'acte médical litigieux relève-t-il du domaine de compétence de ce médecin ? Cette question permet de vérifier si le médecin est intervenu dans les limites de sa spécialisation. Si l'acte ne relève pas de sa compétence, cela peut constituer une imprudence ou une prise de risque injustifiée. À l'inverse, s'il est établi que l'acte était bien de son ressort, l'analyse de la faute portera alors sur la manière dont il a été exécuté.

3. Le médecin a-t-il agi conformément aux règles de l'art médical en vigueur au moment des faits ? C'est la question centrale dans toute appréciation de la responsabilité médicale. Elle implique une évaluation à la lumière des pratiques médicales admises, des protocoles actualisés, des données acquises de la science, et des recommandations professionnelles. Il est souvent nécessaire de recourir à une expertise médicale indépendante pour déterminer si ces règles ont été respectées ou non.

4. Un autre praticien, placé dans les mêmes conditions et agissant selon les règles de l'art, aurait-il pu raisonnablement obtenir un résultat différent ? Cette question introduit une comparaison dite contre-factuelle. Elle permet au juge d'évaluer si l'issue du traitement est imputable à une faute ou si elle aurait pu survenir même en présence d'un professionnel prudent, diligent et compétent. Cela revient à apprécier la normalité ou l'anormalité du résultat au regard du comportement d'un professionnel de même niveau.

5. L'issue de l'acte médical peut-elle être raisonnablement qualifiée d'aléa thérapeutique, c'est-à-dire d'un risque inhérent à l'acte malgré le respect des règles de l'art ? Cette dernière question aide à distinguer la faute de l'aléa thérapeutique, c'est-à-dire une complication imprévisible ou inévitable, non fautive. En droit, la responsabilité du médecin n'est pas engagée si l'aléa est établi, sauf s'il y a eu défaut d'information, erreur technique évitable, ou absence de précaution particulière. Il est donc crucial de qualifier les faits avec précision.

Exemple - Un médecin dentiste, récemment nommé chef de service de chirurgie dans un hôpital public, avait pratiqué une intervention chirurgicale pour traiter un patient adulte souffrant des hémorroïdes, en l'occurrence une hémorroïdectomie. Cette décision, prise au titre de ses fonctions administratives de chef de service, ne reposait sur aucune spécialisation en chirurgie générale ou proctologie. L'opération a été un échec : le patient a subi des lésions graves au niveau du rectum, entraînant des douleurs chroniques, des complications fonctionnelles et un traumatisme psychologique important. Voici le traitement du cas soumis au juge civil, en appliquant les cinq questions méthodiques permettant d'établir une éventuelle faute :

1. Quelle est la spécialité ou la compétence médicale officiellement reconnue du médecin mis en cause ? Le médecin mis en cause est un chirurgien-dentiste, c'est-à-dire un professionnel habilité à pratiquer des actes médicaux liés exclusivement à la chirurgie bucco-dentaire et maxillo-faciale. Il ne détient aucune spécialisation ni reconnaissance officielle en chirurgie générale ou proctologique.

2. L'acte médical litigieux relève-t-il du domaine de compétence de ce médecin ? Non. L'hémorroïdectomie est un acte de chirurgie proctologique, relevant d'un médecin spécialiste en chirurgie générale ou viscérale, et non d'un dentiste. Le praticien a donc clairement exercé en dehors de son champ de compétence légale.

3. Le médecin a-t-il agi conformément aux règles de l'art médical en vigueur au moment des faits ? Non. Les règles de l'art imposent qu'un acte médical soit réalisé par un praticien compétent, selon les techniques reconnues et dans les limites de sa spécialité. Le dentiste, en pratiquant cette chirurgie, a enfreint ces règles fondamentales, commettant une faute technique et éthique grave.

4. Un autre praticien, placé dans les mêmes conditions et agissant selon les règles de l'art, aurait-il pu raisonnablement obtenir un résultat différent ? Oui. Un chirurgien compétent, spécialisé dans ce type d'intervention, aurait eu les compétences techniques et l'expérience nécessaires pour pratiquer l'hémorroïdectomie dans les règles, réduisant considérablement les risques de complication. Le dommage subi par le patient aurait très probablement été évité.

5. L'issue de l'acte médical peut-elle être raisonnablement qualifiée d'aléa thérapeutique ? Non. L'aléa thérapeutique suppose le respect des règles de l'art par un professionnel compétent. Or ici, l'acte a été pratiqué par un médecin non qualifié dans cette discipline. Il ne s'agit donc pas d'un risque inhérent à l'acte, mais d'une conséquence directe d'une faute, excluant la qualification d'aléa thérapeutique.

Au vu de cette analyse, le juge serait fondé à retenir la responsabilité du médecin pour exercice illégal d'un acte médical hors spécialité, ainsi que celle de l'établissement hospitalier pour carence dans la supervision et l'organisation du service.

Il est important de noter que l'offre sanitaire repose sur le respect rigoureux des compétences professionnelles et sur une organisation efficiente des structures de soins. Dans ce cas, la première faute commise est celle de l'exercice illégal d'un acte médical hors spécialité. En effet, le médecin dentiste, dont la compétence officielle est limitée à la chirurgie bucco-dentaire, a réalisé une intervention chirurgicale relevant de la chirurgie générale. Cette transgression des limites professionnelles viole les normes déontologiques et légales qui garantissent la sécurité des patients. L'exercice d'actes médicaux en dehors du champ de compétence accroît le risque d'erreurs médicales et compromet la qualité des soins, constituant ainsi une violation grave de l'offre sanitaire.

La seconde faute réside dans la carence de l'établissement hospitalier, qui, en tant qu'institution responsable de l'organisation des services, doit veiller à ce que chaque acte médical soit réalisé par un professionnel compétent et habilité. En laissant un praticien non spécialisé pratiquer une intervention chirurgicale délicate, l'hôpital a failli à son devoir de supervision et de contrôle. Cette défaillance organisationnelle remet en cause la fiabilité du système de soins et peut exposer les patients à des risques évitables. L'établissement porte donc une responsabilité directe dans le préjudice subi par le patient.

Ces deux fautes combinées traduisent un manquement systémique à l'offre sanitaire, où les garanties minimales de compétence et de sécurité n'ont pas été assurées. La protection du droit à la santé impose que chaque acteur, qu'il soit professionnel ou institutionnel, respecte scrupuleusement ses obligations. Le non-respect de ces règles compromet non seulement la confiance des usagers dans le système de santé, mais engage également la responsabilité civile des personnes et structures impliquées.

Enfin, cette situation souligne l'importance d'une régulation efficace et d'un contrôle rigoureux par le juge civil ou administratif, pour sanctionner les manquements et prévenir la répétition de tels incidents. Le contrôle juridictionnel vise à rétablir un équilibre entre la qualité des soins attendue et la protection des droits des patients, en rappelant à chacun les limites de ses responsabilités dans l'organisation et l'exécution de l'offre sanitaire.

Les patients et leurs familles doivent être informés que le juge civil ou administratif constitue un véritable instrument de régulation et de protection dans le cadre de l'offre sanitaire. Il n'est pas simplement un arbitre des conflits, mais aussi un garant du respect des droits fondamentaux, au premier rang desquels figure le droit à la santé. Lorsque le personnel soignant, par incompétence, imprudence ou négligence, compromet la qualité des soins, cela constitue une atteinte à l'offre sanitaire. Cette atteinte ouvre la voie à une action en justice visant à obtenir réparation du préjudice subi.

B- Le contrôle du deuxième pilier de l'offre sanitaire par le juge civil et administratif (Le plateau technique moderne) – Le plateau technique constitue le deuxième pilier de l'offre sanitaire, venant immédiatement après la compétence du personnel soignant. Il regroupe l'ensemble des équipements, instruments, installations et technologies mis à la disposition des professionnels de santé pour diagnostiquer, traiter et suivre les patients. Un plateau technique adapté, moderne et bien entretenu est indispensable pour garantir des soins de qualité et assurer la sécurité des actes médicaux. En l'absence d'un matériel conforme ou en cas de défaillance technique, même le meilleur soignant se retrouve limité dans sa capacité d'action. Voici les 5 questions pertinentes que le juge peut se poser pour évaluer la conformité et la modernité du plateau technique dans le cadre de l'offre sanitaire :

1. Les équipements médicaux utilisés sont-ils conformes aux normes techniques et sanitaires en vigueur au moment des faits ? Cette question permet de vérifier si les dispositifs respectent les exigences légales et techniques actuelles.

2. Le matériel employé pour le diagnostic ou le traitement était-il en bon état de fonctionnement et régulièrement entretenu ? Elle interroge la maintenance et l'entretien préventif, essentiels pour garantir la sécurité des patients.

3. L'établissement de santé dispose-t-il des équipements nécessaires pour faire face aux pathologies qu'il prend en charge ? Ceci vérifie l'adéquation entre les missions médicales de l'établissement et les moyens techniques disponibles.

4. Le personnel médical a-t-il été formé à l'utilisation des technologies mises à disposition ? Même un équipement moderne devient dangereux s'il est mal utilisé. La formation continue est ici essentielle.

5. Un défaut ou une insuffisance du plateau technique peut-t-il contribué à la survenance du dommage ou à l'aggravation de l'état du patient ? Il s'agit ici de faire le lien entre l'insuffisance matérielle et le dommage subi, base potentielle de responsabilité.

Exemple – Dans un hôpital, un patient est admis aux urgences pour des douleurs thoraciques aiguës. Le médecin suspecte un infarctus du myocarde et demande un électrocardiogramme (ECG) en urgence. Malheureusement, la machine à ECG est hors service depuis plusieurs semaines et n'a pas été réparée. L'hôpital ne dispose pas non plus d'un défibrillateur fonctionnel. Le patient, mal pris en charge faute de diagnostic précis et d'intervention rapide, décède d'un arrêt cardiaque.

Voici l'analyse de l'exemple pris à travers les 5 questions de contrôle du plateau technique :

1. Les équipements médicaux utilisés sont-ils conformes aux normes techniques et sanitaires en vigueur au moment des faits ? Dans ce cas, l'hôpital ne dispose pas d'un équipement fonctionnel conforme pour réaliser un ECG en urgence, un examen pourtant essentiel dans la prise en charge d'un infarctus. L'absence de matériel conforme constitue une violation des normes minimales exigées pour un service d'urgences cardiaques.

2. Le matériel employé pour le diagnostic ou le traitement était-il en bon état de fonctionnement et régulièrement entretenu ? La machine à ECG était hors service depuis plusieurs semaines sans réparation ni remplacement. Ce défaut d'entretien et de maintenance a directement affecté la capacité à diagnostiquer rapidement le patient.

3. L'établissement de santé dispose-t-il des équipements nécessaires pour faire face aux pathologies qu'il prend en charge ? Un hôpital ou une grande clinique doivent impérativement disposer des équipements de base pour diagnostiquer et traiter les urgences cardiovasculaires, notamment un ECG fonctionnel et un défibrillateur opérationnel. L'absence de ces équipements montre une inadéquation entre la mission de l'établissement et les moyens techniques disponibles.

4. Le personnel médical a-t-il été formé à l'utilisation des technologies mises à disposition ? Même si ce point est moins évident dans ce cas, il est nécessaire de vérifier que le personnel avait bien la formation requise pour utiliser les équipements, s'ils avaient été fonctionnels, afin d'éliminer tout facteur aggravant lié à une mauvaise utilisation.

5. Un défaut ou une insuffisance du plateau technique peut-t-il contribuer à la survenance du dommage ou à l'aggravation de l'état du patient ? La mort du patient peut être directement liée à l'absence d'un diagnostic précis et à l'incapacité de mettre en œuvre une intervention urgente, en raison de l'indisponibilité des équipements. Il existe donc un lien de causalité évident entre la défaillance du plateau technique et le dommage subi.

Chaque structure hospitalière est tenue d'intervenir dans les limites de ses capacités, en conformité avec sa mission spécifique. Cela implique qu'elle soit dotée des équipements nécessaires pour répondre aux exigences de son niveau d'intervention. Tout manquement à cette obligation d'équipement constitue une faute, dès lors qu'il compromet la prise en charge optimale des patients. À titre illustratif, un Centre Hospitalier Universitaire (CHU), en tant qu'établissement de référence, ne saurait faire défaut d'un scanner, outil indispensable au diagnostic avancé ; une telle carence engage sa responsabilité institutionnelle.

Paragraphe 2 : Le contrôle du troisième, quatrième et cinquième pilier de l'offre sanitaire par le juge civil

L'efficacité d'un système de santé repose également sur des piliers essentiels que sont l'offre sanitaire pharmaceutique, le bâtiment hospitalier moderne et l'hygiène sanitaire. L'accès régulier à des médicaments de qualité, disponibles en quantité suffisante, est une condition incontournable pour garantir la continuité des soins. Par ailleurs, les infrastructures hospitalières doivent être conçues selon les standards modernes, favorisant un environnement sécurisé, fonctionnel et adapté aux besoins médicaux. Enfin, l'hygiène sanitaire, tant au niveau des équipements que des pratiques quotidiennes, demeure un levier fondamental pour prévenir les infections nosocomiales et assurer la sécurité des patients comme du personnel soignant.

A. Le contrôle du troisième pilier de l'offre sanitaire par le juge civil (l'offre pharmaceutique) - Il est inconcevable de penser l'offre sanitaire sans intégrer la disponibilité effective des médicaments au sein des hôpitaux. Ces derniers constituent un maillon essentiel de la chaîne de soins, car sans médicaments, même les diagnostics les plus précis et les interventions les plus techniques deviennent inefficaces. La présence constante de produits pharmaceutiques adaptés, sécurisés et accessibles conditionne la qualité et la crédibilité du système de santé. Leur absence, en plus de compromettre la prise en charge des patients, engendre une perte de confiance du public et fragilise l'ensemble de l'architecture sanitaire nationale.

Lorsque le juge est saisi pour contrôler l'offre sanitaire pharmaceutique, il lui appartient de poser des questions ciblées afin de déceler d'éventuelles fautes. Il doit notamment vérifier si : 1. Les médicaments essentiels sont-ils disponibles en quantité suffisante et de manière continue dans les pharmacies hospitalières pour répondre aux besoins des patients ? La disponibilité permanente des médicaments est une exigence fondamentale du droit à la santé. Une rupture de stock peut compromettre gravement la prise en charge des patients, retarder les soins, ou provoquer des complications évitables. L'hôpital doit mettre en place un système d'approvisionnement rigoureux et anticipatif pour éviter ces défaillances.

2. Les médicaments distribués sont-ils conformes aux normes de qualité, de sécurité et d'efficacité fixées par les autorités sanitaires nationales et internationales ? La délivrance de médicaments falsifiés, contrefaits ou non autorisés constitue une faute grave. L'hôpital doit s'approvisionner exclusivement auprès de circuits officiels et contrôlés, et veiller à l'autorisation de mise sur le marché (AMM) des produits utilisés. Le juge peut engager la responsabilité en cas de préjudice lié à un médicament non conforme.

3. Le personnel chargé de la gestion pharmaceutique est-il qualifié, formé et habilité à manipuler, stocker et dispenser les produits de santé ? La compétence du personnel pharmaceutique est une garantie essentielle de sécurité. Seuls les pharmaciens diplômés et autorisés doivent gérer les stocks, conseiller les prescriptions et assurer la distribution. Un personnel non qualifié augmente le risque d'erreurs médicamenteuses ou de gestion défectueuse du stock.

4. Les conditions de conservation (température, humidité, sécurité) respectent-elles les exigences réglementaires pour garantir l'efficacité des médicaments ? De nombreux médicaments nécessitent une chaîne de froid ou des conditions spécifiques de conservation. Une rupture de cette chaîne altère leur efficacité, voire les rend dangereux. L'établissement doit garantir des infrastructures adéquates de stockage et un contrôle régulier des conditions de conservation.

5. Existe-t-il un système efficace de traçabilité et de gestion des stocks pour éviter les ruptures, les erreurs de délivrance ou l'usage de produits périmés ? La traçabilité pharmaceutique permet d'identifier rapidement l'origine d'un produit défectueux, d'organiser des rappels, et d'éviter l'administration de médicaments périmés ou retirés du marché. L'absence de ce système constitue un manquement grave à l'organisation pharmaceutique, engageant la responsabilité de l'établissement.

Exemple - Dans un hôpital public de la capitale, un patient est admis aux urgences pour une infection bactérienne aiguë. Le médecin prescrit immédiatement un antibiotique injectable essentiel, disponible en temps normal à la pharmacie centrale de l'établissement. Or, au moment de l'administration, l'équipe soignante informe la famille que le médicament est en rupture de stock à l'hôpital.

Les proches du patient sont alors contraints de quitter l'hôpital pour rechercher le médicament dans des officines privées de la ville. Après plusieurs heures de démarches infructueuses, ils finissent par trouver le produit prescrit. Malheureusement, à leur retour à l'hôpital, ils apprennent que le patient est décédé, faute d'avoir reçu à temps le traitement vital prescrit. L'enquête interne révèle que l'établissement ne disposait d'aucun système de gestion des stocks fiable, et que la rupture n'avait pas été anticipée ni signalée au corps médical. Le décès apparaît ainsi comme une conséquence directe de la désorganisation de l'offre pharmaceutique hospitalière.

Le principe de la prise en charge en temps réel du patient impose à chaque structure sanitaire de disposer d'une pharmacie interne, opérationnelle et bien approvisionnée. Cette exigence vise non seulement à garantir l'accès immédiat aux traitements nécessaires, mais aussi à éviter toute perte de temps préjudiciable à l'état du patient. Elle permet également de prévenir la manipulation des médicaments par un personnel non qualifié, ce qui constitue un risque grave pour la sécurité des soins. Ainsi, l'absence de pharmacie au sein d'un établissement de santé ou son dysfonctionnement peut être assimilée à une faute organisationnelle portant atteinte à la qualité de la prise en charge.

B – Le contrôle du quatrième et cinquième pilier de l'offre sanitaire par le juge civil (bâtiments hospitaliers modernes et l'hygiène) - Le bâtiment hospitalier moderne et l'hygiène sanitaire constituent des piliers essentiels de l'offre sanitaire, car ils conditionnent la sécurité, l'efficacité et la dignité des soins. Un hôpital bien conçu, aux normes architecturales et fonctionnelles, favorise une meilleure organisation des services, une fluidité dans la prise en charge et un environnement propice à la guérison. De même, l'hygiène sanitaire, à travers la propreté des locaux, la gestion des déchets médicaux, la stérilisation des équipements et le respect des protocoles d'asepsie, joue un rôle fondamental dans la prévention des infections et la protection des patients comme du personnel soignant. Négliger l'un ou l'autre de ces éléments revient à compromettre la qualité globale de l'offre de soins.

1/ Les bâtiments hospitaliers modernes - À l'heure où le monde progresse rapidement en matière de modernité, les structures hospitalières doivent également s'arrimer à cette dynamique en adoptant des standards architecturaux contemporains et fonctionnels. Le maintien de bâtiments insalubres dans le secteur hospitalier constitue un retard préjudiciable, pouvant être à l'origine de nombreuses fautes, notamment des infections nosocomiales, des dysfonctionnements techniques ou encore des conditions de travail dégradées pour le personnel. Un hôpital vétuste, mal entretenu ou inadapté aux exigences actuelles compromet la qualité des soins et expose l'établissement à une responsabilité accrue en cas de préjudice subi par les patients.

Exemple - Un adolescent est amené aux urgences d'un hôpital public après un accident de moto. À son arrivée, il est constaté que le bâtiment des urgences est vétuste, avec des murs fissurés, une toiture partiellement écroulée, et une salle d'attente saturée de patients allongés à même le sol. La salle de soins est insuffisante pour accueillir tous les cas graves, et plusieurs médecins partagent une seule table de consultation.

Face à la surpopulation, le jeune patient est laissé sans surveillance pendant plusieurs heures. Les examens complémentaires n'ont pas pu être réalisés à temps, en raison d'une panne électrique et de l'indisponibilité d'un brancard fonctionnel. Le bâtiment, vieux de plus de 30 ans, n'a jamais été rénové malgré des alertes répétées du personnel hospitalier.

Le patient décède avant d'être transféré dans un service spécialisé. La famille saisit le juge civil pour faire constater les responsabilités. Voici l'analyse du cas pratique selon les cinq questions que le juge doit poser pour contrôler les faits de la cause : 1. Le bâtiment hospitalier est-il conforme aux normes d'accueil d'un service d'urgence moderne ? Non. Le bâtiment dans lequel fonctionne le service des urgences est ancien et sous-dimensionné. Il ne répond plus aux exigences contemporaines de l'accueil, de la circulation des patients ni de la prise en charge rapide des urgences vitales. Cette inadéquation structurelle a directement contribué à la désorganisation des soins.

2. La configuration du service permet-elle une prise en charge rapide et sécurisée des patients ? Non. L'engorgement de la salle d'attente, l'absence de lits disponibles et le manque de matériel comme les brancards ont provoqué des délais critiques dans la prise en charge. Cette situation viole le droit à une prise en charge effective dans un délai raisonnable, surtout pour les cas graves.

3. L'établissement a-t-il prévu des dispositifs de secours (groupes électrogènes, zones de repli) en cas de panne ou d'afflux massif de patients ? Non. La panne électrique non compensée a retardé les examens d'urgence. L'absence de plan de continuité technique dans un service aussi stratégique que les urgences constituent une faute organisationnelle de l'établissement.

4. Les conditions d'hygiène, de sécurité et de confort sont-elles réunies pour garantir un service de qualité ? Non. Le fait que les patients soient installés à même le sol démontre un échec manifeste à garantir les conditions minimales de sécurité, d'hygiène et de dignité. Ces insuffisances témoignent d'un bâtiment inadapté à sa mission.

5. L'établissement a-t-il fait preuve de diligence dans la rénovation, l'adaptation ou la modernisation de ses infrastructures ? Non. Le bâtiment est resté inchangé depuis plus de 30 ans, malgré une évolution constante des besoins de santé et des alertes internes. L'inaction face à la vétusté constitue un manquement aux obligations de moyens renforcés qui incombent à l'hôpital public dans la gestion des urgences.

L'analyse démontre que l'échec de la prise en charge est directement lié à l'inadéquation des infrastructures hospitalières. Ce manquement grave engage la responsabilité civile de l'établissement, qui a compromis l'effectivité du droit à la santé, en ne mettant pas en œuvre les moyens techniques et logistiques nécessaires à la survie du patient.

2/ L'hygiène sanitaire - L'hygiène sanitaire constitue un pilier fondamental de l'offre sanitaire, car elle conditionne directement la sécurité des soins et la prévention des infections. Elle englobe l'ensemble des mesures visant à maintenir la propreté des locaux, la stérilisation des équipements, la gestion rigoureuse des déchets biomédicaux et le respect strict des protocoles d'asepsie. Une hygiène déficiente peut entraîner des complications graves chez les patients, notamment des infections nosocomiales, et porter atteinte à la crédibilité de l'établissement. Ainsi, toute négligence en matière d'hygiène peut être constitutive d'une faute et engager la responsabilité de la structure sanitaire concernée. Voici les 5 questions pertinentes permettant de contrôler l'offre sanitaire sous l'angle de l'hygiène hospitalière, un pilier fondamental de la sécurité des soins :

1. Les protocoles d'hygiène sont-ils clairement établis, affichés et effectivement appliqués dans les services de soins ? La simple existence de règles ne suffit pas. Il faut vérifier si elles sont visibles (affichage), comprises par le personnel, et suivies avec rigueur, notamment le lavage des mains, la désinfection du matériel, et l'élimination des déchets médicaux.

2. Le personnel hospitalier est-il formé régulièrement aux règles d'hygiène et aux risques infectieux ? Une hygiène efficace repose sur des pratiques professionnelles constantes. L'absence de formation ou de recyclage augmente les risques d'infections nosocomiales.

3. L'hôpital dispose-t-il d'un service ou d'un comité d'hygiène chargé du contrôle, du suivi et de la veille sanitaire ? Ce service doit produire des rapports, contrôler les pratiques, effectuer des prélèvements réguliers et alerter en cas de défaillances constatées.

4. Les installations sanitaires (toilettes, lavabos, points d'eau, buanderies) sont-elles en bon état, accessibles, et entretenues régulièrement ? L'état des installations est un marqueur visible de la qualité de l'hygiène. Leur vétusté ou leur insalubrité met en danger tant les patients que le personnel.

5. Un plan de gestion des déchets biomédicaux est-il en place et respecte-t-il les normes nationales et internationales ? L'élimination inappropriée des déchets infectieux ou tranchants expose à des risques graves (contaminations, accidents d'exposition au sang, pollution).

Exemple - Une jeune femme est admise dans un hôpital public pour une césarienne programmée. Après une opération apparemment réussie, elle développe, dès le troisième jour, une forte fièvre, accompagnée d'écoulements purulents au niveau de la plaie opératoire. Aucun prélèvement n'est immédiatement effectué. Les infirmiers manipulent les plaies à mains nues ou avec des gants souillés, faute de matériel disponible.

Le service d'hospitalisation est en sous-effectif. Le linge de lit souillé reste plusieurs heures dans les chambres. Les toilettes communes sont dans un état d'insalubrité avancée. La patiente décède au sixième jour, après un choc septique.

L'autopsie révèle une infection nosocomiale grave, contractée vraisemblablement lors de la manipulation post-opératoire. Les parents saisissent le juge civil pour engager la responsabilité de l'hôpital. A cet effet, le juge doit se poser un certain nombre de questions.

1. Les protocoles d'hygiène sont-ils clairement établis, affichés et effectivement appliqués dans les services de soins ? Dans ce cas, il ressort que les protocoles ne sont ni appliqués ni suivis. La manipulation des plaies sans gant propre, l'absence de mesures préventives face aux signes d'infection, et le manque de réactivité médicale révèlent une carence manifeste d'organisation. Cela constitue une faute grave.

2. Le personnel hospitalier est-il formé régulièrement aux règles d'hygiène et aux risques infectieux ? Le comportement du personnel (manipulation à mains nues, absence de réaction face à la dégradation clinique) laisse supposer un déficit de formation ou de rappel des règles. Une formation adaptée aurait permis de reconnaître rapidement les signes d'infection post-opératoire et d'appliquer les mesures de prévention nécessaires.

3. L'hôpital dispose-t-il d'un service ou d'un comité d'hygiène chargé du contrôle, du suivi et de la veille sanitaire ? Le cas ne mentionne aucune intervention d'un service d'hygiène ou de contrôle interne. L'absence de prélèvements, de traçabilité ou d'alerte traduit probablement l'inexistence ou l'inefficacité d'un comité d'hygiène, alors que celui-ci est obligatoire dans les établissements de soins.

4. Les installations sanitaires (toilettes, lavabos, points d'eau, buanderies) sont-elles en bon état, accessibles, et entretenues régulièrement ? Les toilettes sont signalées comme insalubres, et le linge souillé reste dans les chambres, favorisant la prolifération microbienne. Cela démontre un manquement grave à l'obligation d'assurer un environnement salubre, essentiel pour prévenir les infections nosocomiales.

5. Un plan de gestion des déchets biomédicaux est-il en place et respecte-t-il les normes nationales et internationales ? Bien que le cas ne donne pas de détails précis sur la gestion des déchets biomédicaux, le constat général d'insalubrité et d'absence de matériel propre laisse supposer que le tri et l'élimination des déchets contaminés sont défaillants, ce qui aggrave les risques d'infection croisée.

L'analyse montre que l'établissement a failli à son obligation de garantir un environnement hygiénique conforme aux normes, ce qui engage clairement sa responsabilité. La mort de la patiente, évitable si les règles avaient été respectées, résulte d'une faute systémique dans l'organisation des soins post-opératoires. Le juge civil pourrait prononcer une condamnation sur le fondement de la faute et du défaut d'organisation.

Section 2 : Le contrôle de l'offre sanitaire par le juge pénal

Le juge pénal[64] intervient dans le contrôle de l'offre sanitaire lorsque les manquements dans la prise en charge des patients sont susceptibles de constituer une infraction pénale, telle que l'homicide involontaire, les blessures involontaires, ou la mise en danger de la vie d'autrui. Il ne s'agit plus uniquement de rechercher une faute civile ou administrative, mais de déterminer si un comportement ou une négligence grave a porté atteinte à l'intégrité physique ou à la vie d'un patient. Ainsi, en cas de défaillance grave dans l'organisation des soins, dans la mise à disposition des équipements indispensables ou dans le respect des règles d'hygiène, le juge pénal peut engager la responsabilité des auteurs, qu'il s'agisse d'un professionnel de santé ou d'un dirigeant d'établissement.

Le contrôle exercé par le juge pénal se distingue par son exigence de causalité directe entre le manquement et le dommage, ainsi que par la recherche d'une faute caractérisée ou délibérée. Il peut ordonner des enquêtes approfondies, recourir à des expertises médicales et interroger sur la conformité de l'offre sanitaire aux normes en vigueur. Ce contrôle joue un rôle dissuasif important, incitant les établissements à maintenir un haut niveau d'exigence en matière de sécurité des soins. Lorsqu'une infraction est retenue, les sanctions peuvent aller jusqu'à des peines d'amende, d'emprisonnement ou d'interdiction d'exercer, reflétant la gravité que le droit pénal attache à la protection de la santé publique.

Paragraphe 1 : Le contrôle de l'offre sanitaire concernant le personnel soignant et le plateau technique moderne par le juge pénal

Le juge pénal peut être amené à contrôler l'offre sanitaire en lien avec la compétence du personnel soignant et la disponibilité d'un plateau technique moderne, lorsqu'une défaillance dans ces domaines est à l'origine d'un dommage grave ou d'un décès. Il s'interrogera alors sur la qualification du personnel ayant pris en charge le patient, sur l'adéquation entre ses compétences et la nature de l'acte réalisé, ainsi que sur la présence ou non des équipements indispensables pour assurer des soins conformes aux règles de l'art. Si l'établissement a permis ou toléré l'intervention d'un personnel non habilité, ou s'il a maintenu en service un plateau technique obsolète ou

[64] Frédéric-Pierre Lhéritier, La responsabilité pénale médicale, Dalloz, 2017, p. 112 ; voir également : Code pénal congolais, articles relatifs à l'homicide involontaire, à la mise en danger de la vie d'autrui et à l'exercice illégal de la médecine ; Cass. crim., 23 octobre 2001, n° 01-82.246 (France), confirmant la possibilité d'engager la responsabilité pénale d'un médecin en cas de faute caractérisée.

insuffisant, ces faits peuvent constituer une faute pénale, notamment pour mise en danger délibérée de la vie d'autrui ou homicide involontaire.

A. Le contrôle de l'offre sanitaire concernant le personnel soignant par le juge pénal - Le contrôle de l'offre sanitaire par le juge pénal inclut l'examen de la compétence du personnel soignant lorsque celle-ci est mise en cause dans la survenance d'un dommage corporel ou d'un décès. Le juge cherche à établir si le professionnel de santé mis en cause disposait des qualifications requises pour l'acte médical réalisé et s'il a agi dans les limites de ses compétences. Une intervention effectuée par un personnel non autorisé, mal formé ou non encadré peut constituer une infraction pénale, notamment au titre de l'exercice illégal de la médecine ou de la mise en danger de la vie d'autrui.

Ce contrôle implique également l'analyse des conditions de recrutement, de supervision et de formation continue au sein de l'établissement de santé. Le juge vérifie si les responsables de la structure ont pris les mesures nécessaires pour s'assurer de la qualification et de la compétence de leur personnel. En cas de carence manifeste, la responsabilité pénale des dirigeants peut être engagée pour négligence ou pour avoir favorisé un environnement propice à des pratiques médicales fautives ou illégales.

Par exemple, si un patient subit un préjudice grave à la suite d'un accouchement pratiqué par une sage-femme non inscrite à l'ordre ou dont la compétence avait été suspendue, le juge pénal pourra retenir une faute pénale à la fois contre la praticienne et contre la direction de l'établissement qui aurait autorisé ou toléré cet acte. De même, si un infirmier administre un traitement complexe sans supervision médicale et que cela cause des complications, une enquête pourra être ouverte pour exercice illégal de la médecine ou pour blessures involontaires.

Ainsi, le juge pénal joue un rôle fondamental dans la garantie de la qualité et de la sécurité de l'offre de soins en sanctionnant non seulement les fautes individuelles du personnel soignant, mais aussi les carences structurelles liées à leur gestion. Ce contrôle rigoureux participe à la protection des patients et à la responsabilisation des acteurs du secteur sanitaire, en veillant à ce que seuls des professionnels qualifiés, exerçant dans un cadre réglementaire strict, interviennent dans la chaîne de soins.

Voici cinq questions essentielles que le juge pénal doit se poser pour mieux instruire un dossier portant sur l'offre sanitaire, notamment en lien avec le personnel soignant :

1. Le professionnel de santé mis en cause disposait-il des qualifications légales et réglementaires requises pour exercer l'acte médical concerné ? Cette question vise à vérifier l'existence d'un diplôme, d'une autorisation d'exercice, et l'inscription à l'ordre professionnel, le cas échéant.

2. L'acte médical ou paramédical a-t-il été réalisé dans le respect des règles de l'art et des protocoles en vigueur ? Il s'agit ici d'évaluer si le geste accompli correspond aux standards de bonne pratique médicale et si une faute technique ou une négligence est identifiable.

3. Le personnel soignant bénéficiait-il d'un encadrement, d'une supervision ou d'une organisation adéquate au sein de l'établissement ? Cette question permet de déterminer si l'environnement de travail était structuré, s'il y avait des protocoles clairs et une hiérarchie médicale fonctionnelle.

4. L'établissement de santé a-t-il pris les mesures nécessaires pour s'assurer de la compétence, de la formation continue et de la régularité de l'exercice de son personnel ? Cette interrogation permet d'identifier une éventuelle responsabilité pénale de la direction pour négligence, tolérance fautive ou défaut de contrôle.

5. Existe-t-il un lien direct ou indirect entre le comportement du personnel ou les carences de l'établissement et le dommage subi par le patient ? Le juge doit établir un lien de causalité entre la faute (ou la négligence) et le préjudice pour caractériser une infraction pénale telle que les blessures involontaires ou l'homicide involontaire.

Voici un cas pratique illustrant le contrôle de l'offre sanitaire par le juge pénal, centré sur la compétence du personnel soignant :

Madame A., âgée de 32 ans, se rend dans une clinique privée pour accoucher. En l'absence du gynécologue de garde, l'accouchement est pris en charge par une jeune sage-femme, Mlle B., récemment recrutée. Au cours de l'accouchement, des complications surviennent : le bébé présente une souffrance fœtale aiguë nécessitant une césarienne d'urgence. Mlle B., dépassée par la situation, tente d'extraire l'enfant par voie basse sans assistance chirurgicale ni appel à un médecin. Le nouveau-né souffre d'une hypoxie sévère et décède deux jours plus tard à l'hôpital général où il a été transféré.

Les parents portent plainte pour homicide involontaire. L'enquête révèle que Mlle B. n'était pas encore inscrite à l'Ordre national des sage-femmes et n'avait pas reçu de formation en obstétrique d'urgence. Il apparaît aussi que la direction de la clinique avait omis de vérifier les pièces justificatives de sa compétence au moment du recrutement.

Voici l'analyse du cas pratique en appliquant rigoureusement les 5 questions clés du juge pénal pour instruire le dossier :

1. Le professionnel de santé mis en cause disposait-il des qualifications légales et réglementaires requises pour exercer l'acte médical concerné ? Non. Mlle B., la sage-femme, n'était pas encore inscrite à l'Ordre national des sage-femmes, ce qui constitue une condition préalable et obligatoire à l'exercice

légal de la profession. L'absence d'inscription équivaut à un exercice illégal de la profession de sage-femme, ce qui est une infraction autonome au regard du Code pénal et du Code de la santé publique.

2. L'acte médical ou paramédical a-t-il été réalisé dans le respect des règles de l'art et des protocoles en vigueur ? Non. Mlle B. a tenté de gérer seule un accouchement à complications sans assistance médicale, alors que les règles de bonne pratique imposent, en cas de souffrance fœtale aiguë, une césarienne immédiate en milieu médicalisé, effectuée par un gynécologue-obstétricien. Son attitude constitue une méconnaissance manifeste des protocoles d'urgence obstétricale.

3. Le personnel soignant bénéficiait-il d'un encadrement, d'une supervision ou d'une organisation adéquate au sein de l'établissement ? Non. Le défaut de présence du médecin de garde, l'absence d'équipe de relève et l'isolement de Mlle B. dans la gestion d'une situation critique révèlent une organisation défaillante. L'encadrement était inexistant, ce qui constitue une faille majeure dans l'organisation du service.

4. L'établissement de santé a-t-il pris les mesures nécessaires pour s'assurer de la compétence, de la formation continue et de la régularité de l'exercice de son personnel ? Non. L'enquête révèle que la direction n'a pas exigé les pièces justificatives essentielles (inscription à l'Ordre, preuve de formation) lors du recrutement. Cela dénote une négligence grave de l'employeur, qui pourrait être pénalement poursuivi pour mise en danger de la vie d'autrui ou homicide involontaire par imprudence.

5. Existe-t-il un lien direct ou indirect entre le comportement du personnel ou les carences de l'établissement et le dommage subi par le patient ? Oui. L'hypoxie du nouveau-né, puis son décès, sont directement liés à l'absence de prise en charge médicale adaptée en temps utile. Le comportement fautif de Mlle B., cumulé à la carence structurelle de la clinique, a concouru de manière directe à la survenance du dommage. Le lien de causalité peut donc être établi.

La responsabilité pénale de Mlle B. pourrait être engagée pour homicide involontaire et exercice illégal de la profession, tandis que la direction de la clinique pourrait être poursuivie pour négligence ayant entraîné la mort, voire pour mise en danger délibérée de la vie d'autrui selon les circonstances et l'intentionnalité retenue.

B. Le contrôle de l'offre sanitaire concernant le plateau technique moderne par le juge pénal - Le contrôle de l'offre sanitaire par le juge pénal, s'agissant du plateau technique moderne, consiste à vérifier si l'établissement de santé disposait des équipements médicaux nécessaires, fonctionnels et conformes aux normes pour assurer une prise en charge efficace du patient. En cas d'accident médical ou de décès, le juge examine si l'insuffisance ou l'obsolescence du matériel a contribué directement ou indirectement au préjudice subi. L'absence d'un équipement indispensable, tel qu'un respirateur en réanimation ou un scanner dans un centre hospitalier universitaire, peut révéler une négligence grave. Si cette carence découle d'une gestion défaillante ou d'une décision délibérée de ne pas investir dans le matériel vital, la responsabilité pénale de la direction ou des décideurs peut être engagée pour mise en danger de la vie d'autrui ou homicide involontaire.

Voici 5 questions clés que le juge pénal peut se poser pour instruire un dossier lié aux infractions découlant du défaut de plateau technique dans une structure sanitaire :

1. L'établissement disposait-il des équipements médicaux essentiels pour répondre à sa mission de soins, conformément à son niveau (CS, Hôpital général, CHU, etc.) ? Cette question vise à apprécier la cohérence entre la vocation de l'établissement et les moyens techniques réellement disponibles.

2. Les équipements médicaux étaient-ils en état de fonctionnement et soumis à une maintenance régulière et documentée ? Le juge cherche ici à savoir si une défaillance technique était évitable et si l'absence d'entretien constitue une négligence fautive.

3. L'indisponibilité ou la défaillance de l'équipement a-t-elle directement ou indirectement contribué au dommage subi par le patient ? Cette question permet d'établir le lien de causalité entre le défaut de plateau technique et l'infraction (blessures involontaires, homicide involontaire...).

4. La direction de l'établissement ou les responsables techniques avaient-ils connaissance de cette carence et ont-ils pris les mesures nécessaires pour y remédier ? Il s'agit de détecter une tolérance fautive, un manquement au devoir de sécurité, ou une inertie volontaire dans la gestion des risques.

5. L'absence ou l'insuffisance du plateau technique résulte-t-elle d'une mauvaise allocation des ressources ou d'un choix administratif délibérément négligent ? Le juge peut ainsi qualifier l'infraction sur la base d'une gestion imprudente, imprévoyante ou manifestement déconnectée des obligations de sécurité.

Voici un cas pratique illustrant le contrôle pénal du plateau technique défaillant dans un établissement de santé :

- Exemple : Monsieur K., âgé de 56 ans, est admis aux urgences d'un hôpital départemental pour une douleur thoracique intense. Le médecin suspecte un infarctus du myocarde et prescrit un électrocardiogramme (ECG) et un bilan sanguin urgent. Cependant, le seul ECG de l'hôpital est en panne depuis trois semaines, et le laboratoire n'a plus de réactifs pour les dosages cardiaques. Faute de diagnostic rapide, le patient est gardé en observation sans traitement adapté. Trois heures plus tard, il fait un arrêt cardiaque et décède. Sa famille porte plainte.

L'enquête révèle que la panne de l'ECG était connue de la direction, mais les pièces de rechange n'avaient pas été commandées pour des raisons budgétaires. Aucun protocole de transfert vers un autre centre mieux équipé n'était prévu, malgré le niveau de risque. Le directeur médical justifie la situation par "l'insuffisance des moyens fournis par l'administration centrale".

Le juge devra s'interroger sur la connaissance préalable de la panne, l'absence de mesures alternatives, et le lien entre l'indisponibilité de l'équipement et le décès. L'inaction face à une défaillance critique pourrait caractériser une faute pénale, engageant la responsabilité de l'administration hospitalière ou de ses agents, notamment pour homicide involontaire ou mise en danger délibérée de la vie d'autrui.

Voici l'analyse du cas pratique en appliquant les 5 questions clés que le juge pénal peut utiliser pour instruire un dossier lié à un défaut du plateau technique :

1. L'établissement disposait-il des équipements médicaux essentiels pour répondre à sa mission de soins, conformément à son niveau ? Non. Un hôpital départemental ayant une mission de prise en charge des urgences médicales doit impérativement disposer d'un électrocardiographe fonctionnel et d'un laboratoire capable de réaliser un bilan cardiaque de base. L'absence de ces deux outils essentiels empêche toute prise en charge correcte d'un syndrome coronarien aigu, ce qui est une carence grave et structurelle.

2. Les équipements médicaux étaient-ils en état de fonctionnement et soumis à une maintenance régulière et documentée ? Non. L'ECG était en panne depuis trois semaines, et aucune mesure de maintenance urgente ou de réparation n'avait été mise en œuvre. L'absence de réactifs dans le laboratoire indique également un défaut d'approvisionnement anticipé. Ces manquements suggèrent une négligence dans la gestion technique du matériel vital.

3. L'indisponibilité ou la défaillance de l'équipement a-t-elle directement ou indirectement contribué au dommage subi par le patient ? Oui. Le défaut d'équipements a empêché le diagnostic rapide d'un infarctus du myocarde, ce qui a retardé l'instauration du traitement et entraîné un décès évitable. Il existe ici un lien de causalité évident entre l'insuffisance du plateau technique et le préjudice létal subi par le patient.

4. La direction de l'établissement ou les responsables techniques avaient-ils connaissance de cette carence et ont-ils pris les mesures nécessaires pour y remédier ? Oui, ils étaient informés de la panne depuis plusieurs semaines. Pourtant, aucune action efficace (réparation, acquisition temporaire, protocole de transfert) n'a été engagée. Cela démontre une tolérance fautive de la part des responsables, assimilable à une inertie coupable.

5. L'absence ou l'insuffisance du plateau technique résulte-t-elle d'une mauvaise allocation des ressources ou d'un choix administratif délibérément négligent ? Oui. L'argument budgétaire avancé par la direction ne saurait justifier l'omission de réparer un appareil vital ou de mettre en place des mesures alternatives pour assurer la continuité des soins. Il s'agit d'une négligence grave dans la gestion des priorités sanitaires, pouvant caractériser une faute pénale de service ou de direction.

Les faits peuvent justifier une poursuite pénale pour homicide involontaire à l'encontre des responsables administratifs et techniques de l'hôpital, en raison de leur manquement aux obligations de sécurité et de prudence. Une instruction approfondie devra déterminer le degré de conscience du risque, le niveau de prévisibilité du dommage et l'absence d'anticipation raisonnable.

Paragraphe 2 : Le contrôle de l'offre sanitaire concernant : l'offre pharmaceutique, les bâtiments hospitaliers modernes, et l'hygiène sanitaire par le juge pénal

Le juge pénal joue un rôle essentiel dans le contrôle de l'offre sanitaire en sanctionnant les manquements graves aux obligations légales et réglementaires relatives à la santé publique. Cela inclut, d'une part, l'offre pharmaceutique, où il peut réprimer la distribution de médicaments falsifiés, périmés ou non autorisés, compromettant ainsi la sécurité des patients. D'autre part, il intervient lorsque les bâtiments hospitaliers ne respectent pas les normes de sécurité, d'accessibilité ou de salubrité exigées, mettant en danger la vie des usagers. Enfin, en matière d'hygiène sanitaire, le juge pénal peut engager la responsabilité des responsables d'établissements de soins ou d'autorités sanitaires en cas de conditions insalubres ou de négligences ayant entraîné des contaminations ou épidémies. Ainsi, par sa fonction répressive et dissuasive, le juge contribue à garantir une offre sanitaire conforme aux exigences de protection de la santé publique.

A – Le contrôle de l'offre pharmaceutique par le juge pénal - Le juge pénal contrôle l'offre sanitaire pharmaceutique en réprimant les infractions liées à la fabrication, à la distribution et à la commercialisation des produits pharmaceutiques non conformes aux normes légales. Il intervient notamment en cas de mise sur le marché de médicaments falsifiés, non autorisés, périmés ou sans respect des conditions de conservation, en sanctionnant les auteurs sur la base d'infractions telles que la mise en danger de la vie d'autrui, l'exercice illégal de la pharmacie ou la fraude. Par ce contrôle, le juge assure la protection de la santé publique, veille à la sécurité des patients et dissuade les comportements mettant en péril l'intégrité du circuit pharmaceutique. Dans le cadre de l'instruction de l'affaire relative à une infraction présumée en matière pharmaceutique, le juge pénal peut poser les questions suivantes :

1. Le médicament incriminé disposait-il d'une autorisation de mise sur le marché (AMM) délivrée par l'autorité sanitaire compétente au moment des faits ? Cette question vise à vérifier la légalité du produit en cause. L'absence d'AMM constitue une infraction grave, car elle signifie que le médicament n'a pas été évalué quant à sa sécurité, son efficacité et sa qualité. Elle permet de poser les bases juridiques d'une poursuite pour mise en circulation de substances non autorisées.

2. Quels éléments de preuve permettent de retracer l'origine, la traçabilité et la composition exacte des produits pharmaceutiques saisis ? Elle permet de contrôler la transparence du circuit de distribution. La traçabilité est essentielle pour détecter d'éventuelles contrefaçons, falsifications ou détournements. En l'absence de données fiables, la présomption de fraude ou de négligence peut être retenue.

3. Les conditions de stockage, de transport et de conservation observées étaient-elles conformes aux normes imposées par la réglementation pharmaceutique en vigueur ? Cette question évalue le respect des obligations techniques pesant sur les professionnels. Des conditions inadéquates peuvent altérer les produits et engager la responsabilité pénale pour mise en danger d'autrui ou négligence dans la chaîne sanitaire.

4. Le mis en examen dispose-t-il d'un diplôme ou d'une autorisation lui permettant d'exercer légalement une activité de vente ou de distribution de médicaments ? Elle vise à exclure l'exercice illégal de la pharmacie, qui est une infraction pénalement réprimée. Ce contrôle protège le public contre les pratiques non professionnelles et les risques sanitaires qu'elles engendrent.

5. Comment la pharmacie concernée organise-t-elle sa chaîne d'approvisionnement, et quelles garanties apporte-t-elle quant à la disponibilité, la qualité et la sécurité des médicaments dispensés au public ? Cette question interroge la responsabilité de l'établissement dans la gestion quotidienne de l'offre. Une chaîne d'approvisionnement mal maîtrisée peut non seulement engendrer des pénuries, mais aussi favoriser l'introduction de produits dangereux ou illicites sur le marché.

Exemple - La pharmacie Sainte-Vie, située à Brazzaville, est régulièrement fréquentée pour sa large gamme de médicaments à prix abordables. À la suite d'un signalement anonyme, une enquête est ouverte par les services de l'Inspection générale de la santé. Un contrôle inopiné révèle la présence dans ses rayons de plusieurs lots de médicaments antipaludiques et antibiotiques ne disposant ni d'autorisation de mise sur le marché (AMM) ni d'étiquetage conforme à la réglementation congolaise. Certains lots sont également périmés depuis plus de six mois.

L'enquête judiciaire révèle que ces produits ont été achetés à un fournisseur non agréé basé à Pointe-Noire, sans facturation régulière ni certificat de conformité. Le gérant de la pharmacie, Monsieur K., titulaire d'un diplôme en gestion, mais non pharmacien, reconnaît avoir acquis les médicaments dans le but de « mieux approvisionner sa clientèle » en période de pénurie. Il admet également avoir stocké une partie des produits dans un entrepôt non climatisé.

Le parquet engage des poursuites pour exercice illégal de la profession pharmaceutique, mise en danger de la vie d'autrui, détention et mise en vente de médicaments falsifiés, ainsi que non-respect des règles de traçabilité et de conservation des produits pharmaceutiques. Le juge d'instruction est saisi pour approfondir l'affaire.

Voici l'analyse du cas pratique de la pharmacie Sainte-Vie à travers les cinq questions posées par le juge pénal dans le cadre de l'instruction :

1. Le médicament incriminé disposait-il d'une autorisation de mise sur le marché (AMM) délivrée par l'autorité sanitaire compétente au moment des faits ?

Analyse :

Non. L'enquête révèle que les produits saisis n'étaient pas couverts par une AMM, ce qui constitue une infraction grave. L'absence d'AMM expose les consommateurs à des produits non évalués et non contrôlés, mettant en jeu leur santé. Cette situation justifie pleinement l'ouverture de poursuites pour infraction à la législation pharmaceutique.

2. Quels éléments de preuve permettent de retracer l'origine, la traçabilité et la composition exacte des produits pharmaceutiques saisis ?

Analyse : Le gérant n'a fourni aucune facture régulière ni certificat de conformité. La traçabilité est rompue, les produits proviennent d'un fournisseur non agréé à Pointe-Noire. Cette opacité alimente la suspicion de falsification ou de contrefaçon, renforçant la qualification pénale des faits.

3. Les conditions de stockage, de transport et de conservation observées étaient-elles conformes aux normes imposées par la réglementation pharmaceutique en vigueur ?

Analyse : Non. Une partie des médicaments a été stockée dans un entrepôt non climatisé, ce qui est contraire aux exigences de conservation des produits pharmaceutiques, particulièrement pour les antibiotiques et antipaludiques. Ce manquement engage la responsabilité pénale du gérant pour négligence grave.

4. Le mis en examen dispose-t-il d'un diplôme ou d'une autorisation lui permettant d'exercer légalement une activité de vente ou de distribution de médicaments ?

Analyse : Monsieur K. n'est pas pharmacien et n'a aucune autorisation d'exercer la pharmacie. Il est donc en situation d'exercice illégal de la profession pharmaceutique, infraction expressément sanctionnée par le Code de la santé publique et le Code pénal congolais.

5. Comment la pharmacie concernée organise-t-elle sa chaîne d'approvisionnement, et quelles garanties apporte-t-elle quant à la disponibilité, la qualité et la sécurité des médicaments dispensés au public ?

Analyse : La chaîne d'approvisionnement repose sur des sources non homologuées, sans contrôle de qualité ni documents justificatifs. Il n'existe aucun système de gestion des stocks conforme, ni garantie de sécurité pour les patients. Cette désorganisation renforce la dangerosité de l'offre et justifie la sévérité de la réponse pénale.

Ce cas révèle de multiples infractions qui justifient pleinement l'intervention du juge pénal pour protéger la santé publique. Il s'agit d'un cas typique de rupture de légalité dans l'offre pharmaceutique, où le juge a compétence pour réprimer, mais aussi alerter les autorités administratives sanitaires sur les dérives structurelles du circuit officinal.

B – Le contrôle de l'offre des bâtiments hospitaliers modernes par le juge pénal - Le juge pénal intervient dans le contrôle indirect de l'offre de bâtiments hospitaliers modernes lorsqu'il est saisi de faits révélant une mise en danger de la vie d'autrui, des blessures involontaires ou une atteinte à la dignité des patients, consécutives à l'état dégradé ou inadapté des infrastructures hospitalières. En effet, lorsque des patients subissent des préjudices du fait de locaux insalubres, d'installations non conformes ou de défauts d'entretien mettant en cause la sécurité sanitaire, le juge pénal peut rechercher les responsabilités des gestionnaires publics ou privés, des maîtres d'ouvrage, voire des autorités de tutelle pour négligence grave ou violation de normes sanitaires obligatoires. Ce contrôle, bien que limité à des cas contentieux, contribue à exiger des établissements de soins des standards d'infrastructures compatibles avec la protection effective du droit à la santé.

Voici cinq questions que le juge pénal peut poser dans le cadre de l'instruction d'une affaire portant sur l'offre sanitaire des bâtiments hospitaliers modernes :

1. Les infrastructures hospitalières mises en cause répondent-elles aux normes techniques et sanitaires exigées par la réglementation en vigueur (accessibilité, hygiène, sécurité, ventilation, etc.) ? Objectif : Vérifier la conformité réglementaire des bâtiments et leur aptitude à recevoir du public en milieu médical.

2. Des audits techniques ou sanitaires ont-ils été réalisés récemment, et quels en sont les résultats ? Objectif : Évaluer l'existence d'un contrôle préventif ou curatif de l'état des bâtiments par les autorités compétentes.

3. La structure hospitalière dispose-t-elle de dispositifs d'urgence (groupes électrogènes, issues de secours, alarmes incendie, etc.) opérationnels et régulièrement entretenus ? Objectif : S'assurer de la capacité de l'hôpital à réagir en cas de sinistre ou de panne critique mettant en danger les patients.

4. Les conditions d'hospitalisation constatées au moment des faits (capacité d'accueil, promiscuité, salubrité) étaient-elles compatibles avec la dignité et la sécurité des patients ? Objectif : Apprécier si les conditions réelles d'accueil peuvent constituer une atteinte à l'intégrité physique ou morale des malades.

5. Quelle est la responsabilité des décideurs (directeurs d'établissement, responsables techniques, autorités publiques) dans l'état défectueux ou la vétusté des bâtiments hospitaliers ? Objectif : identifier d'éventuelles négligences fautives engageant la responsabilité pénale d'un ou plusieurs acteurs.

Exemple - Le 14 mars 2024, trois nouveau-nés décèdent dans la même journée au sein du service de néonatologie de l'hôpital public de Mfilou à Brazzaville. Les familles, choquées, dénoncent des conditions d'accueil déplorables : salle surchauffée sans ventilation, absence de matériel de réanimation en état de fonctionnement, humidité excessive, plafonds fissurés, et une coupure de courant prolongée ayant affecté les couveuses.

Une enquête administrative interne fait état de bâtiments vétustes, de surpeuplement chronique, et d'un réseau électrique non réhabilité depuis plus de dix ans. Les plaintes des usagers, adressées depuis plusieurs mois à la direction de l'hôpital, sont restées sans suite.

Le parquet ouvre une information judiciaire pour homicide involontaire, mise en danger de la vie d'autrui et non-assistance à personne en danger. Le juge d'instruction est saisi afin de déterminer les responsabilités techniques, administratives et éventuellement politiques dans ce drame sanitaire.

Voici l'analyse du cas pratique de l'hôpital objet du litige à travers les cinq questions que le juge pénal peut poser dans le cadre de l'instruction :

1. Les installations du service de néonatologie respectaient-elles les normes minimales d'hygiène, de sécurité et d'aération ?

Analyse : Non. Le service était surchauffé, mal ventilé, affecté par l'humidité et des plafonds dégradés. Ces conditions révèlent un manquement grave aux normes sanitaires applicables aux services sensibles comme la néonatologie, où la fragilité des patients impose un environnement strictement contrôlé. Ce défaut d'aménagement et d'entretien constitue un facteur aggravant dans l'analyse pénale.

2. La direction avait-elle connaissance de l'état de vétusté des bâtiments et avait-elle engagé des mesures correctrices ?

Analyse : Les plaintes répétées des familles et des personnels, ignorées ou sans suite, démontrent que la direction était informée de la situation. L'inaction prolongée peut être interprétée comme une négligence fautive engageant la responsabilité pénale du directeur ou du gestionnaire de l'établissement pour omission volontaire de mesures de sécurité.

3. Des audits ou inspections techniques ont-ils été réalisés avant le drame ? Quelles étaient leurs conclusions ?

Analyse : En l'absence d'audits documentés ou si ceux-ci n'ont pas été suivis d'effets, le juge pénal pourra retenir un défaut de vigilance institutionnelle. Si des rapports d'inspection faisaient état de risques identifiés, l'absence de mise en œuvre de recommandations renforce la caractérisation d'un manquement délibéré à une obligation de prudence ou de sécurité.

4. Les pannes d'électricité affectant le matériel vital (comme les couveuses) étaient-elles fréquentes ? Des dispositifs de secours étaient-ils opérationnels ?

Analyse : L'absence de groupes électrogènes fonctionnels ou de solution de secours face aux coupures de courant constitue une faute technique grave. Le décès des nouveau-nés en lien avec la défaillance du matériel médical peut être juridiquement qualifié d'homicide involontaire par imprudence ou négligence, dès lors que les responsables avaient l'obligation d'assurer une continuité des soins.

5. Quelles responsabilités peuvent être engagées entre les responsables techniques, le directeur d'établissement et l'autorité sanitaire de tutelle ?

Analyse : Le juge pénal devra examiner l'étendue des pouvoirs de chacun pour identifier qui, parmi les gestionnaires locaux et les autorités de tutelle, disposait des moyens d'agir. En cas d'abstention fautive, la responsabilité pénale en cascade peut être envisagée : du directeur d'hôpital jusqu'au ministère de la Santé, selon les éléments de la chaîne de commandement et les budgets alloués ou non exécutés.

Ce cas met en lumière la dimension pénale de la carence structurelle dans l'offre de bâtiments hospitaliers sûrs et modernes. Le juge pénal, en qualifiant les fautes de gestion, peut contribuer à rappeler que la dignité et la vie des patients imposent aux décideurs une obligation de résultats et non seulement de moyens. L'instruction devra donc établir clairement les manquements, leur gravité, et leur lien causal avec les décès constatés.

C – Le contrôle de l'offre de l'hygiène sanitaire par le juge pénal.

Le juge pénal exerce un contrôle sur l'hygiène sanitaire lorsqu'il est saisi de faits révélant une atteinte à la santé publique découlant d'un manquement grave aux règles d'hygiène imposées par la législation sanitaire. Ce contrôle intervient notamment en cas de propagation de maladies infectieuses, d'empoisonnement collectif, ou de conditions d'insalubrité dans les établissements de santé, scolaires ou alimentaires. En pareille situation, le juge peut engager des poursuites pour mise en danger de la vie d'autrui, homicide ou blessures involontaires, ou encore infraction aux dispositions du Code de la santé publique. À travers ce prisme, le juge pénal devient garant du respect des normes d'hygiène élémentaire, et agit comme rempart contre l'irresponsabilité ou la négligence pouvant porter atteinte à l'intégrité physique de la population.

Voici 5 questions que le juge pénal peut poser pour contrôler l'offre de l'hygiène sanitaire dans le cadre d'une instruction judiciaire :

1. Les locaux concernés (établissements de santé, écoles, lieux de détention, etc.) respectaient-ils les normes légales et réglementaires en matière de propreté, d'aération, de gestion des déchets et d'accès à l'eau potable ? Objectif : évaluer la conformité des installations aux standards d'hygiène requis pour la protection de la santé publique.

2. Des inspections sanitaires ont-elles été effectuées récemment, et quelles irrégularités ont-elles été constatées ? Objectif : vérifier l'existence d'un contrôle administratif préalable et les éventuels manquements relevés par les autorités compétentes.

3. Des cas de maladies ou d'infections ont-ils été recensés en lien direct avec les mauvaises conditions d'hygiène ? Objectif : établir le lien de causalité entre la carence en hygiène et les atteintes à la santé des usagers ou des résidents.

4. Les responsables des lieux avaient-ils connaissance des risques sanitaires encourus et ont-ils pris des mesures correctrices en temps utile ? Objectif : Identifier une éventuelle négligence fautive ou une inaction délibérée malgré l'alerte sur les dangers.

5. Quelle chaîne de responsabilité peut être engagée entre les gestionnaires de l'établissement, les prestataires de services (nettoyage, désinfection) et les autorités de tutelle ? Objectif : déterminer les responsabilités pénales éventuelles à différents niveaux de la structure de gestion.

Exemple - En mars 2025, l'hôpital général de Dolisie enregistre une série inhabituelle d'infections nosocomiales dans le service de chirurgie. En l'espace de deux semaines, six patients opérés développent des infections graves de leurs plaies post-opératoires, nécessitant des réinterventions d'urgence. Deux d'entre eux décèdent des suites d'un choc septique.

Les familles alertent les autorités sanitaires. Une inspection médicale indépendante révèle des défaillances critiques : stérilisation incomplète des instruments chirurgicaux, non-respect des protocoles d'asepsie, absence de savon antiseptique dans les salles de soins, et défaut d'entretien des climatiseurs diffusant des bactéries. Le personnel infirmier avait déjà signalé l'état de délabrement des installations au directeur, sans réponse concrète.

Le parquet ouvre une information judiciaire pour homicide involontaire, mise en danger de la vie d'autrui, et manquement aux obligations sanitaires. Le juge d'instruction est chargé de faire la lumière sur la chaîne de responsabilités au sein de l'hôpital.

Voici l'analyse du cas pratique de l'hôpital général de Dolisie à travers les 5 questions que le juge pénal peut poser pour contrôler l'offre de l'hygiène sanitaire :

1. Les locaux concernés respectaient-ils les normes légales et réglementaires en matière de propreté, d'aération, de gestion des déchets et d'accès à l'eau potable ?

Analyse : Non. L'inspection a révélé une stérilisation défaillante des instruments, un mauvais entretien des climatiseurs et un manque d'équipements de base en hygiène (savon antiseptique, lingettes stériles). Ces manquements constituent des violations manifestes des normes hospitalières minimales, en particulier dans un service aussi sensible que la chirurgie.

2. Des inspections sanitaires ont-elles été effectuées récemment, et quelles irrégularités ont-elles été constatées ?

Analyse : L'inspection postérieure aux décès a révélé plusieurs failles, mais aucune inspection interne antérieure n'a été formellement diligentée. L'absence de contrôle régulier peut engager la responsabilité de la direction pour défaut de vigilance institutionnelle et manquement au devoir de prévention.

3. Des cas de maladies ou d'infections ont-ils été recensés en lien direct avec les mauvaises conditions d'hygiène ?

Analyse : Oui. Les infections nosocomiales ont directement touché plusieurs patients, avec un lien avéré entre les pratiques déficientes et la contamination des plaies opératoires. Les deux décès, survenus par choc septique, renforcent le lien de causalité entre l'environnement insalubre et les préjudices subis.

4. Les responsables des lieux avaient-ils connaissance des risques sanitaires encourus et ont-ils pris des mesures correctrices en temps utile ?

Analyse : Le personnel infirmier avait émis plusieurs alertes sur la situation, restées sans suite. Le directeur de l'hôpital, en position d'autorité, ne pouvait ignorer les défaillances persistantes. Son inaction, malgré les signalements, pourrait caractériser une négligence fautive ou une abstention volontaire de prendre les mesures nécessaires, engageant sa responsabilité pénale.

5. Quelle chaîne de responsabilité peut être engagée entre les gestionnaires de l'établissement, les prestataires de services (nettoyage, désinfection) et les autorités de tutelle ?

Analyse : La responsabilité principale incombe à la direction de l'hôpital, mais le juge devra aussi déterminer si les prestataires chargés de l'entretien ou les autorités sanitaires régionales ont failli à leurs obligations de contrôle ou de financement. Il s'agira de vérifier les contrats d'entretien, les budgets affectés, les signalements ignorés et la réactivité de la tutelle administrative.

Ce cas illustre une chaîne de manquements graves en matière d'hygiène sanitaire, ayant entraîné des conséquences irréversibles sur la santé et la vie des patients. Le juge pénal, saisi des faits, peut qualifier ces manquements d'homicides involontaires et de mise en danger délibérée de la vie d'autrui, et ouvrir la voie à des mises en examen ciblées. Il rappelle ainsi que l'hygiène hospitalière n'est pas une option, mais une exigence pénale.

Paragraphe 3. Le contrôle de l'offre sanitaire par le Procureur de la république

Le procureur de la République[65] exerce un contrôle rigoureux de l'offre sanitaire en sa qualité de garant de l'ordre public et de la légalité. Lorsqu'il est informé de faits susceptibles de constituer une infraction dans le domaine sanitaire tels que la distribution de médicaments falsifiés, l'insalubrité d'un établissement hospitalier, ou la défaillance grave dans la chaîne d'approvisionnement pharmaceutique, il engage immédiatement des enquêtes préliminaires ou saisit la police judiciaire. Il peut également diligenter des réquisitions aux fins de vérification, convoquer les responsables, et ordonner des expertises sanitaires. Par cette action proactive, le procureur veille à ce que les règles de santé publique soient respectées et sanctionne les atteintes graves à la vie et à l'intégrité physique des citoyens, contribuant ainsi à une offre sanitaire sûre, légale et accessible.

---

[65] Jean Pradel, Procédure pénale, Cujas, 2022, p. 216 ; voir également : Code de procédure pénale de la République du Congo, art. 39 à 45 ; Garde des Sceaux (France), Circulaire CRIM 09/13 du 3 août 2009 relative aux infractions liées à la sécurité sanitaire.

A. Le contrôle préventif de l'offre sanitaire par le procureur de la République du Congo- Le contrôle préventif de l'offre sanitaire par le procureur de la République s'inscrit dans une démarche de protection proactive de la santé publique. En amont de la commission d'infractions, le procureur dispose de moyens juridiques et institutionnels lui permettant d'intervenir pour prévenir les défaillances dans l'organisation et la distribution des services sanitaires. Ce contrôle se justifie dans un contexte où les risques liés à la contrefaçon des médicaments, à l'insalubrité des infrastructures sanitaires ou à la rupture de la chaîne d'approvisionnement pharmaceutique peuvent mettre en danger de manière grave et durable la population. Le rôle du procureur n'est donc pas limité à la répression ; il s'étend également à la veille sanitaire et à l'anticipation des crises.

Ainsi, le procureur de la République peut initier des actions de coordination interinstitutionnelle, notamment en réunissant les autorités sanitaires, les responsables hospitaliers, les représentants des ordres professionnels (pharmaciens, médecins), ainsi que les services de police et de gendarmerie, afin d'évaluer les risques et d'identifier les signaux faibles. Par le biais de ces rencontres, il peut formuler des recommandations, attirer l'attention sur des manquements observés ou signalés, et encourager la mise en œuvre de mesures correctrices avant qu'un dommage n'intervienne. Cette approche concertée favorise une culture de la légalité sanitaire et renforce la capacité des structures à se conformer aux exigences légales.

De plus, le procureur peut faire usage de ses pouvoirs de réquisition et de visite inopinée pour instruire les services de police judiciaire de vérifier les conditions d'hygiène, de conservation des médicaments, ou encore la légalité des pratiques commerciales dans les officines et établissements de santé. Ces contrôles préventifs peuvent être déclenchés sur signalement, ou de manière spontanée, lorsqu'une zone est identifiée comme vulnérable ou à risque. Cette vigilance judiciaire permet de dissuader les comportements déviants, et d'alerter les responsables en cas de non-conformité. Elle constitue une barrière juridique efficace contre les dérives sanitaires.

Enfin, le rôle préventif du procureur trouve tout son sens dans l'éducation à la légalité et la sensibilisation des acteurs du secteur sanitaire. En organisant ou en participant à des séminaires sur les responsabilités pénales dans le domaine de la santé, le procureur contribue à diffuser une culture de conformité. Il peut également recommander des procédures internes de contrôle pour les structures de santé, incitant à l'auto-régulation. Par cette stratégie multidimensionnelle, le procureur de la République agit en sentinelle du droit et en protecteur actif de la santé collective, bien avant que les atteintes ne surviennent.

B. Le contrôle répressif de l'offre sanitaire par le Procureur de la République - Le contrôle répressif de l'offre sanitaire par le procureur de la République intervient lorsqu'une violation des normes sanitaires a été constatée, mettant en péril la santé publique. Ce contrôle est une réponse directe aux infractions commises dans les établissements de santé, les pharmacies, ou tout autre acteur du secteur sanitaire. Lorsqu'une infraction est signalée, que ce soit à travers une plainte, un signalement ou un contrôle interne, le procureur de la République dispose de la prérogative d'engager des poursuites pénales. Ces infractions peuvent inclure la vente de médicaments falsifiés, la négligence dans le respect des règles d'hygiène, ou encore la gestion frauduleuse des équipements médicaux.

Une fois l'infraction détectée, le procureur peut ordonner l'ouverture d'une enquête pénale en concertation avec la police judiciaire. Cette enquête vise à recueillir des éléments de preuve, entendre les témoins, et établir la responsabilité des personnes impliquées dans la violation des règles sanitaires. Le procureur peut alors instruire les enquêteurs pour perquisitionner les locaux concernés, saisir les produits illicites (médicaments, équipements médicaux, etc.) et interroger les responsables des structures de santé afin d'établir la culpabilité et les circonstances aggravantes de l'infraction.

Si les preuves sont suffisantes, le procureur peut initier des poursuites pénales contre les responsables, qu'il s'agisse de gestionnaires d'hôpitaux, de directeurs de pharmacies, ou même d'agents publics ayant négligé leur devoir de vigilance. Ces poursuites peuvent concerner des infractions telles que la mise en danger de la vie d'autrui, les blessures involontaires, ou l'homicide involontaire si un décès est lié à des manquements sanitaires graves. Le procureur peut aussi solliciter des expertises médicales pour établir le lien de causalité entre les infractions et les préjudices subis par les victimes.

Enfin, le procureur peut demander des peines adaptées à la gravité de l'infraction, incluant des amendes, des peines de prison, ou des interdictions professionnelles, afin de sanctionner les responsables et d'envoyer un message fort sur le respect des normes sanitaires. En outre, le procureur peut aussi saisir les autorités administratives pour qu'elles prennent des mesures correctrices, comme la suspension ou la fermeture d'établissements fautifs, garantissant ainsi une action répressive immédiate et durable contre les infractions sanitaires.

Chapitre 2 : Le contrôle non juridictionnel de l'offre sanitaire

Le contrôle non juridictionnel de l'offre sanitaire désigne l'ensemble des mécanismes de régulation, de surveillance et d'évaluation mis en œuvre en dehors de toute procédure judiciaire, visant à encadrer et améliorer l'organisation, la qualité, l'efficacité et l'accessibilité des soins au sein d'un système de santé. Ce contrôle est assuré par des institutions internationales et internes, des agences sanitaires, des inspections générales de santé, des organismes d'assurance maladie ou encore des ordres professionnels. Il se manifeste à travers des audits, des enquêtes, des certifications, des agréments ou encore des recommandations, permettant de garantir que l'offre sanitaire respecte les normes légales, éthiques et techniques, tout en veillant à l'intérêt général et à la sécurité des patients.

Section 1 : Le contrôle non juridictionnel sur le plan interne[66]

Sur le plan interne, le contrôle non juridictionnel de l'offre sanitaire s'exerce à travers les dispositifs de régulation et d'évaluation mis en place au sein même des structures sanitaires ou par les autorités nationales compétentes, sans intervention du juge. Il est assuré par des organes comme le ministère de la Santé, les inspections sanitaires, les comités d'éthique, les ordres professionnels ou encore les directions générales d'hôpitaux. Ce contrôle vise à vérifier la conformité des pratiques aux normes établies, à assurer la qualité des soins, la sécurité des patients et la bonne gestion des ressources, à travers des inspections, des audits internes, des rapports d'activité ou des procédures d'accréditation. Il constitue un levier essentiel de gouvernance interne du système de santé.

Paragraphe 1 : Le contrôle par les ordres professionnels de santé

- Le contrôle exercé par les ordres professionnels de santé constitue une forme essentielle de régulation non juridictionnelle, visant à garantir le respect des règles déontologiques, la compétence professionnelle et la qualité des soins dispensés par les praticiens. Ces ordres, tels que ceux des médecins, pharmaciens, infirmiers ou dentistes, assurent une mission d'intérêt général en

---

[66] Bernard Ennuyer (dir.), Évaluation et qualité dans les établissements de santé, Dunod, 2021, p. 89 ; OMS, Renforcement des systèmes de santé : Cadre d'action pour une meilleure gouvernance, Genève, 2010 ; République du Congo, Décret n° 2012-382 du 27 juillet 2012 fixant les attributions des inspections sanitaires nationales.

encadrant l'exercice des professions de santé, notamment par la délivrance des autorisations d'exercice, le contrôle des conditions d'inscription, la veille au respect des obligations éthiques, et la conduite d'enquêtes disciplinaires internes en cas de manquements. Ce contrôle contribue à maintenir la confiance du public dans le système de santé et à préserver l'intégrité des professions médicales.

A. Contrôle de l'ordre des médecins, des infirmiers et des sage-femmes

- Le contrôle de l'offre sanitaire par l'Ordre des médecins repose essentiellement sur la régulation de l'exercice médical, la vérification des compétences professionnelles, le respect du code de déontologie et la protection des patients. L'Ordre assure l'inscription au tableau, délivre les autorisations d'exercice et contrôle la régularité des actes médicaux. Il peut diligenter des enquêtes disciplinaires en cas de plaintes ou de manquements constatés. Il veille également à ce que les structures médicales respectent les principes fondamentaux de l'éthique, de la qualité des soins, de la continuité et de l'égal accès aux soins.

L'Ordre national des infirmiers, pour sa part, exerce un rôle similaire en matière de régulation de l'exercice infirmier. Il contrôle l'inscription au tableau, vérifie le respect des obligations professionnelles et éthiques, et intervient dans la régulation des pratiques infirmières, notamment dans les établissements publics et privés. Par le biais de commissions disciplinaires, l'Ordre peut sanctionner les manquements professionnels et veiller à la qualité de l'offre de soins infirmiers. Il joue aussi un rôle dans la formation continue et le développement des compétences.

L'Ordre des sage-femmes veille à l'encadrement rigoureux de la profession en contrôlant l'exercice légal de ses membres, leur compétence, leur respect des normes de pratique et la qualité des soins offerts dans le domaine périnatal. Il supervise les conditions d'inscription, délivre les autorisations d'exercice et prend part aux procédures disciplinaires en cas de comportements contraires à l'éthique ou à la sécurité des patientes. En matière d'offre sanitaire, l'Ordre veille à l'accès équitable et sécuritaire aux soins de maternité et de santé reproductive.

En somme, ces ordres professionnels exercent un contrôle de nature préventive, éthique et disciplinaire, qui ne relève pas de l'autorité judiciaire, mais qui contribue efficacement à la régulation de l'offre sanitaire. Leur action garantit la qualité des soins, la protection des patients et l'intégrité des professions de santé, tout en participant à l'organisation rationnelle du système de santé. Par leur proximité avec les professionnels et leur connaissance des réalités de terrain, ils jouent un rôle clé dans l'autorégulation du secteur sanitaire.

Exemple – Un médecin généraliste a été sanctionné pour avoir établi de manière répétée des certificats médicaux de complaisance. Il délivrait, à la demande de certains patients, des certificats justifiant des arrêts de travail ou des dispenses d'activités sportives sans fondement médical réel. Alerté par des organismes d'assurance maladie et par plusieurs confrères, le Conseil départemental de l'Ordre des médecins a ouvert une enquête.

L'instruction a révélé que ces certificats étaient parfois remis sans consultation physique du patient, ce qui constitue une violation grave du code de déontologie médicale, notamment des articles relatifs à la probité, à l'indépendance professionnelle et à la rédaction de documents médicaux. Après passage devant la chambre disciplinaire de l'Ordre, le médecin a été reconnu coupable de manquements déontologiques.

Sanction prononcée : une interdiction temporaire d'exercer pendant six mois, dont trois mois avec sursis, assortie d'une obligation de suivre une formation sur la déontologie médicale. Cette décision visait à rétablir la rigueur professionnelle, à prévenir la récidive et à rappeler l'importance du respect des normes éthiques dans la pratique médicale.

Le but de la sanction prononcée par l'Ordre des médecins est de garantir le respect des principes déontologiques qui régissent la profession médicale, de préserver la confiance du public envers les praticiens, et d'assurer la protection des patients contre les dérives professionnelles. Elle vise également à rappeler au médecin ses obligations légales et éthiques, à prévenir la récidive par une mesure corrective ou dissuasive, et à maintenir l'honneur, la probité et la compétence au sein de la profession. Cette sanction, de nature disciplinaire et non pénale, s'inscrit dans une logique de régulation interne destinée à renforcer la qualité et la sécurité de l'offre de soins.

Toutefois, en cas de contestation d'une sanction prononcée par l'Ordre des médecins, le professionnel dispose de voies de recours garantissant le respect de ses droits à la défense et à un procès équitable. La première instance disciplinaire compétente est généralement la chambre disciplinaire de première instance du Conseil régional de l'Ordre. Si la décision rendue lui est défavorable, le médecin sanctionné peut exercer un recours en appel devant la chambre disciplinaire nationale, qui siège auprès du Conseil national de l'Ordre des médecins. Cette instance examine l'affaire en fait et en droit, et peut confirmer, réformer ou annuler la décision initiale.

L'appel doit être formé dans un délai de 30 jours à compter de la notification de la décision. Ce recours n'est pas suspensif sauf si le professionnel en fait expressément la demande et qu'elle est acceptée. Lors de l'examen en appel, le médecin a la possibilité de se faire assister par un avocat, de présenter des moyens de défense, de produire des pièces justificatives et de demander l'audition de témoins. La procédure est contradictoire, ce qui signifie que les parties peuvent s'exprimer et répondre aux arguments adverses.

Enfin, en cas de désaccord persistant avec la décision de la chambre disciplinaire nationale, un pourvoi en cassation peut être formé devant le Conseil d'État, juridiction suprême de l'ordre administratif. Ce recours ne porte que sur la légalité de la décision (vice de procédure, erreur de droit, incompétence, etc.), et non sur les faits. Il s'agit d'une voie de recours exceptionnelle, strictement encadrée, qui vise à faire respecter les règles de droit applicables aux procédures disciplinaires. Ainsi, l'ensemble de ces mécanismes assure un équilibre entre le pouvoir de régulation de l'Ordre et les garanties juridictionnelles reconnues aux professionnels de santé.

B. Contrôle de l'offre sanitaire par l'ordre des pharmaciens et des dentistes - Le contrôle de l'offre sanitaire par l'Ordre des pharmaciens s'articule autour de la régulation de l'exercice officinal et pharmaceutique dans son ensemble. L'Ordre veille à ce que les pharmaciens respectent les normes déontologiques, légales et scientifiques en matière de dispensation des médicaments, de conseil pharmaceutique et de gestion des officines. Il supervise également l'ouverture, le transfert ou la fermeture des pharmacies, tout en s'assurant du respect des conditions techniques et éthiques requises. En cas de manquement (détournement de médicaments, délivrance sans ordonnance, pratiques commerciales illicites), des procédures disciplinaires peuvent être engagées pour sanctionner le professionnel et préserver la sécurité sanitaire des patients.

Quant à l'Ordre des chirurgiens-dentistes, il contrôle l'exercice de la profession dentaire en veillant à la compétence, à l'éthique et à la qualité des soins bucco-dentaires. Il encadre l'installation des cabinets dentaires, le respect des règles d'hygiène, la publicité professionnelle et les conditions d'exercice. Il intervient en cas de plaintes de patients, d'actes non conformes aux bonnes pratiques, ou de comportements contraires à la déontologie (négligence, surfacturation, absence de consentement éclairé, etc.). Le conseil de l'ordre peut diligenter une enquête, convoquer le praticien, et prononcer des sanctions disciplinaires allant de l'avertissement à la radiation.

Dans le système de santé congolais, bien que les structures ordinales soient parfois confrontées à des contraintes institutionnelles ou matérielles, leur rôle de régulation demeure fondamental. Par leur action, les Ordres des pharmaciens et des dentistes contribuent à assurer une offre de soins de qualité, fondée sur le professionnalisme, la responsabilité et la protection du public. Leur mission s'inscrit dans une logique de gouvernance sanitaire, complémentaire au contrôle administratif exercé par l'État, pour garantir un système de santé plus sûr, plus transparent et plus éthique.

Exemple - Un pharmacien titulaire d'une officine est signalé pour avoir vendu des médicaments soumis à prescription obligatoire sans ordonnance médicale. Suite à plusieurs plaintes de patients et d'organismes de santé, l'Ordre des pharmaciens lance une enquête de contrôle. Les inspecteurs ordonnent une vérification approfondie des stocks et des pratiques de délivrance des médicaments au sein de la pharmacie. Il est établi que le pharmacien, dans un souci de profit commercial, a contourné la réglementation en dispensant librement des antibiotiques et autres produits pharmaceutiques à risque, ce qui constitue une violation grave des règles de sécurité sanitaire et de la déontologie professionnelle.

À l'issue de cette enquête, le conseil de l'Ordre convoque le pharmacien pour l'audition disciplinaire. Ce dernier est mis en cause pour manquement à ses obligations légales et déontologiques, mettant en danger la santé publique par la vente non contrôlée de médicaments. En conséquence, le Conseil a prononcé une sanction disciplinaire de 6 mois à l'encontre du pharmacien dans le cadre de l'avertissement, avec une mention de radiation en cas de récidive ou de gravité exceptionnelle.

Ce cas illustre comment l'Ordre des pharmaciens exerce un contrôle rigoureux sur l'offre sanitaire en garantissant que la dispensation des médicaments respecte les normes légales et éthiques, afin de protéger les patients contre les risques liés à une mauvaise utilisation des produits pharmaceutiques.

Cependant, comme pour le médecin, le pharmacien sanctionné par une décision disciplinaire de l'Ordre dispose de voies de recours pour contester la sanction. En premier lieu, il peut exercer un recours gracieux devant le Conseil national de l'Ordre des pharmaciens, notamment s'il estime que la sanction prononcée est injustifiée ou disproportionnée. Ce recours permet une réévaluation interne de la décision, parfois à la lumière d'éléments nouveaux ou mal appréciés lors de la première instruction. Le pharmacien peut se faire assister d'un avocat ou d'un confrère pour assurer sa défense et faire valoir ses arguments.

En cas de rejet du recours gracieux ou de confirmation de la sanction, le pharmacien peut saisir les juridictions administratives, notamment le tribunal administratif compétent, afin de contester la légalité de la décision disciplinaire. Il peut invoquer une violation des droits de la défense, un vice de procédure, ou une erreur manifeste d'appréciation. Ce recours vise à garantir le respect des principes d'équité, de proportionnalité et de légalité dans l'action des instances ordinales. Ainsi, le pharmacien bénéficie d'un encadrement juridique destiné à éviter les abus de pouvoir tout en assurant un juste équilibre entre l'intérêt public et la protection des droits professionnels.

Paragraphe 2 : Le contrôle de l'offre sanitaire par les mécanismes étatiques

Le contrôle de l'offre sanitaire par les mécanismes étatiques repose sur l'intervention des autorités publiques, notamment les parlementaires, le ministère de la Santé, les inspections sanitaires, les directions départementales de la santé et les agences spécialisées, dans le but de garantir la conformité des structures de soins, des professionnels de santé et des produits médicaux aux normes légales, techniques et éthiques en vigueur et la commission nationale des droits de l'homme. Ce contrôle inclut la délivrance des autorisations d'ouverture des établissements de santé, les inspections régulières des infrastructures sanitaires, la vérification du respect des protocoles médicaux, la lutte contre l'exercice illégal de la médecine, ainsi que le contrôle des médicaments et dispositifs médicaux. En République du Congo, bien que parfois confronté à des défis structurels, ce contrôle étatique demeure un levier essentiel pour assurer la sécurité sanitaire, la qualité des soins et la régulation de l'ensemble du système de santé.

A. Le contrôle de l'offre sanitaire par le parlementaire - Le contrôle de l'offre sanitaire par les parlementaires s'inscrit dans leur mission constitutionnelle de contrôle de l'action gouvernementale. En tant que représentants du peuple, les députés et sénateurs veillent à ce que les politiques publiques de santé soient conformes aux besoins réels des populations et aux engagements budgétaires de l'État. Ce contrôle s'exerce notamment à travers l'examen des lois de finances, qui intègrent les budgets alloués à la santé, et lors des débats sur les projets de loi relatifs à l'organisation ou au financement du système sanitaire. À cette occasion, les parlementaires peuvent interroger le gouvernement sur les conditions d'accès aux soins, la répartition des infrastructures de santé ou la qualité des prestations offertes.

Par ailleurs, les commissions parlementaires spécialisées, comme la commission des affaires sociales et de la santé, jouent un rôle central dans le suivi de l'offre sanitaire. Elles organisent des auditions des ministres, des responsables d'établissements de santé ou des représentants d'organisations professionnelles, afin de recueillir des informations précises sur le fonctionnement du système. Ces commissions peuvent également effectuer des missions d'information ou des enquêtes parlementaires sur des problématiques sanitaires particulières (pénurie de médicaments, dysfonctionnements hospitaliers, inégalités territoriales d'accès aux soins, etc.).

Le contrôle parlementaire peut aussi prendre la forme de questions écrites ou orales adressées aux membres du gouvernement, permettant aux parlementaires d'interpeller publiquement les autorités sur la situation des hôpitaux, le recrutement des personnels de santé, ou encore la régulation des cliniques privées. Ces interventions sont souvent relayées dans les médias et participent à une pression institutionnelle pour améliorer la gouvernance sanitaire. Elles permettent également de faire remonter les doléances des populations au niveau central.

Enfin, les parlementaires peuvent jouer un rôle de veille citoyenne en collaboration avec les acteurs locaux (élus municipaux, associations de patients, syndicats de santé) pour identifier les défaillances dans l'offre sanitaire et proposer des réformes. En ce sens, leur rôle dépasse la simple observation : ils sont aussi force de proposition et d'orientation stratégique. Ce pouvoir de contrôle, bien que dépendant de la volonté politique et des moyens d'action du Parlement, constitue un pilier démocratique essentiel pour garantir un système de santé équitable, efficace et respectueux des droits des usagers.

B. Le contrôle de l'offre sanitaire par le ministère de la santé - Le contrôle de l'offre sanitaire par le ministère de la Santé constitue l'un des leviers essentiels de la régulation du système de santé en République du Congo. À travers ses services centraux et déconcentrés, le ministère veille à la planification, à l'organisation et au fonctionnement adéquat des structures sanitaires publiques et privées. Il délivre les autorisations d'ouverture, d'exploitation et d'agrément des établissements de santé, en vérifiant leur conformité aux normes légales, techniques et éthiques. Ce contrôle permet d'encadrer l'implantation des hôpitaux, cliniques, centres de santé ou laboratoires, afin d'assurer une couverture équilibrée du territoire et une accessibilité raisonnable aux soins pour les populations.

En outre, le ministère exerce un contrôle technique et administratif régulier à travers les inspections sanitaires, souvent menées par les directions départementales ou les inspections générales de santé. Ces inspections permettent d'évaluer la qualité des soins, le respect des normes d'hygiène, la disponibilité des équipements, la qualification du personnel ainsi que la gestion des médicaments et dispositifs médicaux. Lorsqu'un manquement est constaté, le ministère peut prononcer des mesures correctives, telles que des mises en demeure, des suspensions d'activité ou même des fermetures temporaires ou définitives des établissements non conformes.

Le ministère joue également un rôle déterminant dans la régulation des ressources humaines de santé. Il organise les concours de recrutement, valide les affectations du personnel médical, supervise les formations sanitaires et assure le respect du code de déontologie en collaboration avec les ordres professionnels. Ce pouvoir de régulation permet de garantir que les professionnels en exercice disposent des compétences requises et respectent les règles en vigueur. Il veille aussi à l'équilibre entre les besoins de la population et la disponibilité des professionnels sur l'ensemble du territoire national.

Enfin, à travers ses programmes de santé publique et ses politiques sectorielles, le ministère pilote la réforme et l'amélioration continue de l'offre sanitaire, en tenant compte des priorités nationales (lutte contre les épidémies, réduction de la mortalité maternelle, accès aux soins de base, etc.). Il mobilise les partenaires techniques et financiers, encadre les ONG sanitaires, et veille à l'intégration des innovations médicales dans le système de soins. Ce contrôle stratégique s'inscrit dans une vision globale de développement sanitaire durable, dans l'objectif de garantir à chaque citoyen un droit effectif à la santé.

C. Le contrôle de l'offre sanitaire par la commission nationale des droits de l'homme - Le contrôle de l'offre sanitaire par la Commission Nationale des Droits de l'Homme (CNDH) repose sur son mandat de protection, de promotion et de défense des droits fondamentaux, parmi lesquels figure le droit à la santé. En tant qu'institution indépendante, la CNDH veille à ce que l'État garantisse une offre de soins accessible, disponible, acceptable et de qualité, conformément aux engagements internationaux et à la Constitution. Elle intervient dès lors qu'une violation de ce droit est constatée ou signalée, notamment en cas de négligence médicale, d'inaccessibilité géographique ou financière des soins, ou de traitements inhumains dans les établissements de santé.

La CNDH reçoit des plaintes individuelles ou collectives émanant des citoyens victimes de dysfonctionnements dans le système de santé, tels que des refus de soins, des ruptures de médicaments essentiels, ou des atteintes à la dignité dans les hôpitaux. Après instruction, elle peut procéder à des visites inopinées dans les structures sanitaires, interroger les responsables, recueillir des témoignages, et formuler des recommandations contraignantes moralement, voire juridiquement si la législation nationale le prévoit. Ces interventions permettent de documenter les abus ou carences affectant les usagers du système de santé.

La Commission peut également publier des rapports thématiques sur l'état de l'offre sanitaire, mettant en lumière les inégalités d'accès aux soins, les conditions de détention médicales, ou les discriminations subies par certaines catégories de la population (personnes vivant avec un handicap, femmes enceintes, détenus, populations rurales). Ces rapports sont adressés aux autorités publiques, aux partenaires internationaux et à la société civile, dans une logique d'alerte, de plaidoyer et de suivi des engagements étatiques en matière de droits économiques et sociaux.

Enfin, la CNDH joue un rôle de veille citoyenne et institutionnelle en collaborant avec les ministères, les ordres professionnels de santé, les ONG et les instances internationales, pour renforcer la gouvernance sanitaire dans une approche fondée sur les droits humains. En plaçant l'usager au centre de ses préoccupations, elle rappelle que l'offre de soins ne doit pas seulement être disponible, mais aussi respectueuse de la dignité humaine, équitable et non discriminatoire. Son action contribue ainsi à renforcer la transparence, l'obligation de rendre compte et la responsabilité des acteurs du système sanitaire congolais.

Section 2 : Le contrôle non juridictionnel de l'offre sanitaire au plan international[67]

Au plan international, le contrôle non juridictionnel de l'offre sanitaire est assuré principalement par des organisations inter-gouvernementales et des instances de protection des droits humains, telles que l'Organisation mondiale de la santé (OMS), le Haut-Commissariat des Nations unies aux droits de l'homme (HCDH) et les comités onusiens (comme le Comité des droits économiques, sociaux et culturels). Ces institutions évaluent la conformité des politiques sanitaires des États aux normes internationales, notamment le droit à la santé, à travers des mécanismes de suivi, d'enquêtes, de recommandations et de rapports périodiques. Elles peuvent également intervenir en cas de crise sanitaire majeure, de violation des droits des patients, ou d'inégalités criantes dans l'accès aux soins. Bien qu'elles ne disposent pas d'un pouvoir coercitif, leurs observations et recommandations orientent les réformes nationales et renforcent la pression diplomatique et morale sur les États pour garantir une offre sanitaire respectueuse des droits humains universels.

Paragraphe 1 : Le contrôle par la procédure des rapports périodiques

Le contrôle par la procédure des rapports périodiques consiste pour les États parties à des instruments internationaux, notamment le Pacte international relatif aux droits économiques, sociaux et culturels, à soumettre régulièrement des rapports détaillant les mesures prises pour garantir le droit à la santé et améliorer l'offre sanitaire. Ces rapports sont examinés par des comités spécialisés, tels que le Comité des droits économiques, sociaux et culturels (CESCR), qui analysent les progrès réalisés, identifient les lacunes, et formulent des observations finales et recommandations. Ce mécanisme permet un suivi continu de l'engagement des États, dans une logique de

[67] Organisation mondiale de la santé (OMS), Constitution de l'OMS, 1948 ; Pacte international relatif aux droits économiques, sociaux et culturels, ONU, 1966, art. 12 ; Rapport OMS, World Health Report 2000 ; Olivier Nay, Gouvernance mondiale, Presses de Sciences Po, 2015, p. 142.

dialogue constructif, de transparence et d'amélioration progressive des systèmes de santé, même s'il demeure non contraignant juridiquement.

A. Le contrôle de la mise en œuvre de l'offre sanitaire par les mécanismes régionaux - Le contrôle de la mise en œuvre de l'offre sanitaire par les mécanismes régionaux repose sur des institutions africaines chargées de veiller au respect des droits humains, en particulier du droit à la santé, inscrit dans la Charte africaine des droits de l'homme et des peuples. Parmi ces mécanismes, figure en premier lieu la Commission africaine des droits de l'homme et des peuples (CADHP), qui reçoit des communications individuelles ou étatiques portant sur des violations présumées de droits, y compris dans le domaine sanitaire. Elle examine également les rapports périodiques soumis par les États membres de l'Union africaine, dans lesquels ceux-ci doivent rendre compte de l'état de leur système de santé et des efforts entrepris pour garantir l'accès aux soins.

La CADHP peut émettre des recommandations à l'issue de l'examen de ces rapports, visant à corriger les insuffisances constatées, telles que les discriminations dans l'accès aux soins, l'insuffisance des infrastructures, ou encore la négligence dans la prise en charge des maladies chroniques. Elle peut aussi désigner des rapporteurs spéciaux, comme celui sur la santé, chargés de suivre la situation sanitaire dans certains États et de proposer des solutions adaptées. Ces mécanismes sont renforcés par la possibilité de réaliser des missions de terrain pour évaluer l'état des services de santé et le respect des engagements régionaux.

Un autre organe de contrôle est la Cour africaine des droits de l'homme et des peuples, qui peut être saisie dans certains cas pour statuer sur des violations graves du droit à la santé, notamment lorsque les mécanismes internes et quasi-juridictionnels ont été épuisés. Bien qu'elle rende des décisions juridiquement contraignantes, son efficacité dépend de la reconnaissance de sa compétence par les États et de leur volonté de mettre en œuvre ses arrêts. Cette cour peut ainsi constituer un ultime recours pour les citoyens ou les ONG qui dénoncent des manquements graves et persistants à l'offre sanitaire dans un pays.

Enfin, les organisations régionales spécialisées, telles que le Bureau régional de l'OMS pour l'Afrique ou les communautés économiques régionales (CEEAC, CEDEAO, SADC), participent également à ce contrôle à travers l'évaluation des politiques sanitaires nationales, l'harmonisation des normes, le renforcement des capacités institutionnelles et le financement de programmes de santé publique. Ces interventions régionales permettent de consolider la solidarité entre les États africains, de coordonner les réponses aux défis sanitaires communs (épidémies, pénurie de personnel, médicaments contrefaits) et d'appuyer les efforts des pays vers une offre de soins plus efficace, équitable et durable.

B. Le contrôle de la mise en œuvre de l'offre sanitaire par les mécanismes universels -Le contrôle de la mise en œuvre de l'offre sanitaire par les mécanismes universels s'inscrit dans le cadre plus large de la protection internationale des droits humains, notamment du droit à la santé, reconnu par l'article 12 du Pacte international relatif aux droits économiques, sociaux et culturels (PIDESC). Le principal organe chargé de ce contrôle est le Comité des droits économiques, sociaux et culturels (CDESC), qui examine les rapports périodiques soumis par les États parties. À cette occasion, le Comité évalue les mesures prises par chaque pays pour garantir un accès équitable aux soins de santé, améliorer les infrastructures sanitaires, et répondre aux besoins des populations les plus vulnérables.

En complément, le Conseil des droits de l'homme des Nations Unies conduit un Examen périodique universel (EPU), un processus unique où tous les États membres de l'ONU sont examinés tous les quatre à cinq ans sur l'ensemble de leurs obligations en matière de droits humains, y compris le droit à la santé. Ce mécanisme permet à la communauté internationale de formuler des recommandations concrètes sur les politiques de santé, la gestion des systèmes hospitaliers, la protection des droits des patients, ou encore l'accès aux soins pour les femmes, les enfants, les personnes âgées et les personnes vivant avec un handicap.

Un autre mécanisme essentiel est le recours aux procédures spéciales des Nations Unies, comme le Rapporteur spécial sur le droit à la santé, qui peut effectuer des visites dans les pays, adresser des communications officielles aux gouvernements, et publier des rapports thématiques. Ces procédures permettent de documenter les violations du droit à la santé, de proposer des réformes concrètes, et de renforcer la responsabilité des États dans la mise en œuvre effective de l'offre sanitaire. Bien que non contraignantes, leurs recommandations ont un poids moral et politique important au niveau international.

Enfin, divers organismes des Nations Unies – tels que l'OMS, l'UNICEF, le PNUD ou l'UNFPA – jouent un rôle actif dans le suivi, l'évaluation et le soutien technique à la mise en œuvre de politiques sanitaires durables. Par leurs indicateurs, enquêtes, évaluations et rapports globaux, ces institutions permettent de comparer les performances sanitaires entre États, de mettre en lumière les défaillances systémiques et d'accompagner les pays dans la réalisation des Objectifs de développement durable (ODD), notamment l'ODD 3 sur la santé et le bien-être. Ces mécanismes universels forment ainsi un système de veille collective et d'incitation à l'amélioration continue de l'offre de soins dans le respect des standards internationaux.

Paragraphe 2 : Le contrôle de l'effectivité de l'offre sanitaire par le biais du mécanisme de plaintes

Le contrôle de l'effectivité de l'offre sanitaire par les mécanismes de plaintes constitue un outil essentiel pour garantir que les droits des patients soient respectés dans la réalité. Ces mécanismes permettent aux usagers du système de santé, ainsi qu'aux organisations de défense des droits humains, de porter à la connaissance des autorités nationales ou internationales les manquements concrets tels que l'absence de soins, la discrimination, ou les conditions dégradantes dans les établissements sanitaires. Par le dépôt de plaintes auprès d'instances comme les commissions nationales des droits de l'homme, les organes régionaux (ex. Commission africaine des droits de l'homme) ou internationaux (ex. Comité des droits économiques, sociaux et culturels via son Protocole facultatif), ces mécanismes favorisent un suivi ciblé et personnalisé des dysfonctionnements. Ils contribuent ainsi à mettre en lumière les obstacles réels à l'accès aux soins et à exiger des mesures correctives, garantissant ainsi une mise en œuvre effective et tangible de l'offre sanitaire.

A. Le rôle de la commission africaine des droits de l'homme et des peuples[68] - La Commission africaine des droits de l'homme et des peuples (CADHP) est une institution créée en 1987 par la Charte africaine des droits de l'homme et des peuples, également appelée Charte de Banjul. Sa mission principale est de promouvoir et de protéger les droits humains et les libertés fondamentales sur le continent africain. Elle veille au respect des droits énoncés dans la Charte, qui inclut un large éventail de droits civils, politiques, économiques, sociaux, culturels et collectifs, tels que le droit à la santé, à l'éducation, au travail, ainsi que les droits des peuples à l'auto-détermination et au développement.

La CADHP examine régulièrement les rapports périodiques soumis par les États membres de l'Union africaine, qui doivent rendre compte de la mise en œuvre des dispositions de la Charte. Cette analyse permet à la Commission d'évaluer les progrès réalisés, d'identifier les insuffisances et de formuler des recommandations aux États. Ces recommandations visent à améliorer la protection des droits humains, à renforcer la législation nationale et à garantir

[68] Commission africaine des droits de l'homme et des peuples, Charte africaine des droits de l'homme et des peuples, 1981, articles 16 et 18 ; Rapport annuel 2020 de la Commission ; Jérôme Tubiana, La protection des droits économiques, sociaux et culturels en Afrique, Editions Pedone, 2018, p. 195.

l'application effective des droits économiques, sociaux et culturels, notamment dans les domaines essentiels comme la santé et l'accès aux soins.

Par ailleurs, la Commission joue un rôle crucial en recevant et en examinant les communications individuelles, collectives ou interétatiques qui dénoncent des violations présumées des droits protégés par la Charte. Ce mécanisme de plainte permet aux victimes ou à leurs représentants d'alerter la Commission sur des abus ou des manquements, tels que des atteintes à la dignité humaine, des discriminations, ou des carences graves dans les services publics, y compris dans le secteur sanitaire. Après examen, la CADHP peut émettre des recommandations aux États concernés et les encourager à corriger les violations constatées.

Enfin, la CADHP joue également un rôle de sensibilisation et de promotion des droits humains à travers la publication de rapports thématiques, l'organisation de missions d'enquête, et la collaboration avec d'autres organes régionaux et internationaux. Elle contribue ainsi à renforcer la culture des droits humains en Afrique, en mobilisant les gouvernements, la société civile et les partenaires internationaux. Ce travail favorise une meilleure gouvernance et une responsabilisation accrue des États dans la mise en œuvre des droits fondamentaux, notamment en matière d'accès équitable à une offre sanitaire de qualité.

B. Le comité des droits économiques, sociaux et culturels - Le Comité des droits économiques, sociaux et culturels (CDESC) est un organe créé par le Pacte international relatif aux droits économiques, sociaux et culturels (PIDESC), adopté en 1966 par l'Assemblée générale des Nations unies. Ce Comité a pour mission principale de surveiller la mise en œuvre par les États parties des obligations qu'ils ont contractées en matière de droits économiques, sociaux et culturels, notamment le droit à la santé, à l'éducation, au travail, à un niveau de vie adéquat, ainsi qu'à la sécurité sociale. Le CDESC est composé d'experts indépendants, reconnus pour leur compétence et leur impartialité dans ces domaines.

Le contrôle exercé par le CDESC repose essentiellement sur l'examen des rapports périodiques que les États parties doivent lui soumettre tous les cinq ans environ. Ces rapports détaillent les mesures législatives, administratives, politiques et autres que chaque État a adoptées pour progresser dans la réalisation des droits inscrits dans le Pacte. Lors de l'examen, le Comité engage un dialogue constructif avec les représentants de l'État, afin de clarifier les informations fournies, d'évaluer les progrès accomplis et de relever les insuffisances ou difficultés rencontrées.

En complément des rapports, le CDESC dispose d'autres outils pour renforcer le contrôle des droits économiques, sociaux et culturels. Parmi ceux-ci figure le Protocole facultatif au PIDESC, qui permet aux individus ou groupes d'adresser des communications pour dénoncer des violations concrètes de leurs droits. Le Comité peut alors examiner ces plaintes, formuler des recommandations, et encourager les États à remédier aux situations dénoncées. Cette procédure offre aux victimes un mécanisme international supplémentaire de recours, renforçant la protection effective des droits dans la pratique.

Par ailleurs, le CDESC publie régulièrement des observations générales qui précisent le contenu et la portée des droits économiques, sociaux et culturels, ainsi que les obligations des États. Ces documents constituent des guides normatifs importants pour l'interprétation du Pacte et pour l'élaboration des politiques publiques nationales. À travers ses activités, le Comité contribue ainsi à promouvoir une approche fondée sur les droits humains pour améliorer l'accès à une offre sanitaire de qualité, équitable et durable dans le monde entier.

Titre troisième

Les auxiliaires de la justice médicale

Les auxiliaires de justice sont des professionnels qui, sans appartenir directement à la magistrature, concourent au bon fonctionnement de l'institution judiciaire en apportant leur expertise, leur assistance ou leur concours aux magistrats, aux justiciables et à l'ensemble de la chaîne judiciaire. Leur rôle est fondamental dans l'administration de la justice, tant par leur technicité que par leur devoir de loyauté, de confidentialité et d'impartialité.

Parmi les auxiliaires de justice les plus connus, figurent les avocats, qui assistent, conseillent et représentent les parties en justice. Ils jouent un rôle central dans la défense des droits, la préparation des dossiers et la conduite des plaidoiries. Viennent ensuite les officiers ministériels tels que les huissiers de justice, chargés de signifier les actes, d'exécuter les décisions judiciaires et d'établir des constats. Les notaires, bien que principalement rattachés au droit privé, peuvent également intervenir dans certains contentieux civils, notamment par la production d'actes authentiques.

Les experts judiciaires sont désignés par les juridictions pour éclairer le juge sur des aspects techniques relevant de domaines spécialisés (médecine, comptabilité, ingénierie, etc.). Ils doivent être indépendants et respecter les règles du contradictoire. D'autres acteurs, tels que les greffiers, bien que salariés de l'État, sont parfois considérés comme auxiliaires dans leur rôle d'authentificateurs des actes de procédure. Les médiateurs et conciliateurs de justice participent également, de manière amiable, à la résolution des litiges en facilitant le dialogue entre les parties.

Ainsi, les auxiliaires de justice forment un maillon essentiel du système judiciaire. Leur diversité de fonctions contribue à la qualité, à l'efficacité et à l'humanité de la justice. Tous sont soumis à des obligations déontologiques strictes, garantes de la confiance que les citoyens doivent pouvoir accorder à l'institution judiciaire dans son ensemble.

Chapitre I : Rôle des auxiliaires de la justice médicale

Les auxiliaires de justice médicale jouent un rôle fondamental dans l'éclairage technique, l'accompagnement juridique et l'exécution des décisions dans les litiges liés à la santé. Leur mission principale est d'assister le juge dans la compréhension des faits médicaux complexes, comme le font les experts médicaux à travers des avis spécialisés, notamment en cas de faute professionnelle ou de dommages corporels. Les avocats spécialisés en droit médical assurent quant à eux la défense des droits des patients ou des praticiens de santé, en formulant des arguments adaptés aux enjeux sanitaires et juridiques. Les greffiers, les huissiers de justice, les officiers de la police judiciaire interviennent aussi dans la chaîne judiciaire, chacun à son niveau, pour garantir la régularité de la procédure, l'application des règles de droit et la protection de l'intérêt général en matière de santé publique.

Section 1 : Le rôle des auxiliaires de la justice médicale dans la résolution des litiges médicaux

Les auxiliaires de justice[69] jouent un rôle déterminant dans la résolution des litiges en apportant leur expertise, leur médiation ou leur assistance technique aux parties et aux magistrats. Les avocats, en conseillant et représentant les justiciables, facilitent la formulation des prétentions et l'accès au droit. Les experts judiciaires éclairent le juge sur des points techniques, permettant une décision fondée sur des éléments objectifs. Les médiateurs, conciliateurs et notaires favorisent quant à eux des solutions amiables, évitant le contentieux ou y mettant fin rapidement. Ensemble, ces professionnels contribuent à une justice plus efficace, équitable et accessible, en garantissant le respect des droits et le bon déroulement des procédures.

Paragraphe 1 : le rôle de l'avocat dans la résolution des litiges médicaux

L'avocat est un professionnel du droit dont la mission principale est d'assister, conseiller, représenter et défendre les personnes physiques ou morales devant toutes les juridictions. Il intervient tant en matière civile, pénale, administrative que commerciale. Grâce à sa formation approfondie en droit et à son inscription au barreau, l'avocat est habilité à plaider et à

---

69 Jean-Paul Jean, Les auxiliaires de justice, Dalloz, 2021 ; Code de l'organisation judiciaire, République française, articles L122-1 à L122-4 ; Jean Pinatel et al., Précis de médecine légale et droit médical, Masson, 2019, p. 314.

accompagner ses clients dans toutes les étapes d'une procédure judiciaire ou administrative. Au-delà du contentieux, il joue également un rôle préventif en rédigeant des actes juridiques, en participant à des négociations et en aidant à la résolution amiable des différends.

L'avocat est tenu à de strictes obligations déontologiques, notamment le secret professionnel, la loyauté, l'indépendance et la diligence. Ces principes assurent la confiance entre l'avocat et son client et garantissent la qualité du service rendu. Véritable auxiliaire de justice, l'avocat concourt au bon fonctionnement de l'institution judiciaire en veillant au respect des droits de la défense et au bon déroulement des procédures. Son rôle est donc essentiel pour assurer une justice équitable, équilibrée et respectueuse des libertés fondamentales.

Dans le cadre de la justice médicale, l'avocat joue un rôle fondamental dans le traitement des conflits juridiques, qu'ils soient civils, administratifs, sociaux ou pénaux. Sa mission s'articule autour de plusieurs axes complémentaires, visant à défendre les intérêts de son client dans le respect du droit et de l'éthique professionnelle.

A – Les missions de l'avocat dans la résolution des litiges médicaux - Dans la résolution des litiges médicaux[70], l'avocat joue un rôle fondamental et multidimensionnel. Il commence par rassembler les preuves pertinentes, notamment les dossiers médicaux, expertises et témoignages, puis les analyse et les traite juridiquement afin de construire une argumentation solide. Il conseille les parties, en particulier le patient, sur les voies de droit possibles (conciliation, médiation, procédure judiciaire), et négocie éventuellement un règlement amiable avec la partie adverse ou les compagnies d'assurance. Enfin, il représente et assiste le patient devant les juridictions compétentes ou les commissions de règlement des litiges, veillant au respect des droits du justiciable et à la reconnaissance éventuelle d'une responsabilité médicale.

1 / Rassembler les preuves du litige - Avant toute intervention sur le fond, l'avocat procède à une analyse rigoureuse de la situation de son client. Cela implique la collecte des pièces, documents, témoignages et tout élément de preuve susceptible d'étayer la position de ce dernier. Cette étape préparatoire est essentielle pour bâtir une stratégie efficace, tant en phase contentieuse qu'en amont de toute procédure.

---

[70] Ordre des avocats de Paris, Règlement intérieur national de la profession d'avocat, 2022, articles 1.1 et 1.2 ; Serge Guinchard, Les grands principes de la procédure civile, Dalloz, 2020 ; Emmanuel Piwnica, Déontologie de l'avocat, LexisNexis, 2017.

Dans le cadre de la justice médicale, l'avocat joue un rôle central dans la constitution du dossier de preuve, qui est la pierre angulaire de toute action en responsabilité médicale. Avant même d'introduire une procédure judiciaire, il doit procéder à une analyse rigoureuse de la situation de son client afin d'identifier les faits pertinents, les manquements éventuels aux règles médicales et les préjudices subis. Cette phase préparatoire implique la collecte de documents médicaux (dossiers hospitaliers, prescriptions, comptes rendus opératoires), ainsi que l'audition de témoins ou de proches ayant assisté aux soins ou à l'évolution de l'état de santé du patient.

L'avocat peut également solliciter l'avis d'un médecin-conseil indépendant pour obtenir une première analyse technique du dossier. Ce dernier, souvent expert en droit médical, permet d'évaluer si les soins prodigués étaient conformes aux règles de l'art. Par exemple, dans une affaire où un patient subit une amputation à la suite d'un diagnostic tardif d'infection, l'avocat devra démontrer que le retard de diagnostic constitue une faute, en comparant la conduite du médecin avec les protocoles médicaux habituels. Le médecin-conseil pourra alors confirmer si une prise en charge plus rapide aurait permis d'éviter les conséquences dramatiques.

2/ Conseiller le patient ou les ayants droit - Une fois les preuves médicales et administratives rassemblées, l'avocat est en mesure de jouer pleinement son rôle de conseiller juridique. Cette étape est essentielle car elle permet d'évaluer objectivement les chances de succès d'une action en justice, tout en tenant compte des aspects humains, financiers et psychologiques du litige. En possession d'un dossier solide, l'avocat analyse la faisabilité d'une procédure, les responsabilités potentiellement engagées (établissement de santé, médecin, personnel infirmier, etc.), ainsi que les voies de recours possibles. Il éclaire alors son client sur les risques et bénéfices d'une procédure contentieuse ou d'une solution amiable.

L'avocat peut ainsi recommander d'engager une procédure judiciaire si les éléments de preuve révèlent une faute médicale manifeste, un lien de causalité direct avec le dommage subi, et un préjudice clairement identifiable. Par exemple, si un enfant présente une infirmité motrice cérébrale à la suite d'un accouchement mal géré, et que le dossier fait apparaître un manquement grave dans la surveillance fœtale, l'avocat pourra recommander la saisine du juge, voire de la juridiction administrative si l'accouchement a eu lieu dans un hôpital public. Il proposera alors de solliciter une expertise judiciaire complémentaire pour renforcer l'argumentation.

Lorsque le patient est décédé, l'avocat a également pour mission de guider les ayants droit (conjoint, enfants, parents) dans leur quête de vérité et de réparation. Il les informe sur leurs droits en tant que victimes par ricochet, sur les préjudices indemnisables (préjudice d'affection, pertes économiques, frais d'obsèques), et les représente dans toutes les démarches judiciaires ou administratives. Dans cette situation douloureuse, son rôle dépasse la technique juridique : il devient un interlocuteur de confiance, capable d'apporter une orientation claire, respectueuse de la douleur des proches, tout en poursuivant la recherche de justice avec rigueur et humanité.

3/ Négocier - Une fois les preuves rassemblées et la responsabilité médicale vraisemblable établie, l'avocat peut engager des négociations avec l'établissement de santé, dans l'objectif d'obtenir une réparation équitable pour son client. Cette phase de négociation est souvent préférable à une procédure contentieuse, en ce qu'elle permet un règlement plus rapide du litige, limite les coûts judiciaires et évite l'alourdissement émotionnel d'un procès. L'avocat joue ici un rôle d'intermédiaire stratégique entre la victime (ou ses ayants droit) et l'établissement concerné, qu'il s'agisse d'un hôpital public ou d'une clinique privée.

L'avocat fonde ses arguments sur les éléments probants du dossier : les rapports médicaux, les expertises privées éventuelles, les certificats, les témoignages ou encore les normes médicales non respectées. Il présente de manière structurée les faits et les préjudices subis, afin de démontrer la réalité du dommage et la nécessité d'une indemnisation. Par exemple, dans un cas d'erreur chirurgicale entraînant une invalidité permanente, il peut réclamer une compensation financière couvrant à la fois les frais médicaux futurs, la perte de revenus, l'adaptation du logement et les souffrances morales endurées par la victime.

L'établissement de santé, assisté le plus souvent par sa compagnie d'assurance, peut alors proposer une indemnisation transactionnelle. L'avocat analyse la proposition avec rigueur et conseille son client sur l'opportunité de l'accepter ou de la refuser. Il s'assure que les montants proposés couvrent l'intégralité des préjudices subis, en conformité avec la jurisprudence applicable. Il peut également renégocier les montants si ceux-ci apparaissent insuffisants, en s'appuyant sur des comparaisons jurisprudentielles et des barèmes d'indemnisation reconnus.

Si un accord est trouvé, l'avocat formalise la transaction par un protocole d'accord écrit, souvent soumis à homologation judiciaire dans les cas les plus graves, pour garantir sa sécurité juridique. Cet acte met fin au litige, évitant toute action ultérieure sur les mêmes faits. Ainsi, par sa maîtrise des faits, du droit et des techniques de négociation, l'avocat permet à la victime d'obtenir réparation dans un cadre pacifié, tout en préservant la dignité et l'équilibre des parties.

En cas d'échec des négociations amiables avec l'établissement de santé, l'avocat peut initier une procédure judiciaire afin d'obtenir la reconnaissance de la responsabilité médicale et la réparation des préjudices subis. Cette action contentieuse devient nécessaire lorsque l'établissement nie toute faute ou lorsque l'indemnisation proposée est manifestement insuffisante. L'avocat oriente alors son client vers la juridiction compétente, en fonction de la nature de l'établissement (public ou privé) et de la qualification juridique des faits (faute civile ou infraction pénale).

4/ La représentation - Lorsque l'action est portée devant le juge civil, notamment dans les cas de responsabilité contractuelle ou délictuelle, l'avocat agit en tant que représentant du demandeur. Il rédige la requête conformément à l'article 33 du code de procédure civile, expose les faits, invoque les règles de droit applicables, et démontre l'existence d'une faute médicale, d'un lien de causalité et d'un préjudice. Il s'agit généralement de litiges impliquant des cliniques privées ou des médecins exerçant à titre libéral. L'avocat soutient également les demandes d'expertise judiciaire, plaide lors des audiences, et suit la procédure jusqu'au jugement ou à l'appel.

Dans cette hypothèse, le rôle de l'avocat est déterminant car il porte la parole du justiciable devant le tribunal. Il assure le respect du contradictoire, répond aux arguments de la partie adverse et veille à la recevabilité des preuves. Par exemple, dans une affaire de stérilisation non consentie, il appartiendra à l'avocat d'apporter la preuve que la patiente n'a pas été informée des conséquences de l'intervention, ce qui engage la responsabilité du médecin ou de l'établissement. Le juge civil, saisi ainsi en plein contentieux, appréciera la valeur des preuves pour statuer sur la faute et le montant de l'indemnisation.

En revanche, si les faits sont constitutifs d'une infraction pénale comme une négligence grave ayant causé la mort, ou des actes assimilés à des violences volontaires, l'avocat accompagne alors son client devant le juge pénal. Dans ce cadre, il n'est plus le représentant exclusif du client, mais l'assiste dans le cadre de l'instruction et du procès pénal. Il peut intervenir aux côtés de la victime, partie civile, pour demander réparation, ou défendre un professionnel de santé mis en cause. L'avocat participe alors activement aux débats en formulant des observations, en interrogeant les témoins, et en plaidant les intérêts de son client.

5/ L'assistance - Devant le juge pénal, l'enjeu n'est pas seulement la réparation du préjudice, mais également la sanction de l'auteur présumé de l'infraction. L'avocat doit donc maîtriser à la fois les règles de droit pénal, de procédure pénale, et les éléments techniques du droit médical. Par exemple, dans une affaire de décès lié à une erreur de dosage médicamenteux, l'avocat devra démontrer si cette faute relève d'une simple imprudence ou d'une faute pénalement répréhensible, et adapter sa stratégie en conséquence. Il pourra demander l'ouverture d'une instruction, la désignation d'un expert judiciaire, ou encore citer l'auteur présumé directement à comparaître.

Ainsi, que la procédure soit engagée devant le juge civil ou le juge pénal, l'avocat occupe une place centrale dans la défense des droits du patient ou de ses ayants droit. Il adapte son rôle selon le cadre juridique applicable : représentant procédural devant le civil, ou auxiliaire stratégique et protecteur des droits fondamentaux devant le pénal. Dans tous les cas, il agit avec rigueur, compétence et humanité, pour faire entendre la voix de la victime, garantir une procédure équitable et obtenir la reconnaissance de la vérité et de la justice.

B - Rôle de l'expert médical et de l'huissier de justice dans la résolution des litiges médicaux

Dans la résolution des litiges, l'expert médical et l'huissier de justice jouent des rôles complémentaires essentiels à l'établissement de la vérité. L'expert médical intervient principalement dans les affaires où la technicité des faits impose une appréciation scientifique : il éclaire le juge ou les parties sur la nature des soins, la conformité des actes médicaux aux règles de l'art, et le lien entre la faute alléguée et le dommage subi. Son rapport, souvent déterminant, peut servir de fondement à la décision de justice. L'huissier de justice, quant à lui, assure la matérialisation des faits à travers des constats objectifs (état des lieux, documents, preuves visibles) et garantit la régularité des procédures en assurant la signification des actes et l'exécution des décisions de justice. Ensemble, ces auxiliaires de justice contribuent à asseoir la crédibilité des éléments de preuve et à renforcer l'efficacité du processus judiciaire.

1/ Le rôle de l'expert médical dans la résolution des litiges - Le rôle de l'expert médical dans la résolution des litiges[71] médicaux est fondamental, tant en matière civile que pénale. Lorsqu'un litige implique une suspicion de faute, d'erreur ou de négligence médicale, l'expert intervient comme technicien neutre, chargé d'éclairer le juge sur des faits qui dépassent la compétence juridique. Sa mission consiste à examiner les éléments médicaux du dossier, analyser les pratiques mises en cause, et répondre à une série de questions

[71] Jean Pinatel, Jean-René Binet et François Vialla, Précis de médecine légale et droit médical, Masson, 2019, p. 317 ; Code de procédure civile français, articles 232 à 248 ; Gérard Mémeteau, Droit médical, LGDJ, 2021, p. 395.

formulées par la juridiction ou les parties. Son évaluation permet de déterminer si les soins prodigués ont respecté les règles de l'art médical en vigueur.

L'expert médical est généralement désigné par le juge, soit à la demande des parties, soit d'office. Il peut également intervenir dans un cadre amiable, à l'initiative des compagnies d'assurance ou dans le cadre d'une commission de conciliation. Son impartialité, sa compétence technique et sa rigueur méthodologique sont les garanties de la fiabilité de son avis. Il procède à l'analyse du dossier médical, auditionne le patient ou les ayants droit, interroge les professionnels de santé concernés, et rédige un rapport motivé, souvent décisif pour l'issue du litige.

Le rapport de l'expert médical répond à des questions précises : y a-t-il eu une faute médicale ? Cette faute a-t-elle causé un dommage ? Le dommage est-il directement lié à cette faute ? Ces réponses permettent au juge, à l'avocat ou à l'assureur de se prononcer sur la responsabilité du professionnel de santé ou de l'établissement hospitalier. Par exemple, en cas de paralysie survenue après une anesthésie rachidienne, l'expert devra déterminer si les gestes techniques ont été conformes aux recommandations et si la complication était évitable ou imprévisible.

L'expertise médicale ne se limite pas à la recherche de la faute. Elle évalue également l'étendue des préjudices subis par la victime : préjudice physique, esthétique, moral, perte de revenus, incidence professionnelle, besoin en assistance permanente, etc. Ce travail d'évaluation est essentiel pour fixer le montant de l'indemnisation. Dans une affaire de diagnostic tardif d'un cancer, par exemple, l'expert pourra estimer le préjudice de perte de chance de guérison, ce qui aura un impact direct sur la réparation accordée.

Le rapport de l'expert médical peut être discuté par les parties : chaque avocat peut solliciter une contre-expertise, poser des questions complémentaires, ou demander la récusation de l'expert en cas de doute sur son impartialité. En ce sens, l'expert n'a pas le pouvoir de trancher le litige, mais son avis guide fortement la décision du juge ou l'accord amiable entre les parties. Il agit comme un éclairage objectif sur des faits complexes, permettant d'établir la vérité médicale dans un cadre contradictoire.

Ainsi, l'expert médical occupe une place stratégique dans la résolution des litiges médicaux. Il intervient à l'interface du droit et de la médecine, avec pour mission de traduire la réalité médicale dans un langage compréhensible par les juristes. Grâce à sa compétence et à sa neutralité, il permet à la justice de prendre des décisions fondées sur des éléments techniques rigoureux, dans le respect des droits des patients comme des professionnels de santé.

2/ Le rôle de l'huissier de justice dans la résolution des litiges médicaux - Le rôle de l'huissier de justice dans la résolution des litiges médicaux[72], bien que souvent perçu comme secondaire, est en réalité essentiel à la constitution de preuves solides et à la régularité des procédures. En matière médicale, les faits à l'origine d'un litige peuvent être éphémères, complexes ou contestés. L'intervention de l'huissier permet de les consigner officiellement à travers des actes ayant une force probante élevée. Il intervient dès les premières étapes du contentieux, notamment pour établir un constat précis et objectif des éléments matériels, techniques ou humains liés à l'affaire.

Par exemple, dans une affaire où un patient se plaint de l'insalubrité d'une chambre d'hôpital ayant causé une infection nosocomiale, l'huissier peut se rendre sur place pour dresser un constat des conditions d'hygiène : présence de moisissures, état de la literie, défaut d'aération, etc. Ce constat, opposable aux parties, constituera une preuve essentielle dans la démonstration du manquement aux obligations de sécurité et d'entretien de l'établissement de santé. De tels éléments peuvent orienter le juge vers la reconnaissance d'une faute.

L'huissier intervient également pour signifier les actes de procédure, notamment les assignations en justice, les décisions du juge ou les convocations à expertise. Cette formalité garantit que les parties sont informées de manière légale et incontestable, respectant ainsi le principe du contradictoire. Dans un litige médical opposant une famille à un médecin, la signification de l'expertise médicale à toutes les parties permet de s'assurer que chacun peut faire valoir ses droits dans les délais impartis, sans risque d'annulation de procédure.

Un autre rôle fondamental de l'huissier réside dans l'exécution des décisions de justice. Une fois la responsabilité médicale reconnue par un jugement définitif, l'huissier peut procéder à des saisies sur les comptes de l'établissement de santé ou de l'assureur responsable en cas de non-paiement volontaire de l'indemnisation. Il veille ainsi à la mise en œuvre concrète du droit à réparation, garantissant que la décision de justice ne reste pas lettre morte.

L'huissier peut aussi être requis dans des situations plus délicates, telles que le refus de communiquer un dossier médical. Si un établissement ou un médecin tarde à remettre les documents médicaux indispensables à l'instruction du dossier, l'avocat du patient peut faire appel à l'huissier pour sommer la partie concernée de s'exécuter. Ce type de démarche est essentiel

[72] Bernard Beignier et Serge Guinchard, Les auxiliaires de justice, Dalloz, 2021, p. 112 ; Code de procédure civile français, articles 653 à 675 ; Loi n° 2015-003 du 1er février 2015 portant statut des huissiers de justice en République du Congo.

pour faire respecter les droits fondamentaux du patient, notamment le droit à l'accès à ses données de santé.

Ainsi, dans la chaîne de résolution des litiges médicaux, l'huissier de justice agit comme un acteur de terrain, garant de la preuve, de la régularité procédurale et de l'effectivité du droit. Grâce à sa neutralité, à la force probante de ses actes, et à sa rigueur dans l'exécution des décisions, il contribue de manière déterminante à l'équilibre du procès médical et à la protection des droits des parties.

La réglementation qui interdit à l'huissier de justice d'intervenir entre 20 heures et 6 heures du matin, sauf autorisation judiciaire, vise à protéger la vie privée et la tranquillité des citoyens. Cependant, dans le cadre des litiges médicaux, cette restriction peut nuire à l'efficacité de la preuve, notamment lorsqu'il s'agit de constater un fait éphémère ou un dysfonctionnement grave survenu durant la nuit. Les établissements de santé fonctionnant en continu, certaines situations critiques comme l'abandon de soins, l'absence de personnel soignant de nuit, ou encore des conditions d'hygiène déplorables dans les urgences peuvent ne se manifester qu'en dehors des horaires autorisés.

Dans ces cas, le patient ou ses ayants droit se trouvent dans une impasse : bien qu'ils soient témoins directs d'un manquement grave, ils ne peuvent faire appel immédiatement à un huissier pour le constater. Or, la rapidité et la spontanéité du constat sont souvent cruciales pour garantir l'authenticité des faits. Par exemple, un patient laissé sans surveillance dans une unité de soins intensifs pendant plusieurs heures, ou un corps abandonné dans un couloir d'hôpital, sont des situations dont l'impact juridique dépend fortement d'un constat établi sur le moment. L'impossibilité d'y procéder en dehors des heures légales peut donc gravement compromettre la constitution de la preuve.

Certes, la loi permet à l'huissier de solliciter une autorisation du juge des référés pour intervenir de nuit. Toutefois, cette démarche, bien que juridiquement possible, se heurte souvent à l'urgence de la situation. Le temps nécessaire pour obtenir l'ordonnance du juge peut faire disparaître les faits ou altérer leur état initial. Ce décalage nuit à la réactivité requise dans les affaires de santé où la preuve est souvent volatile et où chaque minute peut compter. Dans une matière aussi sensible que celle du droit médical, la justice ne peut se satisfaire d'une procédure qui ralentit ou empêche l'établissement immédiat de la vérité.

Dans cette optique, il serait pertinent que le législateur reconsidère cette restriction horaire, en prévoyant une dérogation spécifique pour les constats en milieu médical. Une réforme pourrait autoriser l'huissier à intervenir librement en dehors des horaires habituels lorsqu'il s'agit de constats dans des établissements de soins, sous réserve d'une information préalable du procureur de la République ou d'un cadre administratif de santé. Une telle mesure permettrait de renforcer la protection des droits des patients, d'améliorer l'accès à la preuve et de favoriser une justice plus adaptée aux réalités du monde médical.

C- **Rôle de l'expert médical dans la résolution des litiges médicaux** - L'expert médical joue un rôle déterminant dans la résolution des litiges médicaux, en apportant un éclairage technique et objectif aux juridictions ou aux parties en conflit. Il intervient généralement à la demande d'un juge, d'une commission d'indemnisation ou dans le cadre d'une expertise amiable, pour évaluer la conformité d'un acte médical au regard des règles de l'art et des données acquises de la science.

1/ La nomination d'un expert médical judiciaire[73] – C'est une mesure d'instruction ordonnée par le juge lorsqu'une affaire présente des aspects médicaux nécessitant une expertise technique. Le juge peut procéder à cette désignation d'office ou à la demande des parties, en s'appuyant généralement sur les listes d'experts agréés établies par les cours d'appel, garantissant ainsi la compétence et l'indépendance de l'expert. L'expert ainsi désigné doit prêter serment et s'engager à accomplir sa mission avec objectivité et impartialité. La décision de nomination précise l'objet de l'expertise, les questions posées à l'expert, ainsi que le délai imparti pour le dépôt de son rapport. Tout au long de la procédure, le respect du principe du contradictoire est essentiel, permettant aux parties de participer aux opérations d'expertise, de présenter leurs observations et de contester, le cas échéant, les conclusions de l'expert.

L'article 166 du code procédure civile dispose que « le jugement ordonnant l'expertise énonce clairement son objet et le délai dans lequel le rapport sera déposé ». Autrement dit, le jugement désignant l'expert doit préciser clairement l'objet de la mission confiée à ce dernier. Il s'agit de délimiter les questions auxquelles l'expert devra répondre, de manière à éviter toute confusion ou excès de pouvoir. L'expert est tenu de respecter strictement les termes de sa mission, tels que définis par le juge, afin de garantir la neutralité, la clarté et la pertinence de son rapport.

L'article 173 du code de procédure civile dispose que « Si à l'expiration du délai fixé, l'expert n'a toujours pas déposé son rapport, le Président lui adresse une injonction par lettre recommandée avec avis de réception. Si

---

[73] Code de procédure civile français, art. 232 à 248 ; Gérard Mémeteau, Droit médical, LGDJ, 2021, p. 402 ; François Vialla et Jean-René Binet, Médecine et droit : manuel de droit médical, Ellipses, 2020, p. 331 ; Tribunal de Grande Instance de Brazzaville, Ordonnance n° 2020/EXP/12, in Revue Congolaise de Droit et de Médecine, n°4, 2021.

l'expert ne justifie pas valablement son retard dans le délai d'un mois, il pourra être remplacé et condamné par la cour ou le tribunal à tous les frais frustratoires et même à des dommages-intérêts ». En effet, le juge doit fixer un délai dans lequel l'expert devra déposer son rapport. Ce délai permet de garantir une célérité dans la procédure et d'éviter les lenteurs judiciaires. Le non-respect de ce délai peut entraîner des conséquences procédurales, telles que la révocation de l'expert ou la désignation d'un autre. Ainsi, la mission d'expertise, encadrée dans le temps et dans son objet, constitue un outil fondamental d'aide à la décision du juge, tout en respectant les droits des parties.

L'expert judiciaire désigné peut être récusé par l'une ou l'autre des parties lorsqu'il existe des motifs légitimes de douter de son impartialité, notamment en cas de lien de parenté ou d'alliance avec l'une des parties, ou en présence d'une suspicion légitime. Cette récusation est énumérée à l'article 167 du Code de procédure civile, qui dispose que « L'expert désigné peut être récusé par l'une ou l'autre des parties pour cause de proche parenté ou de suspicion légitime ». En cas d'acceptation de la demande, l'expert est remplacé afin de garantir l'objectivité et l'équité de la procédure.

Au cœur de l'expertise médicale se trouvent des techniciens, notamment les médecins experts, qui remplissent les critères d'auxiliaires de justice en raison de leur rôle central dans l'éclairage technique des juridictions. Sollicités par les juges, ces professionnels apportent leur savoir scientifique et médical pour analyser des faits de nature médicale, qu'il s'agisse d'une faute, d'un dommage corporel ou d'une évaluation de préjudice. Leur mission est strictement encadrée par les règles de procédure et d'impartialité, et leur avis, bien que non contraignant, constitue souvent un élément déterminant dans la formation de la conviction du juge, tant en matière civile qu'en matière pénale ou administrative.

Il est important de souligner que tout expert médical est un médecin, mais que tout médecin n'est pas expert, car la qualité d'expert médical repose sur une reconnaissance particulière par l'autorité judiciaire. L'article 40 du code de déontologie des professions de la santé dispose que « Le médecin expert est titulaire du diplôme de médecine, chargé de faire, en vue de la solution d'un procès, des examens et des consultations. Il ne peut être médecin traitant du même malade ». En effet, l'expert médical est un praticien qui doit être inscrit sur une liste d'experts agréés ou désigné ponctuellement par une juridiction pour mettre ses compétences au service de la justice. Contrairement au médecin ordinaire, l'expert agit dans un cadre juridico-technique, en respectant des règles strictes d'impartialité, d'indépendance et de méthodologie, afin de produire un rapport destiné à éclairer le juge sur des éléments médicaux complexes, sans se substituer à lui dans l'appréciation juridique des faits.

Dans chaque domaine médical, il existe des médecins spécialistes reconnus comme experts, que le juge peut désigner pour accomplir une mission de recherche de vérité dans le cadre d'une procédure judiciaire. Ces experts médicaux sont appelés à évaluer, analyser et rendre un avis technique sur des faits médicaux litigieux, en lien avec leur spécialité : qu'il s'agisse d'un acte chirurgical contesté, d'un traitement médicamenteux suspecté, d'un décès inexpliqué ou d'un handicap lié à une erreur médicale. Leur rôle est essentiel pour éclairer la justice, en traduisant les données médicales en langage accessible au juge, tout en respectant les principes de rigueur scientifique, d'impartialité et de déontologie professionnelle. Voici donc une brève définition de chaque science médicale utilisée dans le cadre de l'expertise médico-légale :

1. Médecine légale - Branche médicale appliquée au droit, qui s'occupe des décès, blessures, agressions, et examens médico-judiciaires.

2. Anatomopathologie - Étude des tissus malades pour comprendre les causes et mécanismes des maladies.

3. Radiologie et imagerie médicale - Techniques d'imagerie (rayons X, IRM, scanner) permettant de visualiser l'intérieur du corps.

4. Toxicologie médicale - Science qui étudie les effets des substances toxiques sur l'organisme (drogues, poisons, médicaments).

5. Médecine d'urgence et réanimation : Prise en charge des situations critiques vitales, accidents et défaillances graves.

6. Psychiatrie médico-légale - Évaluation de l'état mental d'une personne en lien avec sa responsabilité pénale ou civile.

7. Médecine du travail - Étudie la relation entre la santé et les conditions de travail, évalue l'aptitude et les risques professionnels.

8. Médecine interne - Discipline globale traitant les maladies des organes internes (diabète, hypertension, infections…).

9. Gériatrie - Spécialité qui prend en charge les maladies liées au vieillissement.

10. Pédiatrie médico-légale - Évaluation des enfants victimes de violences, abus ou négligences.

11. Chirurgie (générale et spécialisée) - Actes opératoires et leurs complications dans différentes spécialités médicales.

12. Médecine générale - Suivi global de la santé d'un patient (diagnostic, traitement, prévention).

13. Gynécologie et obstétrique médico-légale - Étude des erreurs médicales liées à la grossesse, l'accouchement et les organes génitaux féminins.

14. Odontologie légale - Identification humaine par les dents, évaluation des blessures dentaires ou fautes dentaires.

15. Pharmacologie et pharmacovigilance - Étude des effets des médicaments, de leurs interactions et de leur sécurité.

16. Microbiologie, virologie, bactériologie - Étude des micro-organismes responsables d'infections et de maladies transmissibles.

17. Génétique médicale - Étude des maladies héréditaires et des tests génétiques utilisés dans les expertises.

18. Épidémiologie - Analyse statistique de la fréquence et des causes des maladies dans la population.

19. Kinésithérapie, ergothérapie et rééducation - Techniques de réadaptation physique après blessure ou handicap.

20. Médecine physique et de réadaptation - Récupération fonctionnelle après accident ou maladie chronique invalidante.

21. Médecine alternative - Méthodes non conventionnelles (homéopathie, acupuncture), parfois évaluées en cas de litige.

22. Médecine tropicale - Étude des maladies spécifiques aux régions chaudes (paludisme, fièvre jaune, etc.).

23. Oncologie - Étude et traitement des cancers, y compris les erreurs dans leur diagnostic ou traitement.

24. Cardiologie médico-légale - Expertise des maladies et accidents cardiaques, souvent en cas de décès brutal.

25. Neurologie et neuropsychologie - Étude des maladies du cerveau et du système nerveux, et de leurs impacts cognitifs.

26. Dermatologie médico-légale - Analyse des lésions cutanées (brûlures, coups, infections, etc.).

27. Ophtalmologie médico-légale - Expertise des traumatismes ou erreurs médicales affectant la vue.

28. ORL médico-légale - Expertise sur les lésions et affections des oreilles, du nez et de la gorge.

29. Endocrinologie et diabétologie médico-légale - Étude des troubles hormonaux, comme le diabète, pouvant faire l'objet de fautes médicales.

30. Allergologie et immunologie - Étude des réactions allergiques graves ou des défaillances du système immunitaire.

31. Anesthésiologie et médecine de la douleur - Expertise des actes anesthésiques et de la prise en charge de la douleur.

32. Éthique médicale, bioéthique et déontologie - Étude des règles morales et juridiques de la pratique médicale.

33. Biologie médicale - Analyses biologiques utilisées pour diagnostiquer des maladies (sang, urine, génétique, etc.).

34. Hygiène hospitalière - Prévention des infections nosocomiales et gestion des risques sanitaires dans les hôpitaux.

35. Santé mentale et addictologie - Expertise des troubles psychiatriques, de la dépendance à l'alcool, aux drogues ou aux médicaments.

36. L'expert en dessin judiciaire – C'est un professionnel spécialisé dans la réalisation de croquis à des fins d'identification ou de reconstitution judiciaire. Il intervient notamment pour représenter le visage d'un suspect à partir de descriptions orales de témoins ou de victimes, ou encore pour illustrer des scènes de crime en complément des constatations techniques. Son travail, alliant précision artistique et rigueur procédurale, vise à soutenir les enquêtes et les procès en offrant une représentation visuelle fidèle, tout en respectant les exigences juridiques de neutralité et d'objectivité.

37. L'anthropologue judiciaire - L'anthropologue judiciaire est un spécialiste chargé d'identifier les restes humains dans un contexte médico-légal, notamment lorsqu'il s'agit de cadavres en état de décomposition avancée, de squelettes ou de fragments osseux. Grâce à ses compétences en anatomie, biologie et morphologie humaine, il est en mesure de déterminer l'âge, le sexe, l'origine ethnique, la stature, et parfois les causes de décès. Son expertise est essentielle dans les enquêtes criminelles, les catastrophes de masse ou les fouilles archéologiques à visée judiciaire. Il travaille souvent en collaboration avec les médecins légistes, les odontologistes et les forces de l'ordre pour restituer une identité aux défunts et contribuer à la manifestation de la vérité.

38. La balistique – La balistique est la science qui étudie le comportement, le mouvement et les effets des projectiles, en particulier les balles et autres munitions d'armes à feu. En contexte judiciaire, la balistique permet d'analyser les armes, les douilles, les trajectoires et les impacts afin de reconstituer les circonstances d'un tir, identifier l'arme utilisée, voire remonter jusqu'à son propriétaire. Elle se divise en plusieurs branches : balistique interne (étude du projectile dans l'arme), balistique externe (étude du projectile en vol) et balistique terminale (étude des effets à l'impact, notamment sur les corps). Indispensable en criminalistique, cette discipline

contribue à faire la lumière sur de nombreuses affaires pénales impliquant l'usage d'armes à feu.

39. Technicien en identification criminelle - Il prélève les empreintes digitales, traces biologiques, fibres, résidus, etc.

40. Expert en traces et empreintes (scène de crime) – Il analyse les marques de pas, de pneus ou d'outils.

41. Expert en incendie/explosion – Il détermine les causes et l'origine d'un incendie ou d'une explosion criminelle.

42. Expert en informatique légale (cybercriminalité) – Il récupère et analyse les données numériques ou électroniques.

Bien qu'il ne soit pas lui-même médecin expert, le juge a l'obligation de désigner un expert compétent, en adéquation avec la nature médicale du litige. Cette rigueur s'impose pour garantir la pertinence de l'expertise et la fiabilité de ses conclusions. Ainsi, dans une affaire d'empoisonnement présumé, le juge ne saurait valablement nommer un expert en odontologie, mais devra recourir à un spécialiste en toxicologie médicale, capable d'analyser les substances en cause, leurs effets sur l'organisme et leur lien éventuel avec les faits reprochés. Ce choix judicieux de l'expert est essentiel pour assurer un procès équitable et une recherche rigoureuse de la vérité.

L'auxiliaire médical agissant comme auxiliaire de justice est un médecin qui intervient dans le cadre d'une procédure judiciaire, généralement en qualité d'expert, de médecin légiste ou de praticien requis par l'autorité judiciaire. Il met alors ses compétences scientifiques au service de la justice pour éclairer le juge sur des éléments d'ordre médical. Dans cette posture, il devient un acteur impartial du procès, tenu à la rigueur, à l'objectivité et à la loyauté, au même titre que tout autre auxiliaire de justice.

Le juge ne peut fonder sa décision sur un document émanant d'un médecin intervenant uniquement dans le cadre ordinaire de la relation de soins. En effet, un tel médecin, engagé dans une relation thérapeutique avec son patient, n'est pas tenu aux exigences d'impartialité requises dans une procédure judiciaire. Son intervention vise à soigner, non à analyser objectivement les faits dans une perspective probatoire ou contentieuse. Par conséquent, un certificat médical établi dans ce contexte ne saurait avoir la même valeur qu'un rapport rédigé par un expert judiciaire.

Prenons l'exemple d'un médecin ayant soigné un patient blessé lors d'une altercation. Bien qu'il puisse constater des lésions et en assurer le traitement, il n'est pas habilité à délivrer un certificat médical à valeur judiciaire, destiné à être versé dans un dossier d'instruction ou d'audience. Ce type de document, s'il devait être produit, pourrait être entaché de subjectivité, notamment parce qu'il résulte d'un lien thérapeutique et d'une écoute unilatérale du patient, sans confrontation des faits.

Il appartient donc exclusivement au médecin désigné en tant qu'auxiliaire de justice tel que le médecin légiste ou l'expert judiciaire d'établir un certificat médical destiné à la justice. Ce professionnel est astreint à l'objectivité, à la neutralité et à la rigueur scientifique. Son avis ne repose pas sur la confiance thérapeutique, mais sur une évaluation indépendante et encadrée par une mission précise. C'est cette exigence d'impartialité qui garantit la fiabilité du document et fonde sa recevabilité devant le juge.

2/ Identifier l'acte médical objet du litige - Sa seconde mission consiste à identifier l'acte médical en cause, c'est-à-dire à analyser les gestes posés, les décisions prises, les traitements administrés ou les interventions effectuées. Cette analyse repose sur l'examen du dossier médical, les déclarations des parties et parfois l'audition des professionnels de santé concernés. L'objectif est de cerner précisément la nature et le contexte de l'intervention médicale litigieuse.

Dans un litige portant sur une infection survenue après une intervention dentaire, l'expert médical commence par identifier précisément l'acte médical objet du litige, en l'occurrence une extraction dentaire pratiquée sous anesthésie locale. Il examine les documents médicaux, notamment le compte rendu opératoire, les prescriptions post-opératoires et les observations cliniques, afin de déterminer les gestes effectués, les conditions de l'intervention et les soins qui ont suivi. Cette identification permet de cadrer l'analyse technique et de vérifier si l'acte en question est bien celui à l'origine du dommage invoqué par le patient.

Dans un autre litige lié à une perte de vision survenue après une intervention ophtalmologique, l'expert médical doit commencer par identifier l'acte médical en cause, à savoir une chirurgie de la cataracte réalisée sur l'œil droit. Il analyse les éléments du dossier médical, notamment le consentement éclairé, le protocole opératoire, les antécédents du patient et les suites post-opératoires. Cette identification précise de l'acte permet de déterminer si la perte de vision est imputable à l'intervention elle-même, à une complication connue, ou à un manquement dans la prise en charge, et constitue ainsi la première étape de l'expertise technique.

3/ Apprécier l'acte médical - Ensuite, l'expert doit apprécier si l'acte a été accompli conformément aux règles de la science médicale, en tenant compte des protocoles, des recommandations professionnelles et du niveau de compétence attendu du praticien dans les circonstances données. Il ne s'agit pas de juger l'opportunité d'un traitement, mais de déterminer s'il y a eu faute, erreur, imprudence ou défaillance technique incompatible avec les standards médicaux.

L'appréciation de l'acte médical par l'expert médical consiste, par exemple, à analyser une intervention chirurgicale au cours de laquelle un patient a subi une perforation intestinale. L'expert examine alors si l'acte chirurgical a été réalisé selon les règles de l'art, en tenant compte des techniques médicales reconnues, des risques inhérents à l'opération et des précautions attendues du praticien dans un tel contexte. Il évalue si le dommage relève d'une complication connue et non fautive, ou s'il résulte d'un geste maladroit, d'une imprudence ou d'un manquement aux protocoles médicaux. En fonction de son analyse, l'expert pourra conclure à l'absence ou à l'existence d'une faute médicale engageant la responsabilité du professionnel de santé.

Un autre exemple d'appréciation de l'acte médical par l'expert peut être observé dans le cas d'une césarienne pratiquée en urgence. L'expert examine si la décision d'intervenir était médicalement justifiée au vu des signes de détresse fœtale, si le délai d'intervention a été raisonnable et si les gestes opératoires ont respecté les protocoles chirurgicaux en vigueur. Il évalue également si le praticien disposait des compétences requises et si les moyens matériels étaient adaptés. Si l'expert constate, par exemple, une incision mal placée ayant causé des lésions à l'utérus ou à d'autres organes, il devra déterminer si cela relève d'un aléa thérapeutique ou d'une faute technique engageant la responsabilité du médecin.

4/ Etablir un lien de causalité - L'expert a pour mission d'établir un lien de causalité entre l'acte médical et le préjudice allégué. Cette étape est cruciale, car la responsabilité ne peut être retenue qu'en présence d'un dommage directement imputable à une faute ou à un dysfonctionnement. L'expert doit donc préciser si le dommage est la conséquence probable, directe et certaine de l'acte médical en question, ou s'il s'inscrit dans les aléas inhérents à toute prise en charge thérapeutique. Ses conclusions orientent fortement la décision du juge ou facilitent un accord entre les parties.

L'établissement du lien de causalité par l'expert médical peut, par exemple, concerner un patient ayant présenté une paralysie après une injection péridurale. L'expert analyse alors si cette paralysie est directement imputable à la procédure anesthésique, en recherchant s'il y a eu une mauvaise technique d'injection, une infection négligée ou une erreur de dosage. Il examine également les antécédents médicaux du patient pour exclure d'autres causes possibles. Si, au terme de son analyse, l'expert estime que la paralysie est la conséquence certaine, directe et prévisible de l'acte médical, il établit ainsi le lien de causalité nécessaire à la reconnaissance d'une responsabilité médicale.

5 / Le rapport - Dans son rapport, l'expert médical doit présenter une synthèse claire et structurée des faits médicaux, en s'appuyant sur les pièces du dossier, les déclarations des parties, et l'examen du patient s'il y a lieu. Cette synthèse vise à replacer le litige dans son contexte médical et à expliquer, dans un langage accessible, la nature de l'acte médical contesté, les circonstances de sa réalisation, ainsi que l'évolution de l'état de santé du patient. L'expert doit exposer les données scientifiques pertinentes de manière concise, sans utiliser un jargon technique excessif.

Ensuite, l'expert est tenu de répondre de façon directe et compréhensible à la question essentielle posée par le magistrat : y a-t-il eu ou non une faute médicale ? Il doit indiquer si les soins prodigués étaient conformes aux règles de l'art, si le comportement du praticien ou du personnel soignant poursuivi était approprié, et si une erreur, une négligence ou une imprudence a été commise. En cas de manquement avéré, il doit préciser la nature et la gravité de la faute ainsi que son caractère évitable ou non.

Enfin, le rapport doit clairement se prononcer sur l'existence ou non d'un lien de causalité entre la faute identifiée et le préjudice subi par le patient. L'expert doit dire si le dommage est la conséquence directe, certaine et actuelle de l'acte médical incriminé. Il doit également mentionner, le cas échéant, s'il s'agit d'un aléa thérapeutique ou d'une complication non fautive. Ce rapport constitue ainsi un outil d'aide à la décision pour le magistrat, qui n'est pas un technicien, mais qui doit trancher en droit sur la base d'éléments médicaux scientifiquement expliqués et juridiquement exploitables.

Paragraphe 2 : La place des auxiliaires dans l'organisation judiciaire[74]

Les auxiliaires de justice occupent une place essentielle dans l'organisation judiciaire, en tant qu'acteurs contribuant à la bonne administration de la justice. Leur rôle consiste notamment à rapporter, produire ou authentifier les preuves, et à soutenir la validité et la recevabilité de celles-ci devant les juridictions. Qu'ils soient avocats, huissiers, notaires, experts judiciaires ou greffiers, ces professionnels assistent les parties, facilitent le déroulement des procédures et garantissent le respect des règles de forme et de fond, tout en

---

[74] Serge Guinchard et Thierry Debard, Organisation judiciaire, Dalloz, 2022, p. 95-103.
[^2]: Code de l'organisation judiciaire de la République du Congo, Loi n° 022/92 du 15 août 1992, articles 45 à 58 ; Ordonnance n° 2021-019 portant statut des auxiliaires de justice au Congo-Brazzaville.

veillant à ce que les droits de chaque justiciable soient préservés dans le cadre d'un procès équitable.

A- La place de l'avocat, auxiliaire de justice dans l'organisation judiciaire - Dans l'organisation judiciaire, l'avocat occupe une place centrale en tant qu'auxiliaire de justice, chargé de défendre les intérêts du justiciable tout en contribuant au bon fonctionnement de la justice. Son rôle n'est pas de rendre la justice, mais de faciliter son exercice en intervenant comme intermédiaire entre le citoyen et l'appareil judiciaire. À ce titre, il est un partenaire du juge, avec qui il entretient une relation de collaboration respectueuse, dans le respect des principes du contradictoire, de l'équité et du droit à un procès équitable.

L'avocat n'est pas un juge ; il est un auxiliaire de justice dont le rôle principal est de conseiller, assister et défendre les parties devant les juridictions. Il ne tranche pas les litiges ni ne rend de décisions, mais il prépare et présente les arguments, rassemble et soutient les preuves afin d'éclairer le juge dans sa mission. L'avocat agit dans le respect du contradictoire et de la procédure, veillant à la protection des droits de ses clients, tandis que la fonction juridictionnelle reste exclusivement dévolue au magistrat.

Dans le domaine de la santé, l'avocat a pour mission de rechercher, sélectionner et présenter les preuves utiles à la défense des droits de son client. Il collecte les documents, interroge les témoins, sollicite des expertises et produit tous éléments de preuve susceptibles de convaincre le juge du bien-fondé de la position qu'il défend. Cette étape est cruciale dans la procédure, car elle détermine la qualité du débat judiciaire et l'efficacité de la défense. L'avocat agit ainsi comme un technicien du droit, mais aussi comme un stratège procédural.

Une fois les preuves réunies, l'avocat les présente et les soutient devant la juridiction compétente. Il les analyse juridiquement, les commente et les met en perspective dans une argumentation rigoureuse, destinée à convaincre le juge. Sa parole est encadrée par les règles déontologiques de la profession, et sa mission se fonde sur la loyauté, l'intégrité et l'indépendance. L'avocat ne crée pas le droit, mais il en maîtrise les subtilités pour en assurer la bonne application au cas d'espèce.

Enfin, il est important de souligner que l'avocat ne juge pas. Il ne tranche pas les litiges et ne rend pas de décision. Il éclaire, propose, conteste ou défend, mais c'est le juge qui détient l'autorité pour dire le droit et statuer. Cette séparation des fonctions garantit l'équilibre du procès et la neutralité du jugement. Ainsi, en tant qu'auxiliaire de justice, l'avocat contribue pleinement à l'œuvre judiciaire, sans jamais s'y substituer.

B - La place de l'huissier, auxiliaire de justice dans l'organisation judiciaire - Dans l'organisation judiciaire, l'huissier de justice occupe une place particulière en tant qu'auxiliaire de justice habilité à intervenir dans la phase précontentieuse, contentieuse et post contentieuse. Officier public et ministériel, il agit au nom de l'autorité judiciaire pour signifier les actes de procédure, établir des constats et exécuter les décisions rendues par les juridictions. Son rôle est fondamental pour garantir le respect des droits de chaque partie et l'effectivité des décisions de justice.

L'huissier de justice n'est pas un juge, mais un auxiliaire de justice chargé de mettre en œuvre certaines décisions judiciaires et d'assurer la signification régulière des actes. Il n'a pas le pouvoir de trancher un litige ni de rendre une décision juridictionnelle. Sa mission consiste à constater des faits, à exécuter les décisions rendues par les juridictions (saisies, expulsions, recouvrements, etc.) et à garantir le respect des procédures. Il agit sous le contrôle du juge, notamment dans l'exécution forcée, et sa neutralité comme sa rigueur renforcent la crédibilité du processus judiciaire sans empiéter sur la fonction juridictionnelle.

Dans le domaine médical, l'huissier de justice peut être sollicité pour intervenir dans les litiges impliquant des patients, des professionnels de santé ou des établissements médicaux. Il peut, par exemple, signifier une assignation en responsabilité médicale, une ordonnance de référé ou une décision de condamnation. Sa rigueur et son impartialité permettent d'assurer une information régulière et conforme aux exigences procédurales, notamment dans les affaires de faute médicale ou de défaut d'information du patient.

L'huissier joue également un rôle essentiel en matière de constat dans le secteur médical. À la demande d'un patient ou d'un avocat, il peut se rendre dans un établissement de santé pour constater l'état d'un service, l'absence de matériel, des conditions d'hospitalisation jugées dégradantes, ou encore la non-exécution d'une décision judiciaire. Ce constat, rédigé avec objectivité, constitue une preuve souvent déterminante pour le juge.

Enfin, dans le cadre de l'exécution des décisions judiciaires en matière médicale, l'huissier est chargé de mettre en œuvre les mesures ordonnées par le juge, qu'il s'agisse du paiement d'une indemnisation, de la fermeture d'un établissement non conforme, ou de l'exécution d'une injonction de faire. Par son action, il veille à l'autorité de la chose jugée et à l'application concrète du droit dans un domaine sensible où la protection des droits fondamentaux des personnes est essentielle.

C- La place de l'expert médical, auxiliaire de justice dans l'organisation judiciaire - Dans l'organisation judiciaire, l'expert médical occupe une place essentielle en tant qu'auxiliaire de justice chargé d'éclairer le juge sur des questions techniques de nature médicale. Lorsque le litige porte sur un fait ou un dommage nécessitant une compétence scientifique, notamment en matière de responsabilité médicale, le juge peut recourir à un expert inscrit sur la liste des experts judiciaires. L'expert ne tranche pas le litige, mais fournit un avis objectif et éclairé permettant au magistrat de statuer en toute connaissance de cause.

L'expert médical, bien qu'auxiliaire de justice, n'est pas un juge et ne tranche pas le litige. Son rôle se limite à apporter un éclairage technique au magistrat sur des questions médicales complexes, en évaluant notamment la conformité de l'acte médical aux règles de l'art, l'existence d'un préjudice, et le lien de causalité entre les deux. Il formule un avis motivé dans un rapport, mais c'est le juge seul qui apprécie souverainement les faits, les preuves et décide du droit applicable. L'expertise ne lie pas le juge, qui peut suivre ou écarter tout ou partie des conclusions de l'expert selon son intime conviction.

L'intervention de l'expert médical est particulièrement précieuse dans les affaires où la preuve d'une faute médicale, d'un lien de causalité ou d'un dommage corporel doit être établie. L'expert procède à l'examen du patient, étudie les documents médicaux, analyse les traitements reçus, et évalue les conséquences physiques, psychologiques ou fonctionnelles du dommage subi. Son rôle est d'expliquer avec clarté si l'acte médical a été conforme aux règles de l'art et si le dommage est imputable ou non à une erreur ou à une négligence.

L'expert médical est tenu par des obligations de neutralité, de compétence et d'indépendance. Il rédige un rapport dans lequel il expose ses constatations, ses analyses et ses conclusions. Ce rapport, versé au dossier, peut être discuté par les parties dans le respect du principe du contradictoire. Bien que l'avis de l'expert n'ait pas de valeur contraignante, il exerce une forte influence sur l'appréciation du juge, notamment en matière d'évaluation du préjudice corporel et d'attribution de la responsabilité.

Enfin, la mission de l'expert s'inscrit dans le cadre plus large de la recherche de la vérité judiciaire. Dans un domaine aussi technique et sensible que la santé, il contribue à rétablir la confiance des justiciables envers l'institution judiciaire. Par la rigueur de son analyse, la clarté de son langage et le respect de l'éthique professionnelle, l'expert médical participe à la qualité de la justice et au règlement équitable des conflits nés de l'acte de soin.

Section 2 : Les auxiliaires non juridictionnels à fonction consultative ou disciplinaire

Les auxiliaires non juridictionnels à fonction consultative ou disciplinaire jouent un rôle essentiel dans l'encadrement éthique et professionnel de la pratique médicale, sans pour autant rendre de décisions judiciaires. Il s'agit notamment des conseils de l'ordre des professions de santé, des comités consultatifs ou encore des commissions de déontologie, qui interviennent pour émettre des avis, formuler des recommandations ou prononcer des sanctions disciplinaires à l'encontre des professionnels de santé en cas de manquement. Leur mission vise à garantir le respect des règles professionnelles, la qualité des soins, et la protection des patients, tout en contribuant à une régulation autonome et préventive de la profession. Bien qu'ils n'exercent pas de pouvoir juridictionnel, leurs décisions peuvent avoir un impact significatif sur la carrière des praticiens et peuvent, le cas échéant, faire l'objet d'un contrôle par les juridictions compétentes.

Paragraphe 1 : Les ordres professionnels

Les ordres professionnels[75] sont des institutions autonomes chargées de réguler l'exercice des professions de santé, telles que les médecins, les pharmaciens, les infirmiers, les sage-femmes ou encore les chirurgiens-dentistes. Investis d'une mission de service public, ils veillent à l'application des règles déontologiques, à la discipline professionnelle, à la protection du public ainsi qu'à la promotion de la qualité des soins. Ils assurent l'inscription des praticiens au tableau de l'ordre, contrôlent le respect des obligations professionnelles, peuvent engager des procédures disciplinaires en cas de manquement, et jouent également un rôle consultatif auprès des autorités sanitaires. En garantissant la compétence, l'éthique et la responsabilité des professionnels, les ordres contribuent à l'équilibre entre l'autonomie des professions de santé et l'intérêt général.

A – La fonction consultative - Dans le secteur de la santé, les principaux ordres professionnels sont l'Ordre des médecins, l'Ordre des pharmaciens, l'Ordre des chirurgiens-dentistes, l'Ordre des sage-femmes, ainsi que dans certains, les ordres des infirmiers, des masseurs-kinésithérapeutes, des pédicures-podologues et d'autres professions paramédicales. Chacun de ces ordres a pour mission de réguler l'exercice de la profession concernée, d'en assurer la déontologie, de veiller à la compétence des membres, et de protéger le public en garantissant un haut niveau de qualité et d'éthique dans les soins de santé.

Les ordres professionnels jouent un rôle central dans l'organisation des professions réglementées. Parmi leurs missions principales, la fonction consultative occupe une place de choix. Elle consiste à éclairer les pouvoirs

---

75 Marie-France Callu, Les ordres professionnels : entre droit public et autorégulation, Revue Française d'Administration Publique, n°160, 2016, p. 821 ;
Code de la santé publique (France), art. L.4121-1 à L.4126-7 ;
Ordonnance n° 2020/045/CONGO-BRAZ sur la création et le fonctionnement des ordres professionnels de santé en République du Congo ;
Ordre National des Médecins du Congo (ONMC), Statuts, 2021.

publics par des avis techniques ou déontologiques sur les questions relatives à la profession concernée. Cette fonction témoigne de la reconnaissance d'une expertise spécifique détenue par les ordres professionnels, qui sont considérés comme des partenaires privilégiés de l'État.

Sur le plan juridique, la fonction consultative est souvent encadrée par les textes régissant chaque ordre professionnel. Ces textes précisent les cas dans lesquels les autorités doivent consulter l'ordre concerné avant de prendre certaines décisions, notamment en matière de réglementation professionnelle, de formation ou d'exercice de la profession. Par exemple, l'avis du conseil de l'ordre peut être requis lors de l'ouverture d'un établissement de formation ou pour la modification d'un code de déontologie.

Cette fonction permet également aux ordres professionnels de faire valoir les intérêts de la profession tout en garantissant la protection du public. En fournissant des avis argumentés et basés sur une connaissance fine du terrain, les ordres assurent un équilibre entre les exigences de qualité, la sécurité des prestations et l'évolution des pratiques professionnelles. Leur contribution permet ainsi d'éviter des décisions.

B – La fonction scientifique des ordres professionnels – Dans le cadre d'une enquête judiciaire impliquant un professionnel de santé ou soulevant une question à forte dimension médicale, le magistrat en charge de l'instruction peut solliciter l'avis d'un ordre professionnel compétent. Cette saisine, bien que non obligatoire, permet au magistrat d'obtenir un éclairage spécialisé sur des points scientifiques, éthiques ou déontologiques nécessaires à la compréhension des faits et à la qualification juridique des comportements en cause. L'Ordre, en tant qu'organe régulateur de la profession, possède une expertise approfondie des normes et pratiques spécifiques à chaque corps de métier médical.

L'avis technique fourni par l'Ordre professionnel peut porter, par exemple, sur l'appréciation d'un acte médical controversé, l'analyse d'un comportement professionnel au regard des obligations déontologiques, ou encore sur les responsabilités encourues par le praticien concerné. Cet avis aide à situer les faits dans le cadre des bonnes pratiques médicales reconnues, à distinguer une erreur acceptable d'une faute grave, et à évaluer l'intention ou la négligence éventuelle du professionnel. Il apporte ainsi un éclairage objectif, complémentaire à l'expertise judiciaire proprement dite.

Sur le plan éthique, l'intervention de l'ordre permet également de rappeler les principes fondamentaux qui gouvernent l'exercice de la profession de santé, tels que le respect de la dignité du patient, le secret professionnel, le consentement éclairé ou encore la non-discrimination. Ces éléments sont cruciaux pour apprécier la conformité du comportement incriminé avec les valeurs de la profession. De plus, l'ordre peut alerter le juge sur des dysfonctionnements systémiques ou des contextes de travail susceptibles d'avoir influencé le professionnel, ce qui permet une analyse plus globale et équitable de la situation.

Enfin, bien que l'avis rendu par l'ordre professionnel ne lie pas le magistrat, il peut peser fortement dans l'appréciation des faits et dans la prise de décision, notamment pour déterminer s'il y a lieu de poursuivre pénalement, de classer sans suite ou de renvoyer l'affaire devant une juridiction disciplinaire. Cette collaboration ponctuelle entre autorité judiciaire et autorité ordinale contribue à une meilleure articulation entre les exigences de la justice et celles de la régulation médicale, au service d'une réponse plus juste, équilibrée et conforme à l'intérêt général.

Paragraphe 2 : Les médiateurs et conciliateurs dans le cadre du règlement amiable des litiges médicaux

Dans le domaine de la justice médicale, certaines solutions peuvent émaner des auxiliaires non juridictionnels tels que les médiateurs et conciliateurs, particulièrement dans le cadre d'un règlement amiable des litiges. Ces acteurs interviennent pour favoriser le dialogue entre les patients et les professionnels de santé, dans une démarche apaisée et confidentielle, afin de résoudre les différends sans recourir systématiquement aux tribunaux. Leur action permet souvent d'aboutir à une reconnaissance des torts, à une indemnisation appropriée ou à un rétablissement de la confiance, tout en allégeant la charge judiciaire. En promouvant la communication, la réparation non contentieuse et la prévention des conflits, les médiateurs et conciliateurs participent à l'amélioration des relations entre usagers et soignants, tout en renforçant la qualité du système de santé.

A- La médiation médicale - La médiation médicale[76] est un mécanisme de règlement amiable des litiges qui vise à résoudre les conflits entre patients et professionnels de santé sans recourir immédiatement aux juridictions. Elle repose sur l'intervention de médiateurs ou de conciliateurs, généralement désignés par les établissements de santé ou les instances ordinales, dont le rôle est de faciliter le dialogue, d'apaiser les tensions et de trouver une solution mutuellement acceptable. Ce processus est particulièrement adapté aux litiges où la dimension humaine et relationnelle est centrale.

---

[76] Valérie Sautereau, La médiation en santé : prévenir les conflits pour améliorer la qualité des soins, Revue Droit & Santé, n°87, 2022, p. 31-38 ;
Code de la santé publique (France), art. L.1112-3 ;
Décret n° 2005-213 du 2 mars 2005 relatif à la médiation dans les établissements de santé ;
Ministère de la Santé du Congo-Brazzaville, Guide de gestion des plaintes et réclamations dans les structures sanitaires, 2020.

Dans les établissements de santé, la loi prévoit la désignation d'un médiateur médical, souvent un médecin expérimenté, chargé de rencontrer les patients ou leurs proches en cas de réclamation portant sur l'aspect médical de la prise en charge. Cette médiation peut permettre d'apporter des explications claires, de reconnaître éventuellement une erreur ou un malentendu, et d'éviter l'escalade vers un contentieux. Elle renforce ainsi la transparence, la confiance et la qualité de la relation soignant-soigné.

Les ordres professionnels disposent également de dispositifs de conciliation, notamment dans le cadre des plaintes disciplinaires. Avant toute instruction formelle, un conciliateur tente de rapprocher les parties pour trouver un accord satisfaisant, ce qui permet souvent d'éviter des procédures longues et conflictuelles. Cette démarche est fondée sur l'écoute, la neutralité et la confidentialité, valeurs essentielles pour restaurer la communication et l'apaisement.

La médiation médicale présente plusieurs avantages : elle est rapide, peu coûteuse, souple et préserve les relations humaines. Elle permet aussi aux professionnels de santé de mieux comprendre les attentes des patients et de réfléchir sur leurs pratiques. Pour les patients, elle offre un espace d'expression, de reconnaissance de leur souffrance, et la possibilité d'obtenir réparation morale, voire matérielle, sans passer par le tribunal.

En conclusion, la médiation médicale incarne une justice de proximité, centrée sur l'humain et la recherche de solutions pacifiques. Elle s'inscrit dans une dynamique moderne de la gestion des conflits en santé, où l'écoute, la responsabilité et le respect mutuel sont privilégiés. Les médiateurs et conciliateurs y jouent un rôle clé, en étant des artisans de la paix sociale dans le champ sensible et complexe du soin.

B - La conciliation médicale[77] - La conciliation médicale est une procédure amiable qui vise à résoudre les différends entre un patient et un professionnel de santé sans recourir à une procédure contentieuse. Elle repose sur le dialogue, la compréhension mutuelle et la volonté des deux parties de trouver une solution équitable. Cette démarche est souvent mise en œuvre en amont d'une plainte disciplinaire ou dans le cadre d'un litige relatif à la qualité des soins ou au comportement d'un professionnel.

La conciliation est généralement organisée par les instances ordinales, comme les conseils de l'Ordre des médecins, des pharmaciens ou des sage-

---

[77] Geneviève Viney, Responsabilité médicale et modes alternatifs de règlement des différends, Revue Générale de Droit Médical, n°80, 2021, p. 15-30 ;
Code de la santé publique (France), art. L.1142-5 ;
Haute Autorité de Santé (HAS), Charte de la conciliation médicale, 2019 ;
Ministère de la Santé, République du Congo, Cadre national de conciliation dans les établissements sanitaires publics, 2021.

femmes. Un conciliateur, souvent un professionnel expérimenté désigné par l'Ordre, reçoit les parties, les écoute et tente de rétablir une communication constructive. Le but n'est pas de juger ni de sanctionner, mais d'aider les parties à s'expliquer, à reconnaître d'éventuels malentendus ou fautes, et à envisager une issue pacifique au litige.

Ce processus repose sur des principes fondamentaux tels que la confidentialité, la neutralité du conciliateur, l'écoute active et la liberté pour les parties d'accepter ou non la solution proposée. Il offre un cadre rassurant, où chacun peut s'exprimer librement sans craindre de conséquences juridiques immédiates. La conciliation permet ainsi d'éviter les tensions, les procès longs et coûteux, et favorise une approche humaine des conflits médicaux.

Lorsqu'un accord est trouvé, il peut être formalisé par un procès-verbal signé par les deux parties, ce qui met fin au différend. Dans le cas contraire, la voie contentieuse reste ouverte, mais souvent, la conciliation permet d'éviter cette étape. Elle contribue également à renforcer la qualité des pratiques professionnelles, en permettant aux soignants de prendre conscience des conséquences de certains comportements ou négligences.

En somme, la conciliation médicale est un outil efficace de résolution des conflits dans le domaine de la santé. Elle participe à la pacification des relations entre les patients et les soignants, en privilégiant l'écoute et la réparation plutôt que la sanction. En valorisant le dialogue, elle contribue à la consolidation de la confiance dans le système de santé et à l'amélioration continue de la relation de soin.

Chapitre II : Les experts médicaux dans le procès médical

Les experts médicaux jouent un rôle crucial dans les procès médicaux en fournissant des évaluations spécialisées sur les préjudices corporels, les erreurs médicales ou les conséquences d'accidents. Leur expertise permet de déterminer la gravité des blessures, d'évaluer les besoins en soins ou réadaptation, et de chiffrer les indemnités à verser. Ils agissent souvent comme intermédiaires entre les parties impliquées, qu'il s'agisse de victimes, d'assureurs ou de tribunaux, en garantissant une analyse objective et rigoureuse des faits médicaux. Leur contribution est essentielle pour éclairer les décisions judiciaires et assurer une indemnisation équitable.

Section 1 : Le statut juridique de l'expert médical

L'expert médical[78] possède un statut juridique particulier, à mi-chemin entre le professionnel de santé et l'auxiliaire de justice. Désigné par une autorité judiciaire (juge, procureur) ou choisi d'un commun accord entre les parties, il intervient dans le cadre d'une procédure pour éclairer la juridiction sur des questions techniques médicales. Bien qu'il n'ait pas la qualité de magistrat, il est soumis à des obligations de neutralité, d'impartialité et de confidentialité, et son travail doit répondre aux exigences de rigueur scientifique. L'expert médical peut être inscrit sur une liste officielle d'experts judiciaires auprès d'une cour d'appel, ce qui confère à sa mission un caractère public et encadré. Il engage sa responsabilité civile, voire pénale, en cas de faute dans l'exécution de sa mission, et ses conclusions, bien que non contraignantes, influencent souvent de manière déterminante l'appréciation du juge.

Paragraphe 1 : L'obligation de neutralité, d'impartialité et de confidentialité de l'expert

L'expert médical, en sa qualité d'auxiliaire de justice, est tenu à une obligation stricte de neutralité, d'impartialité et de confidentialité, qui fonde

---

[78] Jean-Pierre Gridel, L'expertise médicale en droit, Dalloz, 2020, p. 43-68 ;
Code de procédure civile (France), art. 232 et suivants ;
Code de procédure pénale (France), art. 156 et suivants ;
Cour suprême du Congo, Guide de l'expertise médicale judiciaire, 2019 ;
Décret n°2004-1463 du 23 décembre 2004 portant statut national des experts judiciaires.

la crédibilité et la légitimité de son intervention. La neutralité implique qu'il ne doit favoriser aucune des parties en présence, se limitant à une analyse objective des faits médicaux. L'impartialité, quant à elle, exige qu'il n'ait aucun lien personnel, professionnel ou financier susceptible d'influencer son jugement ou de faire naître un doute sur son indépendance. Enfin, la confidentialité lui interdit de divulguer les informations médicales ou les éléments du dossier soumis à son appréciation, en dehors du cadre de la procédure. Ces obligations déontologiques sont essentielles pour garantir la fiabilité de son expertise, protéger les droits des parties et maintenir la confiance de l'institution judiciaire.

A- Obligation de neutralité de l'expert - L'obligation de neutralité constitue l'un des fondements éthiques et juridiques essentiels de la mission de l'expert médical dans le cadre judiciaire. Elle impose à ce dernier de se tenir à équidistance des parties et de n'exprimer aucun parti pris en faveur de l'une ou de l'autre. Cette posture est indispensable pour que l'expertise conserve son objectivité, et qu'elle puisse être reçue par le juge comme un avis éclairé et fiable, dégagé de toute influence extérieure. L'expert médical n'est ni un avocat, ni un défenseur, mais un technicien indépendant chargé d'éclairer le débat judiciaire par une analyse rigoureuse des éléments médicaux.

La neutralité s'applique tout au long de la mission de l'expert, depuis l'acceptation de sa désignation jusqu'à la remise de son rapport. Avant d'accepter une mission, il lui appartient de déclarer tout conflit d'intérêt potentiel ou tout lien antérieur avec une partie qui pourrait compromettre son indépendance. À défaut, il s'expose à une récusation ou à une mise en cause pour manquement à ses obligations. Cette transparence initiale est le premier garant de la neutralité attendue de l'expert.

Dans l'exercice de sa mission, l'expert médical doit veiller à adopter une attitude impartiale dans la conduite des examens, l'audition des parties, et l'analyse des documents médicaux. Il doit éviter toute formulation tendancieuse, toute appréciation subjective, et ne pas dépasser les limites de sa compétence. Son rôle n'est pas de qualifier juridiquement les faits ni de se substituer au juge, mais de fournir une base scientifique permettant à ce dernier d'apprécier les responsabilités en toute connaissance de cause.

Enfin, le respect de cette obligation de neutralité est également une exigence de crédibilité professionnelle. Une expertise perçue comme biaisée peut non seulement compromettre la procédure judiciaire, mais aussi porter atteinte à la réputation de l'expert et entraîner des sanctions disciplinaires ou civiles. Ainsi, la neutralité n'est pas seulement une posture morale : elle est une exigence juridique incontournable, garante de l'équité du procès et de la confiance accordée à l'expertise médicale dans l'administration de la justice.

B - L'obligation d'impartialité et de confidentialité de l'expert[79] - L'expert médical, en tant qu'auxiliaire de justice, est astreint à deux obligations fondamentales et complémentaires : l'impartialité et la confidentialité. Ces obligations visent à garantir que son intervention, dans le cadre d'une procédure judiciaire ou administrative, soit à la fois équitable et respectueuse des droits fondamentaux des parties. Elles constituent les piliers de la confiance que le juge et les justiciables doivent pouvoir accorder à l'expert.

L'impartialité signifie que l'expert ne doit manifester aucune préférence ou préjugé envers l'une ou l'autre des parties impliquées dans le litige. Il lui est interdit d'avoir un intérêt personnel ou professionnel direct ou indirect dans l'affaire qui lui est soumise. Dès sa désignation, l'expert doit vérifier qu'aucune situation de conflit d'intérêts n'est susceptible d'entacher son objectivité. Si un doute existe – par exemple s'il a traité antérieurement l'une des parties – il est tenu de le signaler immédiatement au juge.

Cette impartialité s'étend à toute la conduite de l'expertise : l'expert doit accorder une attention égale aux arguments et éléments présentés par chaque partie, sans privilégier une version des faits. Il doit se limiter à une analyse fondée sur des données médicales fiables et scientifiquement reconnues. L'impartialité impose également de rédiger un rapport équilibré, exempt de toute partialité ou langage péjoratif. Toute atteinte à ce principe peut entraîner la récusation de l'expert, voire des poursuites disciplinaires si la faute est avérée.

Quant à l'obligation de confidentialité, elle découle du secret professionnel et des principes de discrétion qui entourent l'exercice médical. L'expert, en accédant au dossier médical d'une personne ou en procédant à un examen, est dépositaire d'informations sensibles, protégées par la loi. Il ne peut, sous aucun prétexte, les divulguer en dehors du strict cadre de la mission qui lui a été confiée par l'autorité judiciaire.

Le rapport d'expertise, lorsqu'il contient des éléments couverts par le secret médical, doit être transmis uniquement aux personnes autorisées, notamment le magistrat et les avocats des parties. L'expert doit également éviter de commenter publiquement l'affaire ou de communiquer avec des tiers sur des aspects confidentiels de la procédure. Le non-respect de cette

---

[79] Sophie Bastide, Éthique et déontologie de l'expert médical, Revue Médicale Juridique, n°75, 2022, p. 45-52 ;
Code de procédure civile (France), art. 236 ;
Code de déontologie médicale (Ordre des médecins, France), art. 4, 6 et 8 ;
Décret n°2005-1406 du 14 novembre 2005 relatif à la confidentialité des données médicales ;
Ministère de la Justice, République du Congo, Guide pratique de l'expertise judiciaire, 2021.

obligation peut donner lieu à des sanctions civiles, disciplinaires, voire pénales pour violation du secret professionnel.

Ainsi, l'impartialité et la confidentialité ne sont pas de simples exigences déontologiques, mais des garanties fondamentales de l'intégrité de la procédure judiciaire. Leur respect conditionne la validité de l'expertise et contribue à protéger les droits des personnes concernées, tout en assurant le bon fonctionnement de la justice. L'expert médical doit constamment les intégrer à sa pratique, afin de préserver sa crédibilité professionnelle et la confiance de l'institution judiciaire.

Paragraphe 2 : L'indépendance de l'expert médical[80]

L'indépendance de l'expert médical est un principe fondamental garantissant la crédibilité et l'impartialité de l'expertise dans le cadre judiciaire ou administratif. Elle implique que l'expert ne doit entretenir aucun lien d'intérêt, personnel ou professionnel, avec l'une des parties au litige, ni subir d'influence de quelque nature que ce soit susceptible d'altérer son objectivité. Cette indépendance permet à l'expert de fonder ses conclusions uniquement sur des données scientifiques, cliniques et factuelles, conformément à l'éthique médicale et au droit. Toute atteinte à ce principe peut discréditer l'expertise et compromettre la loyauté du procès ou de la procédure.

A – L'indépendance de l'expert médical devant le magistrat qui le commet - L'indépendance de l'expert médical devant le magistrat qui le commet constitue une garantie fondamentale d'impartialité dans le processus judiciaire. Bien que l'expert soit désigné par le juge, il n'en devient pas pour autant son subordonné. Il demeure un professionnel indépendant, investi d'une mission d'éclairage technique ou scientifique, et non d'exécution servile. Le juge lui confie une mission précise, mais ne peut ni orienter ses méthodes, ni influencer ses conclusions. Toute pression directe ou indirecte du magistrat, même subtile, doit être refusée au nom de la rigueur et de la neutralité attendue de l'expertise.

L'expert médical ne doit pas subir le dictat du magistrat, c'est-à-dire une forme d'autorité ou d'ingérence contraire à l'indépendance de sa pensée. Il lui revient d'apporter une réponse fondée uniquement sur les faits médicaux, les règles de l'art, et son savoir scientifique. Il ne s'agit pas pour lui de satisfaire à une hypothèse d'enquête ni de confirmer une orientation procédurale, mais

---

[80] Marie-Claude Durand, L'expertise médicale : principes et enjeux, Revue de Droit Médical, n°92, 2023, p. 67-74 ;
Code de procédure civile (France), art. 232-1 ;
Ordre National des Médecins, Code de déontologie médicale, art. 11 ;
Cour Suprême du Congo, Manuel de l'expert médical judiciaire, 2020.

de dire la vérité technique, même si celle-ci va à l'encontre des attentes ou de la logique judiciaire présumée. Sa loyauté première est envers la vérité, non envers l'autorité qui l'a désigné.

La jurisprudence rappelle régulièrement que l'expert est un auxiliaire de justice, mais non un auxiliaire du juge dans le sens de dépendance. Il agit dans un cadre judiciaire, mais doit se sentir libre de poser des limites, de formuler des réserves, ou même de refuser une mission si elle contrevient à son indépendance. Cette posture exige une éthique personnelle forte, ainsi qu'une rigueur dans la méthodologie employée. En gardant ses distances avec le magistrat sur le fond, l'expert protège la validité de son travail et contribue à une justice impartiale.

Enfin, c'est précisément cette indépendance qui donne au rapport d'expertise sa force probante. Un avis technique influencé par le juge risquerait d'être discrédité, contesté, voire annulé. À l'inverse, une expertise conduite avec intégrité, même si elle déplaît ou dérange, renforce la qualité du débat judiciaire et permet au magistrat de prendre une décision mieux éclairée. L'indépendance de l'expert n'est donc pas un privilège personnel, mais une exigence institutionnelle au service de la vérité, de la justice et des droits de la défense.

B – L'indépendance de l'expert médical à l'égard des parties - L'indépendance de l'expert médical devant les parties en litige est une exigence absolue qui conditionne la validité, la crédibilité et l'acceptabilité de l'expertise. L'expert ne doit entretenir aucun lien personnel, professionnel, financier ou d'intérêt avec l'une des parties susceptibles de compromettre son impartialité réelle ou apparente. Cette exigence s'applique dès la phase de désignation ou d'acceptation de la mission. En cas de doute sur son objectivité, l'expert a le devoir moral et déontologique de se récuser, afin de préserver la confiance des parties et la loyauté du processus judiciaire.

Lorsqu'un lien préexistant est identifié, qu'il s'agisse d'une relation familiale, amicale, hiérarchique ou contractuelle, l'expert doit immédiatement en informer le magistrat ou les parties, selon le cadre de la mission (judiciaire ou amiable), et renoncer à sa mission. L'omission de cette déclaration constitue une faute grave pouvant entacher de nullité le rapport d'expertise. Elle expose également l'expert à des recours, voire à des sanctions disciplinaires ou professionnelles, car sa qualité d'auxiliaire de justice ou de tiers impartial l'oblige à la transparence la plus totale.

Le retrait volontaire de l'expert en cas de conflit d'intérêts est un acte de responsabilité. Il ne traduit pas une faiblesse, mais une volonté de préserver la rigueur de la procédure et l'équité entre les parties. En se déportant, l'expert évite que ses conclusions soient remises en cause ou perçues comme biaisées, et il protège ainsi l'autorité de la justice. Ce réflexe éthique est d'autant plus important dans des affaires sensibles où l'enjeu médical peut influencer lourdement l'issue du litige, notamment en matière de responsabilité, d'indemnisation ou de réparation.

Enfin, cette obligation de renonciation participe au principe fondamental du contradictoire. Si une partie découvre un lien entre l'expert et son adversaire, elle est en droit de demander la récusation de ce dernier, ce qui ralentit la procédure et peut nuire à la sérénité des débats. Il appartient donc à l'expert d'anticiper toute situation susceptible de semer le doute sur son impartialité. En agissant avec intégrité, l'expert renforce non seulement la force probante de son rapport, mais aussi la confiance des justiciables dans la justice et le rôle des experts dans l'établissement de la vérité.

Section 2 : Le rôle de l'expert dans les différentes juridictions

L'expert médical joue un rôle déterminant dans les différentes juridictions civiles, pénales, administratives ou sociales en apportant un éclairage scientifique indispensable à la compréhension des faits à caractère médical. Devant les juridictions civiles, il intervient notamment pour évaluer le préjudice corporel ou confirmer un lien de causalité entre une faute et un dommage. En matière pénale, son expertise peut servir à établir l'origine d'un décès, l'état mental d'un auteur présumé ou la compatibilité d'un traitement avec la détention. Devant les juridictions administratives, il contribue à l'analyse des responsabilités hospitalières ou à l'évaluation de la légalité d'une décision médicale publique. Dans toutes ces juridictions, l'expert n'a pas vocation à juger mais à éclairer le juge, qui reste seul maître de l'appréciation juridique des faits.

Paragraphe 1 : Le rôle de l'expert dans les juridictions civiles et administratives

Dans les juridictions civiles et administratives, l'expert médical joue un rôle central en apportant au juge un éclairage scientifique sur les questions médicales complexes, essentielles à la résolution du litige. En matière civile, il intervient notamment pour évaluer les préjudices corporels, apprécier le lien de causalité entre une faute et un dommage, et aider à déterminer les indemnisations. En matière administrative, il est souvent sollicité dans les contentieux liés à la responsabilité des établissements publics de santé, aux décisions médicales affectant les agents publics ou aux litiges en matière d'invalidité. Dans les deux cas, l'expert ne tranche pas le litige, mais fournit des éléments techniques objectifs et impartiaux permettant au juge de statuer en toute connaissance de cause.

A – Devant le juge civil : Devant le juge civil, l'expert médical intervient principalement dans le cadre des litiges relatifs aux dommages corporels, notamment en matière de responsabilité médicale, d'accidents de la circulation, d'agressions ou d'erreurs de diagnostic. Son rôle est d'éclairer le magistrat sur des aspects techniques échappant à la compétence juridique, tels que la nature des blessures, leur gravité, les traitements suivis, ou encore l'évaluation du déficit fonctionnel permanent. Cette expertise permet de déterminer l'étendue du préjudice subi par la victime et constitue un fondement essentiel pour fixer l'indemnisation due.

La mission confiée à l'expert est généralement précisée dans une ordonnance de référé ou un jugement, et elle est conduite selon les principes du contradictoire : les parties doivent être informées, entendues, et pouvoir formuler des observations. L'expert peut procéder à l'examen physique de la victime, consulter les dossiers médicaux et entendre les déclarations de chacun. Il doit restituer dans son rapport une analyse objective, méthodique et accessible, sans prendre parti ni anticiper le raisonnement juridique du juge.

Le rapport d'expertise joue un rôle déterminant dans la phase de jugement. Bien que le magistrat conserve sa liberté d'appréciation, il s'appuie largement sur les conclusions médicales pour évaluer le préjudice moral, les souffrances endurées, la perte d'autonomie ou encore l'incapacité professionnelle. L'expertise peut également servir de base à un accord amiable entre les parties, facilitant ainsi la résolution du litige sans recours à un procès prolongé.

En définitive, l'expert médical devant le juge civil agit comme un auxiliaire essentiel de la justice, garant de l'objectivité et de la rigueur dans la mise en œuvre du droit à réparation. Sa compétence scientifique, son impartialité et la clarté de ses conclusions conditionnent la qualité de la décision rendue, en assurant que la justice civile réponde de manière équitable aux préjudices médicaux subis par les justiciables.

B – Devant le juge administratif - Devant le juge administratif, l'expert médical intervient principalement dans les litiges mettant en cause la responsabilité de l'administration, notamment celle des établissements publics de santé. Ces contentieux concernent les erreurs médicales, les infections nosocomiales, les aléas thérapeutiques ou les refus de soins dans les hôpitaux publics. L'expert est chargé d'évaluer la réalité des faits médicaux, de déterminer s'il y a eu manquement aux règles de l'art et d'apprécier le lien entre l'acte médical contesté et le dommage subi par le patient. Son intervention est indispensable pour permettre au juge d'analyser la faute éventuelle de l'administration ou d'appliquer les régimes spécifiques d'indemnisation sans faute.

La désignation d'un expert par le juge administratif se fait souvent en référé, en vue d'une expertise avant jugement, afin d'éclairer utilement les débats. L'expert procède à l'analyse des dossiers médicaux, à l'audition des professionnels concernés et à l'examen du patient. Il agit dans le strict respect du contradictoire en associant les parties à toutes les étapes de la mission. Le rapport d'expertise, rédigé de manière claire et méthodique, doit fournir au juge les éléments scientifiques et techniques permettant d'apprécier objectivement les circonstances du litige.

L'expertise peut également porter sur d'autres types de décisions administratives à caractère médical, comme l'aptitude d'un agent public à exercer ses fonctions, la mise en invalidité, ou encore l'attribution d'une pension. Dans ces cas, l'expert aide à vérifier la légalité de la décision contestée et à évaluer les conséquences médicales sur la situation administrative de l'intéressé. Il permet ainsi au juge administratif de concilier les exigences de service public avec le respect des droits individuels en matière de santé.

En somme, l'expert médical devant le juge administratif joue un rôle de trait d'union entre la science et le droit. Il ne se prononce pas sur la responsabilité au sens juridique, mais ses constatations techniques sont déterminantes pour fonder la décision du juge. Sa neutralité, sa compétence et son respect des règles procédurales garantissent l'équité du procès administratif, en particulier dans des affaires où les enjeux humains et institutionnels sont souvent importants.

Paragraphe 2 : Le rôle de l'expert dans les juridictions pénales, sociales et constitutionnelles

Dans les juridictions pénales, l'expert médical joue un rôle essentiel pour éclairer le juge sur l'état de santé physique ou mentale de la victime ou de l'auteur présumé d'une infraction, évaluer les incapacités ou déterminer les causes d'un décès, en particulier dans les affaires de violences, d'homicides ou d'abus. En matière sociale, il intervient dans les contentieux relatifs à l'incapacité de travail, à l'invalidité, aux maladies professionnelles ou aux accidents du travail, en fournissant une évaluation médicale objective qui conditionne l'ouverture de droits sociaux ou la contestation de décisions prises par les organismes de sécurité sociale. Devant les juridictions constitutionnelles, bien que son intervention soit plus rare, l'expert médical peut être sollicité de manière indirecte, par exemple dans le cadre du contrôle de la conformité de lois touchant aux droits fondamentaux en matière de santé publique, où son avis scientifique peut orienter l'interprétation des normes juridiques au regard de données sanitaires. Dans tous ces cas, son expertise contribue à une justice plus éclairée, fondée sur des connaissances techniques rigoureuses.

A. Devant le juge pénal - Devant le juge pénal, l'expert médical intervient principalement pour apporter un éclairage scientifique sur des faits à caractère médical qui sont au cœur d'une enquête ou d'un procès. Sa mission est souvent sollicitée dans les affaires de violences volontaires, d'homicides, d'agressions sexuelles, ou encore de mise en danger d'autrui, où il doit évaluer l'état de santé de la victime, déterminer la gravité des blessures, et préciser l'impact médical des faits reprochés. L'expertise permet ainsi au magistrat de comprendre les conséquences réelles des actes incriminés et d'établir la réalité du dommage corporel.

L'expert peut également être appelé à se prononcer sur la capacité mentale de l'accusé au moment des faits, notamment pour apprécier son discernement ou sa responsabilité pénale. Dans ce cadre, l'expertise psychiatrique est essentielle pour déterminer si l'individu était en état de trouble mental justifiant une atténuation ou une exclusion de responsabilité. Cette analyse médicale influe directement sur la qualification juridique des faits et sur la peine qui pourra être prononcée.

Le déroulement de l'expertise devant le juge pénal suit un cadre strictement encadré par la procédure pénale. L'expert est nommé par le juge d'instruction ou le tribunal, il doit respecter le principe du contradictoire en permettant aux parties d'assister à l'examen et de formuler des observations. Son rapport, détaillé et impartial, est versé au dossier et sert de base aux débats, même si le juge conserve la liberté d'apprécier la valeur des conclusions.

Enfin, l'expert médical devant le juge pénal est un auxiliaire essentiel de la justice pénale, dont la compétence technique permet de garantir une appréciation objective des faits médicaux. Sa neutralité, son impartialité et son respect des règles de procédure contribuent à une décision pénale juste, assurant que la sanction prononcée repose sur une connaissance précise et fiable de la réalité médicale.

B – Devant le juge social - Devant le juge social, l'expert médical joue un rôle fondamental dans les litiges liés à la protection sociale, notamment ceux relatifs aux accidents du travail, aux maladies professionnelles, aux incapacités de travail, à l'invalidité ou à la reconnaissance d'un handicap. Sa mission consiste à évaluer avec précision l'état de santé du salarié ou de l'assuré, à déterminer l'origine professionnelle de la pathologie et à chiffrer le taux d'incapacité, éléments essentiels pour l'octroi ou la contestation des prestations sociales. Cette expertise technique permet au juge social de statuer en connaissance de cause sur les droits à réparation ou aux prestations sociales.

L'expert est nommé par le tribunal des affaires de sécurité sociale ou par la juridiction compétente et doit conduire son examen dans le respect des règles du contradictoire. Il doit examiner le dossier médical, réaliser un examen clinique et entendre les parties concernées. Son rapport doit être impartial, rigoureux et accessible, afin que le juge et les parties puissent comprendre les conclusions et les utiliser pour faire valoir leurs droits. Le rôle de l'expert est ainsi de clarifier des questions médicales complexes qui dépassent la compétence juridique du tribunal.

Dans certains cas, l'expertise peut également porter sur l'aptitude du salarié à reprendre son emploi ou à être reclassé, en lien avec des restrictions médicales identifiées. Cette fonction est particulièrement importante pour permettre une décision équilibrée entre la préservation des droits sociaux du salarié et les contraintes de l'employeur. L'expertise médicale sociale est donc un instrument clé pour assurer l'équité dans la gestion des conflits liés à la santé et au travail.

En résumé, l'expert médical devant le juge social est un acteur indispensable du système judiciaire en matière de droit de la sécurité sociale. Par sa compétence technique et sa neutralité, il contribue à garantir que les décisions rendues reposent sur une appréciation objective de l'état de santé des personnes, assurant ainsi la protection effective des droits sociaux dans un cadre juridique clair et équitable.

C- Devant le juge constitutionnel - L'expert joue un rôle fondamental dans la sélection et la validation des candidats à la présidence, en garantissant leur aptitude physique et mentale à assumer les responsabilités liées à cette fonction. Par l'intermédiaire d'experts médico-légaux désignés par la Cour constitutionnelle, cette démarche vise à fournir une évaluation impartiale et rigoureuse de l'état de santé des candidats, conformément aux critères définis dans la Constitution. Cela permet de prévenir toute situation où un candidat pourrait être incapable de gouverner efficacement en raison de limitations médicales non évaluées.

Certaines maladies peuvent disqualifier un candidat à la présidence en raison de leur impact sur la capacité à exercer les fonctions exigeantes de chef d'État. Les troubles neurologiques graves, tels que la démence ou les maladies dégénératives comme la maladie d'Alzheimer, peuvent altérer la prise de décision, la mémoire et la capacité à gérer des crises complexes. De même, les maladies psychiatriques sévères, comme la schizophrénie non contrôlée ou les troubles bipolaires graves, peuvent compromettre la stabilité émotionnelle et la capacité à maintenir une gouvernance cohérente.

Les maladies cardio-vasculaires avancées, telles que l'insuffisance cardiaque ou les antécédents récents d'accidents vasculaires cérébraux (AVC), peuvent également être des motifs de disqualification. Ces conditions peuvent limiter l'endurance physique nécessaire pour assumer les responsabilités présidentielles, qui incluent des horaires exigeants et des déplacements fréquents. En outre, elles peuvent poser des risques pour la santé du candidat, affectant sa capacité à remplir ses fonctions de manière continue.

Les maladies infectieuses chroniques ou incurables, comme certaines formes avancées de cancer ou d'immunodéficience, peuvent également être prises en compte. Ces maladies peuvent entraîner des absences prolongées ou des incapacités physiques, compromettant ainsi la continuité et l'efficacité de la gouvernance. La justice médicale constitutionnelle, en évaluant ces conditions, vise à garantir que les candidats sont aptes à répondre aux exigences physiques et mentales de la fonction présidentielle.

Le président de la Cour constitutionnelle joue un rôle central dans la validation des procédures entourant l'expertise médicale constitutionnelle, notamment en s'assurant de la qualité et de la sophistication du plateau technique utilisé pour les examens médicaux. Ce contrôle garantit que les outils et équipements mis à disposition des experts médico-légaux sont adéquats, modernes et conformes aux standards internationaux, permettant des évaluations précises et fiables. Une plate-forme technique de qualité contribue également à éliminer les risques d'erreurs ou de contestations liées à des examens imprécis, renforçant ainsi la crédibilité et l'intégrité du processus électoral. En veillant à ces aspects techniques, le président de la Cour protège la légitimité de l'institution et assure une transparence irréprochable dans l'application des dispositions constitutionnelles.

En outre, l'expertise médicale constitutionnelle agit comme un outil essentiel de transparence et de crédibilité du processus électoral. En exigeant que les examens soient réalisés par des experts médico-légaux assermentés, inscrits au registre de la cour d'appel, cette procédure garantit que les résultats sont fondés sur des faits objectifs et conformes aux normes juridiques. Par conséquent, elle renforce la confiance des citoyens dans l'intégrité des institutions démocratiques en excluant les risques de favoritisme ou de manipulation politique.

Le Laboratoire national, en tant que principal plateau technique pour les examens médicaux liés à la justice constitutionnelle, incarne une ressource fondamentale dans l'évaluation de la santé des candidats à la présidence. Son rôle consiste à offrir des infrastructures modernes, des équipements de pointe, et des technologies à la hauteur des exigences médico-légales. Cela garantit que les analyses effectuées sont précises, fiables, et conformes aux standards internationaux, renforçant ainsi la transparence et la légitimité des examens médicaux supervisés par la Cour constitutionnelle.

Cependant, pour remplir pleinement cette mission, le laboratoire national doit constamment s'adapter aux avancées technologiques et maintenir un niveau élevé de sophistication technique. Cela implique des investissements réguliers dans les infrastructures, le recrutement de personnels qualifiés, et la mise à jour des équipements selon les innovations scientifiques. Cette modernisation permanente est essentielle pour préserver la crédibilité des évaluations médico-légales et pour répondre aux défis posés par des enjeux constitutionnels et électoraux critiques.

Enfin, cette forme d'expertise contribue directement à la stabilité institutionnelle et à la gouvernance efficace en s'assurant que les dirigeants sont physiquement et mentalement aptes à remplir leurs fonctions. En évaluant les candidats selon des critères rigoureux, elle favorise une sélection de leaders capables de répondre aux défis complexes du pouvoir, tout en préservant l'équilibre des institutions étatiques et la confiance du public dans les dirigeants élus.

Section 3 : La procédure de désignation de l'expert médical[81]

La procédure de désignation de l'expert médical intervient généralement à la demande d'une partie ou d'office par le juge lorsqu'un litige nécessite une appréciation technique sur un état de santé. En matière judiciaire, le juge ordonne l'expertise par une décision motivée (ordonnance ou jugement), précisant l'objet de la mission, le délai imparti, et le nom de l'expert choisi sur une liste agréée (souvent celle près de la Cour d'appel ou de la Cour suprême). Dans certains cas, les parties peuvent proposer un expert d'un commun accord. L'expert ainsi désigné prête serment, sauf s'il est déjà inscrit sur une liste officielle, et il est tenu d'agir en toute impartialité, dans le strict cadre de la mission définie par le juge.

Paragraphe 1 : La procédure de désignation de l'expert par le juge civil et administratif

La désignation de l'expert par le juge civil et administratif obéit à une procédure encadrée par les textes et guidée par le principe du contradictoire. En matière civile, le juge peut décider de recourir à une expertise soit d'office, soit à la demande d'une partie, lorsqu'un point technique ou scientifique dépasse sa compétence. Il choisit alors un expert inscrit sur une liste officielle ou justifiant de qualifications reconnues, en tenant compte de la nature du litige. En matière administrative, la procédure est similaire : le juge administratif peut ordonner une expertise pour éclairer sa décision, notamment dans les litiges impliquant la responsabilité de l'administration pour faute médicale, travaux publics ou dommages environnementaux. Dans

---

[81] Jean-Louis Gaudin, L'expertise judiciaire : principes et pratiques, Dalloz, 2021, p. 112-130;
Code de procédure civile (France), art. 232-235 ;
Code de procédure pénale (France), art. 156-159 ;
Cour Suprême du Congo, Guide pratique de l'expertise médicale, 2019 ;
Décret n°2017-342 du 27 mars 2017 relatif à la nomination des experts judiciaires.

les deux cas, l'ordonnance de désignation précise la mission confiée à l'expert, les délais, ainsi que les modalités de réalisation de l'expertise, tout en garantissant aux parties la possibilité de formuler des observations et de participer au déroulement de l'expertise.

A – La procédure de désignation de l'expert par le juge civil - La désignation de l'expert par le juge civil intervient généralement lorsque le litige soulève une question technique nécessitant un éclairage spécialisé. Cette expertise peut être ordonnée à la demande d'une ou plusieurs parties, ou décidée d'office par le juge lorsqu'il estime qu'elle est indispensable à la manifestation de la vérité. La demande d'expertise doit être motivée, et le juge apprécie son opportunité au regard des éléments déjà au dossier. Il peut refuser s'il juge la demande dilatoire, inutile ou si les preuves peuvent être établies par d'autres moyens.

Lorsqu'il décide de recourir à une expertise, le juge civil choisit l'expert sur une liste officielle d'experts judiciaires, tenue par la cour d'appel ou la Cour suprême, selon les législations. Ce choix se fait en fonction de la spécialité requise, de la disponibilité de l'expert et, le cas échéant, de la complexité du dossier. L'ordonnance de désignation fixe la mission de l'expert de manière précise, délimitant son champ d'intervention et les questions auxquelles il doit répondre. Elle précise également les délais impartis, les modalités de rémunération et les obligations de communication avec les parties.

Le respect du principe du contradictoire est fondamental : les parties doivent être informées de la mission, être conviées aux opérations d'expertise et avoir la possibilité de présenter leurs observations ou de poser des questions à l'expert. Celui-ci est tenu de garantir l'équité entre les parties et d'adopter une posture impartiale. À l'issue de sa mission, l'expert rédige un rapport détaillé qu'il transmet au juge et aux parties. Ce rapport, bien que n'ayant pas la force contraignante d'un jugement, constitue un élément de preuve souvent déterminant dans la prise de décision du tribunal.

Enfin, les parties peuvent contester les conclusions de l'expert ou demander une contre-expertise si elles estiment que le rapport présente des insuffisances ou un biais. Le juge peut alors ordonner une nouvelle expertise ou rejeter la demande s'il juge le rapport initial suffisamment clair et convaincant. La procédure de désignation de l'expert par le juge civil allie rigueur, impartialité et respect des droits de la défense, dans le souci d'apporter au juge les éléments techniques nécessaires à une décision juridiquement fondée et équitable.

B - **La procédure de désignation de l'expert par le juge administratif** - La désignation de l'expert par le juge administratif intervient lorsque le contentieux soulève des questions techniques complexes, notamment dans les domaines de la santé publique, de l'urbanisme, des marchés publics ou de la responsabilité administrative. Cette mesure d'instruction est souvent sollicitée dans les litiges mettant en cause des dommages corporels, des fautes médicales ou des désordres affectant des ouvrages publics. La demande peut émaner des parties ou être décidée d'office par le juge, dans le respect du principe de nécessité et de proportionnalité des moyens d'instruction.

Le juge administratif désigne l'expert par une ordonnance dans laquelle il précise la mission confiée, les points à examiner, les délais à respecter, ainsi que les modalités de communication entre l'expert et les parties. Le choix de l'expert se fait généralement parmi les professionnels inscrits sur une liste agréée ou, à défaut, en fonction de leurs compétences et de leur expérience avérée dans le domaine concerné. Le juge veille à l'impartialité et à la compétence de l'expert désigné, en tenant compte des éventuelles observations des parties sur le choix de ce dernier.

L'expert ainsi désigné est tenu de respecter le principe du contradictoire en associant toutes les parties aux opérations d'expertise. Il doit les convoquer à chaque étape de la procédure, leur permettre de présenter leurs observations, de faire valoir leurs arguments techniques ou médicaux, et d'apporter des pièces complémentaires. Le respect de cette exigence est essentiel à la régularité de la procédure et à la recevabilité du rapport d'expertise. L'expert est également soumis aux obligations de neutralité, de confidentialité et de diligence.

Une fois sa mission accomplie, l'expert administratif rédige un rapport motivé qu'il dépose au greffe de la juridiction et transmet aux parties. Ce rapport, bien qu'il ne lie pas le juge, constitue un élément d'appréciation important pour trancher le litige. Les parties peuvent formuler des observations sur le rapport ou en contester les conclusions, voire solliciter une contre-expertise si nécessaire. Par cette procédure, le juge administratif s'assure d'être éclairé techniquement, tout en préservant les garanties procédurales indispensables au respect des droits des justiciables.

Paragraphe 2 : La procédure de désignation de l'expert par le juge pénal, social et constitutionnel

La procédure de désignation de l'expert par le juge pénal, social et constitutionnel repose sur la nécessité d'un éclairage technique dans des domaines spécifiques. En matière pénale, le juge d'instruction, le procureur ou la juridiction de jugement peut désigner un expert, souvent inscrit sur une liste officielle, pour analyser des éléments médicaux, psychiatriques ou scientifiques. En matière sociale, notamment dans les contentieux liés aux accidents du travail ou aux maladies professionnelles, le juge peut faire appel à un expert médical pour évaluer l'incapacité, les préjudices ou les conditions de travail. Quant au juge constitutionnel, bien que plus rarement confronté à des besoins d'expertise, il peut solliciter un expert dans le cadre de contentieux électoraux, par exemple pour vérifier l'aptitude physique ou mentale d'un candidat à exercer une fonction publique, notamment lors de la validation de candidatures présidentielles. Dans tous les cas, la désignation se fait par ordonnance motivée, respectant les droits des parties et assurant l'impartialité de l'expert, dont les conclusions servent à éclairer la décision judiciaire sans s'y substituer.

A – **La procédure de désignation de l'expert par le juge pénal** - La désignation de l'expert par le juge pénal obéit à une procédure rigoureuse encadrée par le Code de procédure pénale. L'expertise est ordonnée lorsqu'un élément du dossier nécessite des connaissances techniques ou scientifiques particulières, dépassant les compétences juridiques du magistrat. Elle peut être sollicitée à tout moment de la procédure, que ce soit lors de l'enquête, de l'instruction ou du jugement, et à l'initiative du juge d'instruction, du ministère public ou des parties. L'objectif est d'éclairer la justice sur des faits déterminants pour l'établissement de la vérité, notamment en matière médico-légale, psychiatrique, balistique ou toxicologique.

Le juge désigne l'expert par une ordonnance dans laquelle il précise la mission confiée, en délimitant les points à examiner. Cette ordonnance indique également les délais impartis pour le dépôt du rapport et le montant de la provision à verser à l'expert. Le choix de l'expert se fait en priorité parmi ceux inscrits sur les listes officielles près la cour d'appel ou la Cour suprême. Toutefois, en l'absence d'un expert inscrit ou en cas d'urgence, un professionnel non inscrit mais reconnu pour sa compétence peut être désigné, sous réserve de l'absence d'incompatibilité.

Le principe du contradictoire est fondamental même en matière pénale. Les parties doivent être informées de la désignation, peuvent demander des compléments ou formuler des observations, et sont souvent invitées à assister aux opérations d'expertise. L'expert doit également répondre à leurs éventuelles questions. Cette procédure garantit une transparence dans le processus et permet aux parties de défendre leurs intérêts face aux éléments scientifiques présentés, notamment lorsque ceux-ci influencent fortement l'appréciation de la culpabilité ou de la responsabilité.

À l'issue de sa mission, l'expert dépose un rapport circonstancié au greffe du tribunal. Ce rapport ne lie pas le juge, mais il constitue un élément de preuve important dans la formation de sa conviction. Les parties peuvent en contester les conclusions, demander une contre-expertise ou formuler une requête en nullité s'il existe un vice de procédure ou une atteinte aux droits de la défense. La désignation d'un expert en matière pénale est donc une mesure essentielle, à la fois pour la manifestation de la vérité et pour la garantie d'un procès équitable.

B – La procédure de désignation de l'expert par le juge social - En matière sociale, la désignation d'un expert intervient principalement lorsque le juge est confronté à des questions techniques dépassant sa compétence, notamment dans les litiges liés aux accidents du travail, aux maladies professionnelles, à l'invalidité ou aux conditions de travail. Le juge social peut décider d'ordonner une expertise à la demande d'une partie ou d'office, dans le but de disposer d'un éclairage objectif sur des faits médicaux, ergonomiques, psychologiques ou autres, indispensables à la solution du litige.

La procédure de désignation de l'expert est formalisée par une ordonnance du juge qui précise les motifs justifiant le recours à l'expertise, définit la mission de l'expert, les délais de réalisation, et les modalités de communication avec les parties. Le juge choisit l'expert en priorité sur une liste d'experts agréés, généralement ceux inscrits près la cour d'appel. Il s'assure également de l'indépendance et de la compétence technique de l'expert choisi, tout en permettant aux parties de faire valoir leurs observations sur cette désignation.

Le principe du contradictoire est respecté tout au long de l'expertise. L'expert doit convoquer les parties, leur permettre de présenter leurs observations, et prendre en compte les éléments qu'elles jugent pertinents. En cas de non-respect de ce principe, les conclusions de l'expert peuvent être écartées par le juge ou faire l'objet d'une contestation. Cette procédure permet d'instaurer un climat de confiance entre les justiciables et l'autorité judiciaire, tout en garantissant une décision équitable fondée sur des éléments scientifiques ou techniques solides.

À l'issue de sa mission, l'expert dépose un rapport écrit et motivé qui est versé au dossier. Ce rapport, bien qu'il ne lie pas le juge, constitue une aide précieuse dans l'évaluation du préjudice subi ou de la réalité des conditions de travail alléguées. Le juge peut en tirer les éléments nécessaires pour statuer en droit, en tenant compte des observations des parties sur le rapport. En cas de contestation, une contre-expertise peut être ordonnée. Ainsi, l'expertise judiciaire en matière sociale est un outil clé dans le traitement des litiges impliquant des enjeux humains et professionnels sensibles.

C – La procédure de désignation de l'expert par le juge constitutionnel - La procédure de désignation de l'expert par le juge constitutionnel, bien que peu fréquente, revêt une importance particulière dans le cadre du contrôle de la régularité des élections ou de la recevabilité des candidatures à de hautes fonctions publiques. Le juge constitutionnel peut être amené à solliciter l'avis d'un expert, notamment médical, lorsqu'une question d'aptitude physique ou mentale d'un candidat est soulevée. Cette expertise permet de garantir l'application stricte des dispositions constitutionnelles relatives aux conditions d'éligibilité, tout en assurant le respect des droits fondamentaux de la personne concernée.

La désignation de l'expert s'opère par une décision du juge constitutionnel, généralement prise collégialement. Cette décision précise l'objet de l'expertise, les questions auxquelles l'expert doit répondre, ainsi que le délai dans lequel il doit rendre son rapport. L'expert est choisi en raison de sa compétence dans le domaine concerné, souvent parmi les professionnels reconnus dans le secteur médical ou scientifique, même si l'inscription sur une liste officielle n'est pas systématiquement exigée. Le juge s'assure également de l'impartialité et de la neutralité de l'expert désigné.

Dans le respect du contradictoire, le candidat concerné est informé de la mesure d'expertise, peut être entendu, présenter ses observations, et être assisté d'un médecin ou d'un conseil. Cette participation active garantit une procédure équitable et transparente. L'expert est tenu à une stricte confidentialité et doit formuler des conclusions claires, objectives et scientifiquement fondées. Son rôle est consultatif : il éclaire le juge sur des éléments techniques sans se substituer à son pouvoir d'appréciation.

Le rapport d'expertise est versé au dossier constitutionnel et sert de fondement à la décision finale. Le juge constitutionnel peut retenir, écarter ou compléter les conclusions de l'expert, selon son appréciation souveraine. En cas de contestation, le candidat peut demander une contre-expertise ou formuler des observations sur le rapport. Cette procédure, bien que spécifique, illustre la complémentarité entre le droit et la science dans le contentieux constitutionnel, et témoigne de l'exigence de rigueur et d'impartialité dans les décisions qui engagent la stabilité des institutions.

DEUXIEME PARTIE

REFORMES DE L'OFFRE SANITAIRE ET ETUDES DES CAS LITIGIEUX

Dans un pays où l'offre sanitaire demeure fragile et souvent perçue comme peu crédible, les réformes structurelles s'imposent comme la voie incontournable vers une politique médicale cohérente, efficace et humaine. Au Congo, l'amélioration du système de santé nécessite non seulement des investissements dans les infrastructures et les ressources humaines, mais aussi une refondation des cadres juridiques encadrant la pratique médicale. Les réformes doivent viser à restaurer la confiance des citoyens dans les institutions sanitaires en garantissant l'accès équitable aux soins, la qualité des services, ainsi que la responsabilité des acteurs de santé.

La judiciarisation progressive de la pratique médicale au sein des juridictions congolaises constitue un signal fort en faveur du respect des droits des patients. Elle marque une évolution vers un système plus protecteur, où les actes médicaux ne sont plus à l'abri d'un contrôle juridique rigoureux. Cette dynamique traduit la volonté croissante de mettre fin à l'impunité face aux fautes médicales, mais aussi aux agressions intellectuelles, comme la désinformation ou la négligence professionnelle. Elle consacre ainsi le principe fondamental selon lequel la santé, bien qu'étant un domaine technique, reste soumise à l'exigence de justice, de transparence et de responsabilité.

TITRE PREMIER

REFORMES DE LA JUSTICE MEDICALE

La justice médicale est confrontée à plusieurs défis majeurs qui en compromettent l'efficacité et l'équité. D'abord, elle souffre d'un manque de spécialisation des juridictions civiles, administratives et pénales lorsqu'elles sont appelées à trancher des litiges à fort contenu médical. Les juges ne disposent pas toujours des compétences techniques nécessaires pour comprendre les enjeux cliniques ou scientifiques, ce qui accroît leur dépendance vis-à-vis des experts. Par ailleurs, la lenteur des procédures, tant dans la désignation des experts que dans la réalisation des expertises, nuit à l'intérêt des justiciables, souvent fragilisés par leur état de santé.

En outre, les inégalités d'accès à la justice médicale sont persistantes. Les patients victimes d'erreurs médicales ou de fautes professionnelles se heurtent à des obstacles financiers, psychologiques et administratifs pour faire valoir leurs droits, tandis que les professionnels de santé dénoncent une insécurité juridique croissante. À cela s'ajoutent les soupçons de partialité ou de conflit d'intérêts dans certaines expertises, qui alimentent une méfiance croissante envers les institutions judiciaires et médicales. Ces dysfonctionnements révèlent la nécessité d'une réforme profonde pour garantir une justice à la fois rapide, accessible, compétente et digne de confiance.

Chapitre 1

Réformer le système sanitaire pour une justice médicale plus accessible et plus rapide

Au Congo, les solutions à la justice médicale passent par une réforme globale visant à renforcer l'efficacité, l'accessibilité et l'équité du système. Il est urgent de créer des juridictions spécialisées en matière de santé, dotées de magistrats formés aux enjeux médico-sanitaires, et d'encadrer rigoureusement la fonction d'expert médical par un statut clair, une formation continue et une régulation indépendante. Le développement de mécanismes alternatifs de règlement des litiges, tels que la médiation et la conciliation, permettrait également de désengorger les tribunaux tout en favorisant des résolutions plus humaines et rapides. Enfin, un meilleur accès à l'information, à l'assistance juridique et à la prise en charge des frais d'expertise pour les victimes contribuerait à restaurer la confiance dans la justice médicale et à garantir un véritable droit à réparation.

Section 1 : Création de juridictions spécialisées en droit médical

La création de juridictions spéciales pour la justice médicale se justifie par la complexité technique, la sensibilité humaine et les enjeux éthiques particuliers liés aux litiges médicaux, qu'ils concernent la responsabilité des professionnels de santé, les erreurs médicales, ou la violation des droits des patients. Ces juridictions spécialisées, composées de magistrats formés au droit médical et éventuellement assistés d'experts permanents, permettraient de garantir une meilleure compréhension des faits, une célérité accrue dans le traitement des affaires, et des décisions plus justes et adaptées. Elles contribueraient ainsi à renforcer la sécurité juridique, la confiance des citoyens dans le système de santé, et à mieux protéger le droit fondamental à la santé.

Paragraphe 1 : La nécessité d'une spécialisation juridictionnelle en matière médicale

La complexité croissante des litiges impliquant la santé, les actes médicaux, les erreurs professionnelles et les droits des patients justifie pleinement la nécessité d'une spécialisation juridictionnelle en matière médicale. Une telle spécialisation permettrait aux magistrats de mieux appréhender les enjeux scientifiques, éthiques et techniques spécifiques à ce domaine, souvent marqué par une forte technicité et une évolution rapide des pratiques. Elle favoriserait une justice plus efficace, cohérente et crédible, en assurant une meilleure compréhension des dossiers, une articulation harmonieuse avec les expertises médicales, et une prise en compte adéquate des principes déontologiques et du droit à la santé.

A – La complexité croissante des litiges médico-sanitaires - La complexité croissante du droit médical et la technicité des actes de soins imposent aujourd'hui une réflexion sur la spécialisation juridictionnelle dans ce domaine. Le contentieux médical, qu'il soit civil, pénal ou administratif, implique souvent des éléments scientifiques et éthiques qui échappent à la compréhension immédiate du juge non spécialisé. Dès lors, une juridiction spécialisée permettrait d'apporter une meilleure lisibilité et une plus grande pertinence dans le traitement de ces litiges.

Les affaires médicales mettent en jeu des enjeux humains majeurs tels que la vie, la santé, l'intégrité physique et morale. Elles nécessitent une expertise non seulement juridique, mais aussi médicale, éthique et parfois même philosophique. Une juridiction dotée de magistrats formés spécifiquement en droit de la santé ou entourés d'experts permanents pourrait garantir une meilleure qualité des décisions rendues et renforcer la confiance des justiciables dans le système judiciaire.

En outre, la spécialisation juridictionnelle favoriserait une jurisprudence cohérente et harmonisée. Actuellement, la diversité des juridictions compétentes (civiles, administratives, ordinales, pénales) conduit à des décisions parfois contradictoires sur des situations similaires. Cette incohérence nuit à la sécurité juridique des professionnels de santé comme des patients. Une juridiction spécialisée ou une chambre dédiée au sein des juridictions existantes unifierait l'interprétation du droit médical.

La spécialisation aurait également une vertu pédagogique. En rendant la justice plus lisible et en favorisant une meilleure compréhension des enjeux spécifiques au domaine médical, elle participerait à l'amélioration des pratiques professionnelles et à la prévention des contentieux. Elle offrirait par ailleurs un espace de dialogue entre juristes, médecins et patients, propice à l'humanisation de la justice.

Enfin, la spécialisation juridictionnelle répond à une exigence d'efficacité et de rapidité. Un juge formé et expérimenté en matière médicale est en mesure de trancher plus rapidement, sans recourir systématiquement à des expertises longues et coûteuses. Dans un contexte où la judiciarisation de la médecine s'intensifie, cette réforme apparaît non seulement opportune, mais surtout indispensable à l'équilibre entre la justice et la santé.

B – L'inadéquation des juridictions ordinaires face aux spécificités du droit médical - Le droit médical, en raison de sa technicité et de sa dimension profondément humaine, présente des spécificités qui le distinguent nettement des autres branches du droit. Il touche à des domaines sensibles tels que la vie, la santé, la dignité ou encore le consentement éclairé, et met en jeu des notions complexes mêlant droit, médecine, bioéthique et responsabilité. Face à cette complexité, les juridictions ordinaires apparaissent souvent mal outillées pour répondre de manière pertinente et rapide aux exigences des contentieux médicaux.

L'un des premiers obstacles rencontrés est le manque de formation spécifique des magistrats aux réalités médicales. En effet, les juges des juridictions civiles, pénales ou administratives sont rarement formés aux subtilités du monde de la santé, ce qui peut entraîner des incompréhensions dans l'analyse des faits médicaux, voire des erreurs d'appréciation. Cette méconnaissance peut également allonger les délais de traitement des affaires, en raison du recours systématique à des expertises médicales souvent longues et coûteuses.

De plus, les juridictions ordinaires ont tendance à traiter les affaires médicales selon des logiques procédurales classiques, parfois inadaptées aux enjeux spécifiques de la relation soignant-soigné. Or, cette relation repose sur la confiance, l'écoute et la compréhension mutuelle, autant de dimensions que la justice traditionnelle peine à prendre en compte. La rigidité des procédures judiciaires contraste avec la nécessité d'une approche plus humaine et pédagogique dans la résolution des conflits en santé.

Par ailleurs, les décisions rendues par les juridictions ordinaires peuvent manquer de cohérence, notamment en raison de l'absence d'une spécialisation homogène des juges. Il en résulte une jurisprudence parfois instable, ce qui nuit à la sécurité juridique des acteurs de santé. Les professionnels de santé se retrouvent ainsi exposés à une incertitude juridique constante, tandis que les patients peinent à comprendre les décisions rendues et à voir leur souffrance reconnue de manière appropriée.

Face à ces constats, il apparaît de plus en plus évident que les juridictions ordinaires ne sont pas entièrement adaptées au traitement du contentieux médical. La création de juridictions spécialisées ou de chambres dédiées au sein des juridictions existantes, composées de magistrats formés au droit de la santé et travaillant en étroite collaboration avec des experts médicaux, s'impose comme une réponse nécessaire pour garantir une justice plus efficace, plus équitable et plus adaptée aux réalités du monde médical.

Paragraphe 2 : Les avantages attendus de juridictions spécialisées

Les juridictions spécialisées en matière médicale offriraient plusieurs avantages majeurs, notamment une meilleure qualité des décisions rendues grâce à la compétence accrue des juges dans les questions médico-légales. Elles permettraient un traitement plus rapide et plus cohérent des litiges, en réduisant les délais d'instruction et en facilitant la gestion des expertises. En outre, elles renforceraient la confiance des professionnels de santé et des justiciables dans l'institution judiciaire, en garantissant une justice plus équitable, adaptée aux spécificités du secteur sanitaire, et en assurant une meilleure articulation entre les normes juridiques, médicales et déontologiques.

A – Une meilleure qualité des décisions à rendre – La mise en place de juridictions spécialisées en matière médicale représente une avancée significative vers une justice plus adaptée aux enjeux complexes du droit de la santé. L'un des avantages majeurs réside dans l'intégration de l'expertise médicale au cœur même de la formation du jugement. En réunissant des magistrats formés au droit de la santé et des experts médicaux qualifiés, ces juridictions permettraient de mieux comprendre les faits médicaux et de les apprécier avec justesse, tant sur le plan technique que juridique.

Cette expertise intégrée favoriserait une appréciation plus fine des responsabilités en jeu. Dans les affaires médicales, les juges sont souvent confrontés à des questions techniques (gestes médicaux, diagnostic, protocole thérapeutique) qui nécessitent une compréhension approfondie du fonctionnement du système de soins. Grâce à la spécialisation, les juridictions pourraient mieux distinguer l'erreur médicale tolérable de la faute engageant la responsabilité, évitant ainsi des condamnations injustes ou des décisions hâtives.

Un autre avantage important tient à l'uniformisation et à la cohérence des décisions rendues. Les juridictions spécialisées, confrontées régulièrement à des litiges similaires, développent une jurisprudence plus stable et prévisible. Cela contribue à renforcer la sécurité juridique, tant pour les patients que pour les professionnels de santé, en offrant un cadre décisionnel plus clair, fondé sur des critères constants et scientifiquement validés.

La présence d'une expertise intégrée permet également d'accélérer le traitement des contentieux. En évitant le recours systématique à des expertises externes longues et coûteuses, les juridictions spécialisées peuvent statuer plus rapidement tout en maintenant un haut niveau de qualité décisionnelle. Cette célérité constitue un bénéfice direct pour les justiciables, qui attendent non seulement une réparation, mais aussi une reconnaissance rapide de leur préjudice ou de leur innocence.

Enfin, ces juridictions contribueraient à rétablir la confiance entre le monde médical et les patients. En rendant des décisions mieux fondées, plus compréhensibles et perçues comme plus légitimes, elles participeraient à une pacification du contentieux médical. L'intégration de l'expertise au sein même de la justice devient ainsi un gage de rigueur, d'équité et d'humanité dans un domaine où la technique et l'éthique se croisent en permanence.

B – Un gain d'efficacité, de célérité et de confiance pour les justiciables - L'instauration de juridictions spécialisées en matière de santé représente une avancée majeure dans la quête d'une justice plus efficace. En concentrant les compétences sur des magistrats formés et expérimentés dans les litiges médicaux, ces juridictions permettent un traitement plus rapide et plus pertinent des affaires. Cette spécialisation réduit considérablement les délais d'instruction et de jugement, répondant ainsi à l'exigence de célérité attendue par les justiciables, souvent confrontés à une détresse physique ou morale nécessitant une réponse judiciaire rapide.

L'efficacité tient aussi à la réduction des erreurs d'appréciation grâce à une meilleure maîtrise des enjeux médicaux. Les litiges médicaux sont souvent techniques et sensibles ; leur traitement par des juges ordinaires non spécialisés peut entraîner des incompréhensions, des renvois répétés en expertise et des décisions mal accueillies. La spécialisation permet donc une gestion plus fluide des procédures, limitant les contentieux longs et les recours multiples.

De plus, le justiciable bénéficie d'une meilleure lisibilité de la justice. Devant une juridiction spécialisée, il comprend que son affaire est instruite et jugée par des professionnels avertis, capables de cerner avec justesse les implications médicales, juridiques et humaines de sa situation. Cette reconnaissance du caractère spécifique de son affaire favorise le sentiment d'avoir été écouté, compris et traité équitablement, ce qui constitue un élément fondamental de la confiance dans l'institution judiciaire.

La célérité accrue des décisions permet également d'envisager plus sereinement la réparation des préjudices subis. Une décision judiciaire rapide est souvent le premier pas vers la reconstruction du patient ou de la famille après un accident médical. Elle permet aussi de désamorcer les tensions et de prévenir des conflits prolongés, dans un secteur où les émotions et les enjeux personnels sont particulièrement intenses.

Enfin, une justice spécialisée, efficiente et respectueuse des spécificités médicales, contribue globalement à restaurer la confiance dans l'ensemble du système de santé. En assurant un traitement rapide, juste et humain des litiges, elle renforce le lien entre les citoyens et les institutions, valorise le rôle des professionnels de santé et apaise les tensions liées à l'erreur médicale ou à l'insatisfaction thérapeutique. C'est donc un gain précieux pour la paix sociale et pour l'efficacité globale du service public de la justice.

Section 2 : Généralisation de la médiation et de la conciliation médicale

Le but de la généralisation de la médiation et de la réconciliation médicale est de favoriser un règlement apaisé, rapide et humain des conflits entre patients et professionnels de santé, en dehors du cadre contentieux souvent long, coûteux et traumatisant. En créant un espace de dialogue encadré, ces mécanismes permettent de préserver la relation de confiance thérapeutique, de reconnaître les souffrances ou erreurs sans nécessairement passer par une condamnation, et de promouvoir une culture de responsabilité partagée et de transparence dans le système de santé. Ils contribuent également à désengorger les juridictions et à renforcer la paix sociale dans le domaine médical.

Paragraphe 1 : Les fondements et l'intérêt des modes alternatifs de règlement des litiges médicaux

Les modes de règlement des litiges médicaux, tels que la médiation, la conciliation ou l'arbitrage, trouvent leur fondement dans le besoin de préserver la relation de confiance entre le patient et le professionnel de santé, tout en favorisant une résolution apaisée, rapide et moins coûteuse des différends. Leur intérêt réside dans leur souplesse procédurale, leur confidentialité, et leur capacité à privilégier l'écoute, la compréhension mutuelle et la recherche de solutions équilibrées, évitant ainsi les tensions et l'alourdissement des procédures judiciaires. Ils contribuent également à désengorger les juridictions et à promouvoir une culture de responsabilité partagée dans le domaine médical.

A – Une réponse souple, rapide et apaisée aux conflits entre patients et soignants - Les modes alternatifs de règlement des litiges (MARL), tels que la médiation et la conciliation, trouvent leur fondement dans le besoin croissant de désengorger les juridictions, mais surtout de proposer une réponse adaptée aux conflits humains complexes. En matière médicale, où les différends touchent souvent à des dimensions émotionnelles profondes – douleur, incompréhension, sentiment d'abandon ou d'injustice – ces mécanismes offrent une voie plus souple et plus humaine que le recours strict au contentieux judiciaire.

L'un des premiers intérêts de ces modes réside dans leur rapidité. Là où une procédure judiciaire peut s'étendre sur plusieurs mois, voire années, la médiation ou la conciliation permet une résolution beaucoup plus rapide du litige. Ce gain de temps est essentiel pour les patients qui souhaitent obtenir une réponse claire, un apaisement moral ou une réparation dans des délais compatibles avec leur processus de guérison ou de deuil.

Ces mécanismes ont également l'avantage d'instaurer un climat de dialogue. Contrairement à l'affrontement judiciaire, ils favorisent l'échange et la compréhension mutuelle entre le patient et le professionnel de santé. Ce dialogue permet souvent de restaurer la relation de confiance altérée, d'apporter des explications sur les faits reprochés et, dans certains cas, de parvenir à un accord amiable satisfaisant pour les deux parties sans passer par la sanction ou la condamnation.

Par ailleurs, les MARL en santé permettent de préserver la confidentialité des échanges, ce qui est particulièrement important dans des domaines aussi sensibles que la santé personnelle. Les patients peuvent exprimer leur ressenti sans crainte d'exposer publiquement leur intimité, et les soignants peuvent reconnaître une erreur ou expliquer une situation difficile sans risquer une stigmatisation immédiate. Cela favorise une approche plus sereine et réparatrice du conflit.

Enfin, en apaisant les tensions et en réduisant la judiciarisation excessive des rapports de soin, les MARL contribuent à la qualité globale du système de santé. Ils permettent aux professionnels de continuer à exercer leur métier dans un climat de confiance et aux patients de retrouver un sentiment de dignité et de considération. C'est donc une réponse souple, rapide et profondément humaine aux conflits inhérents à l'univers médical.

B – Un cadre juridique et éthique favorisant la réparation sans nécessairement passer par le contentieux – Face à l'augmentation des litiges en matière de santé, il devient essentiel de promouvoir des mécanismes alternatifs de réparation qui permettent d'indemniser les victimes sans recourir systématiquement aux procédures contentieuses. Le cadre juridique et éthique actuel tend progressivement à s'orienter vers une logique de conciliation, de médiation et de solidarité, dans une volonté d'apaisement et de justice restauratrice. Ce changement de paradigme repose sur l'idée que l'objectif premier n'est pas de punir, mais de réparer et d'accompagner les victimes.

Le droit français, par exemple, a consacré ce principe avec la loi du 4 mars 2002 relative aux droits des malades, qui a institué les Commissions de Conciliation et d'Indemnisation (CCI). Ces commissions permettent aux patients victimes d'accidents médicaux, d'aléas thérapeutiques ou d'infections nosocomiales d'obtenir une réparation rapide et gratuite, hors des tribunaux. Cette voie amiable se base sur une expertise médicale neutre et sur une évaluation équitable du préjudice, tout en évitant les lourdeurs procédurales du contentieux judiciaire.

Sur le plan éthique, ce dispositif consacre un modèle de justice plus humain et plus respectueux de la souffrance des victimes. Il privilégie l'écoute, la reconnaissance des torts et l'accompagnement, ce qui est souvent plus important pour les patients que l'aspect purement financier. Par ailleurs, il limite la judiciarisation excessive des relations entre soignants et soignés, favorisant un climat de confiance et de dialogue, éléments essentiels à la qualité du système de santé.

Cependant, pour que ce cadre fonctionne efficacement, il nécessite une volonté politique forte, une information accrue des usagers sur leurs droits et des moyens suffisants pour garantir l'indépendance et l'efficacité des organes de médiation. Il est aussi crucial d'impliquer les professionnels de santé dans cette démarche en leur offrant un accompagnement adapté, notamment en matière de communication et de gestion des erreurs médicales.

En somme, la réparation sans contentieux constitue une avancée juridique et éthique majeure vers une médecine plus responsable et solidaire. En mettant l'accent sur la prévention, la médiation et la réparation rapide, ce cadre favorise une culture de transparence et de responsabilité partagée, bénéfique à la fois pour les patients, les soignants et le système de santé dans son ensemble.

Paragraphe 1 : Les conditions de mise en œuvre effective et durable de ces mécanismes des médiations

La mise en œuvre effective et durable des mécanismes de médiation en matière médicale suppose plusieurs conditions essentielles : un cadre juridique clair et incitatif, la formation spécialisée des médiateurs en droit de la santé et en communication, ainsi que la sensibilisation des professionnels de santé et des patients à l'existence et aux avantages de ces dispositifs. Elle nécessite également la mise en place d'institutions indépendantes, accessibles et dotées de moyens suffisants pour assurer leur mission. Enfin, l'adhésion des parties au processus, fondée sur la confiance, la bonne foi et le respect du principe d'impartialité, est indispensable pour garantir la légitimité et l'efficacité de la médiation médicale dans le temps.

A – La nécessité de former et d'accréditer des médiateurs et conciliateurs spécialisés en santé – Dans un contexte où les litiges médicaux se multiplient et où la judiciarisation du monde de la santé devient préoccupante, le recours aux modes alternatifs de règlement des différends apparaît comme une solution prometteuse. Cependant, l'efficacité de la médiation et de la conciliation en matière médicale repose largement sur la compétence de ceux qui les conduisent. Il devient ainsi impératif de former et d'accréditer des médiateurs et conciliateurs spécifiquement spécialisés dans le domaine de la santé.

Le secteur médical possède des spécificités techniques, éthiques et relationnelles qui exigent une connaissance approfondie des réalités de terrain. Un médiateur ou conciliateur intervenant dans un litige entre patient et soignant ne peut se contenter d'une approche généraliste : il doit comprendre les pratiques médicales, les protocoles thérapeutiques, les enjeux liés à l'erreur ou à l'aléa médical. Une formation spécialisée incluant des modules en droit de la santé, bioéthique, communication interpersonnelle et gestion des conflits est donc indispensable.

En parallèle, l'accréditation officielle de ces professionnels constitue un gage de sérieux et de confiance. Elle permet d'assurer un socle commun de compétences, une éthique professionnelle rigoureuse, et une reconnaissance par les institutions de santé comme par les juridictions. Cette reconnaissance facilite l'acceptation du processus par les parties en conflit, qui se sentent ainsi en sécurité dans une procédure encadrée et impartiale.

De plus, la spécialisation des médiateurs contribue à renforcer la qualité des solutions proposées. Une meilleure compréhension des enjeux médicaux permet d'élaborer des accords équilibrés, adaptés à la réalité du soin, et susceptibles de satisfaire les attentes des patients sans compromettre la dignité ni la responsabilité des soignants. Ces solutions, co-construites dans un climat de confiance, évitent souvent des recours ultérieurs devant les tribunaux.

Enfin, la mise en place d'un corps de médiateurs et conciliateurs accrédités en santé participe à la construction d'une justice médicale apaisée, rapide et accessible. Cela contribue à améliorer la relation soignant-soigné, à désamorcer les tensions et à promouvoir une culture du dialogue et de la transparence dans les établissements de santé. Former et accréditer ces professionnels, c'est ainsi investir dans une justice plus humaine et plus adaptée aux enjeux contemporains du soin.

B – L'intégration de la médiation dans le parcours contentieux médical à titre obligatoire ou systématiquement proposé - Dans un contexte de judiciarisation croissante des relations entre patients et professionnels de santé, le recours à des modes alternatifs de règlement des litiges, tels que la médiation et la conciliation, devient une réponse essentielle pour désengorger les juridictions et préserver la relation de confiance dans le monde médical. Cependant, ces mécanismes ne peuvent être efficaces que s'ils sont encadrés par des professionnels compétents et bien formés. D'où l'importance cruciale de former et d'accréditer des médiateurs et conciliateurs spécifiquement spécialisés dans le domaine de la santé.

Le secteur médical présente des particularités techniques, humaines et éthiques qui rendent inadaptée une médiation généraliste. Les médiateurs ou conciliateurs intervenant en santé doivent comprendre non seulement le cadre juridique applicable, mais également les spécificités cliniques, les protocoles de soins et la dynamique particulière de la relation soignant-soigné. Une formation ciblée, combinant droit de la santé, éthique médicale, communication et psychologie, est donc indispensable pour garantir une médiation de qualité.

Au-delà de la formation, l'accréditation ou la certification officielle des médiateurs et conciliateurs en santé est un gage de crédibilité et de confiance pour les usagers comme pour les professionnels de santé. Elle permet de garantir le respect de normes déontologiques élevées, l'impartialité, ainsi que la compétence des intervenants. Cela contribue à faire de la médiation une véritable alternative sérieuse et rassurante pour résoudre les conflits en matière de santé.

Par ailleurs, le développement d'un corps reconnu de médiateurs spécialisés permettrait de structurer une véritable justice médicale alternative. Ces professionnels joueraient un rôle préventif en désamorçant les tensions avant qu'elles ne dégénèrent en contentieux, mais aussi un rôle réparateur en permettant une reconnaissance rapide du dommage, une explication claire des faits et, le cas échéant, une proposition d'indemnisation adaptée.

En somme, la formation et l'accréditation de médiateurs et conciliateurs spécialisés en santé constituent un pilier fondamental d'une justice médicale moderne, humaine et efficace. Ce dispositif, en intégrant la complexité du soin, participerait à la pacification des rapports dans le secteur sanitaire, à la responsabilisation des acteurs, et à la restauration de la confiance indispensable entre les patients et le système de santé.

Section 3 : Réduction des délais d'expertise et professionnalisation du rôle d'expert

Le but de la réduction des délais d'expertise et de la professionnalisation du rôle d'expert est de garantir une justice médicale plus efficace, crédible et respectueuse des droits des justiciables, notamment en matière de réparation du dommage corporel. En accélérant les procédures d'expertise, on évite les souffrances prolongées des victimes et l'engorgement des juridictions. Par ailleurs, la professionnalisation de l'expert à travers une formation continue, une éthique renforcée et une spécialisation reconnue vise à améliorer la qualité des avis rendus, à assurer une meilleure objectivité, et à faire de l'expert un véritable auxiliaire de justice au service de la vérité scientifique et du droit.

Paragraphe 1 : Les limites actuelles du système d'expertise médicale

Le système d'expertise médicale, bien qu'indispensable au fonctionnement de la justice, présente aujourd'hui plusieurs limites majeures. Il souffre d'un manque d'harmonisation des pratiques, d'une insuffisante spécialisation de certains experts, et parfois d'un déficit d'indépendance perçue, notamment lorsque l'expert est issu du même corps professionnel que la partie concernée. Les délais souvent longs pour la réalisation des expertises, les coûts élevés, ainsi que l'inégalité d'accès à des contre-expertises pour les justiciables les plus modestes, constituent également des obstacles à une justice équitable. En outre, l'absence de contrôle rigoureux sur la qualité des rapports et le manque de recours contre les expertises contestées renforcent la nécessité d'une réforme structurelle et d'un encadrement plus strict du rôle de l'expert dans le contentieux médical.

A – Des délais excessifs dus à la surcharge et au manque de coordination – L'expertise médicale constitue un élément central dans la résolution des litiges de santé, qu'ils soient civils, administratifs ou pénaux. Elle permet d'éclairer le juge sur les faits médicaux, d'évaluer le préjudice subi et de déterminer l'éventuelle faute du professionnel de santé. Toutefois, le système actuel d'expertise médicale présente des limites notables, notamment en termes de délais de réalisation. Ces lenteurs nuisent à l'efficacité et à la crédibilité de la justice dans les affaires médicales.

L'un des problèmes majeurs réside dans la surcharge des experts médicaux. Leur nombre reste limité face à une demande croissante d'expertises, tant au civil qu'au pénal. Ce déséquilibre engendre des listes d'attente souvent longues, des délais de convocation retardés et des expertises qui peuvent prendre plusieurs mois, voire plus d'un an, avant d'être remises. Cette lenteur accroît la frustration des justiciables, qu'ils soient patients ou professionnels de santé, en attente d'un éclaircissement ou d'une réparation.

À cela s'ajoute un manque de coordination entre les différents acteurs du processus : magistrats, greffes, experts, avocats et parties au litige. L'absence d'un pilotage centralisé et d'un suivi rigoureux entraîne des retards dans la désignation des experts, la transmission des pièces médicales, ou encore dans l'organisation des réunions d'expertise. Cette désorganisation rend la procédure encore plus pesante pour les parties, sans gain réel de qualité.

Par ailleurs, les experts eux-mêmes exercent souvent en parallèle une activité médicale à temps plein, ce qui limite leur disponibilité. Le manque d'incitations institutionnelles, de soutien administratif ou de valorisation financière freine l'engagement des praticiens dans la mission d'expertise. Cela impacte la qualité de l'analyse rendue, surtout lorsque l'expert n'a ni le temps ni les moyens suffisants pour mener un travail rigoureux et approfondi.

Enfin, ces limites structurelles contribuent à altérer la confiance des usagers dans le système judiciaire. Lorsque l'expertise, censée être un instrument de vérité, devient un facteur d'attente et d'incertitude, elle perd en crédibilité. Il devient donc urgent de réformer l'organisation de l'expertise médicale : en renforçant la formation des experts, en augmentant leur nombre, en instituant des pôles de coordination, et en intégrant les outils numériques pour fluidifier les échanges. C'est à ce prix que l'expertise pourra retrouver son rôle de clé de voûte d'une justice rapide, fiable et accessible en matière médicale.

B – Une fonction souvent exercée sans encadrement ni formation spécialisée –L'expertise médicale, bien qu'essentielle dans le traitement des litiges de santé, est aujourd'hui encore trop souvent exercée par des professionnels sans réelle formation juridique ni encadrement institutionnel adapté. Cette situation engendre de nombreuses approximations dans la conduite des missions d'expertise et peut nuire à la qualité des décisions rendues par les juridictions. Pourtant, les enjeux en matière de responsabilité médicale, d'évaluation du dommage corporel ou de détermination de la causalité exigent des compétences précises, à la fois médicales, juridiques et éthiques.

Dans la pratique, de nombreux experts médicaux sont désignés en raison de leur expérience clinique, sans avoir bénéficié d'une formation spécifique en matière d'expertise judiciaire. Or, la mission d'expert ne consiste pas seulement à décrire un état de santé ou un acte médical : elle implique aussi de répondre à des questions juridiques précises, de respecter des délais, de rédiger des rapports clairs, contradictoires et accessibles aux magistrats comme aux parties. Faute de formation, ces exigences sont parfois mal maîtrisées.

De plus, l'absence d'un véritable encadrement professionnel laisse chaque expert libre d'interpréter sa mission selon ses propres méthodes et habitudes. Cette disparité crée une hétérogénéité préoccupante dans les pratiques, qui nuit à l'égalité des justiciables devant la justice. Elle peut aussi entraîner des contestations fréquentes des rapports d'expertise, générant des délais supplémentaires et une perte de confiance dans l'institution judiciaire.

Le manque de formation spécifique expose également les experts à des difficultés dans la gestion du contradictoire, pourtant fondement de l'expertise judiciaire. Sans une formation en communication juridique et en médiation, certains experts peinent à instaurer un climat apaisé lors des réunions, ou à gérer les tensions entre patients et professionnels de santé. Cela nuit non seulement à la sérénité de la procédure, mais aussi à la qualité du diagnostic expertal.

Face à ces constats, il devient indispensable d'instituer un cursus de formation obligatoire pour les futurs experts en santé, validé par une accréditation nationale. Cette formation devrait porter autant sur les dimensions médicales et juridiques que sur les compétences rédactionnelles, éthiques et relationnelles. En encadrant mieux cette fonction essentielle, on garantit une expertise plus rigoureuse, plus équitable, et plus respectueuse des droits des parties.

Paragraphe 2 : Les leviers pour améliorer l'efficacité et la qualité de l'expertise médicale

Pour améliorer l'efficacité et la qualité de l'expertise médicale, plusieurs leviers peuvent être mobilisés : la formation continue des experts afin de garantir leur compétence scientifique, juridique et déontologique ; la création de listes nationales ou régionales d'experts accrédités, assorties de critères de sélection rigoureux et transparents ; le renforcement du contrôle et de l'évaluation des expertises par les juridictions ; ainsi que la promotion de l'interdisciplinarité dans les expertises complexes. Par ailleurs, la numérisation des procédures, l'instauration de délais réglementés et la facilitation de l'accès aux contre-expertises contribueraient à renforcer la rapidité, la fiabilité et l'équité du processus, tout en assurant une meilleure protection des droits des parties.

A – La création d'un statut clair et d'un registre national des experts formés – Pour renforcer l'efficacité et la qualité de l'expertise médicale, il est impératif de repenser en profondeur le cadre juridique et institutionnel dans lequel elle s'exerce. Un premier levier fondamental réside dans la définition d'un statut clair de l'expert médical. Aujourd'hui, l'expertise est souvent perçue comme une activité annexe, exercée en marge de la pratique médicale. En érigeant le rôle d'expert en une fonction reconnue, dotée de droits, de devoirs et de garanties spécifiques, on valorise cette mission et on attire vers elle des professionnels compétents et motivés.

Ce statut clair doit notamment préciser les conditions d'accès à la fonction d'expert, les critères de renouvellement, les obligations de formation continue, ainsi que les mécanismes de contrôle de la qualité des expertises rendues. Il permettrait d'instaurer un cadre commun, de limiter les dérives, et de mieux protéger les justiciables contre les inégalités de traitement ou les erreurs techniques. Il renforcerait également la légitimité de l'expert auprès des juges et des parties.

En parallèle, la mise en place d'un registre national des experts formés constituerait un outil central de pilotage et de transparence. Ce registre, accessible aux juridictions et aux usagers, recenserait les experts ayant suivi une formation spécialisée en droit de la santé et en procédure judiciaire. Il permettrait aux magistrats de désigner plus facilement un professionnel compétent, en tenant compte de sa spécialité, de sa localisation, de son expérience et de ses éventuelles évaluations.

Ce registre pourrait aussi être intégré à une plate-forme numérique facilitant la coordination entre experts, juridictions, avocats et parties. Un tel outil favoriserait la réactivité dans les désignations, le suivi des délais, et la communication des pièces. Il permettrait également de mieux répartir les missions d'expertise entre les professionnels, évitant ainsi les surcharges et les retards chroniques.

Enfin, en combinant statut reconnu et registre centralisé, l'expertise médicale s'inscrirait dans un processus plus professionnel, transparent et efficace. Ces leviers contribueraient à restaurer la confiance des justiciables dans les décisions rendues, à réduire les délais de traitement des affaires, et à garantir un traitement plus équitable et plus rigoureux des litiges médicaux. C'est une condition essentielle pour une justice médicale crédible, moderne et respectueuse des droits de chacun.

B – L'instauration de délais encadrés et de sanctions en cas de manquement - L'une des critiques majeures adressées au système actuel de l'expertise médicale tient à la longueur excessive des délais. Cette lenteur nuit non seulement à l'efficacité de la justice, mais aggrave aussi la souffrance des parties en attente d'une réponse. L'instauration de délais strictement encadrés pour la réalisation des expertises apparaît donc comme une mesure indispensable afin d'améliorer le rendement et la crédibilité du processus judiciaire en matière de santé.

Ces délais encadrés devraient être fixés par voie réglementaire, en tenant compte des spécificités de chaque type d'expertise (civile, pénale, administrative) et du degré de complexité des dossiers. Une durée maximale pourrait être imposée pour la remise du rapport, avec des marges de flexibilité en cas de force majeure dûment justifiée. Cette temporalité claire obligerait les experts à mieux organiser leur travail et permettrait aux juridictions de mieux suivre l'évolution des dossiers.

Cependant, fixer des délais ne suffit pas : encore faut-il prévoir des mécanismes de contrôle et des sanctions en cas de manquements répétés ou injustifiés. Ces sanctions pourraient aller de l'avertissement à l'exclusion temporaire ou définitive du registre des experts agréés. Un tel dispositif responsabiliserait les experts et contribuerait à maintenir un niveau de rigueur élevé dans l'exercice de leur mission.

En parallèle, il est essentiel de mettre en place des outils de suivi numérique qui permettent aux juridictions et aux parties d'avoir une visibilité en temps réel sur l'état d'avancement de l'expertise. Cela renforcerait la transparence du processus et permettrait d'anticiper d'éventuels retards, facilitant ainsi les réajustements si nécessaire. Cette logique de pilotage par les délais favoriserait une justice plus fluide et plus prévisible.

Enfin, l'encadrement temporel de l'expertise ne doit pas être perçu comme une contrainte punitive, mais comme un levier d'amélioration de la qualité du service rendu. En imposant des délais raisonnables et en sanctionnant les abus, on protège à la fois les droits des justiciables et la réputation de l'expertise judiciaire. C'est un pas essentiel vers une justice plus rapide, plus équitable, et plus respectueuse des enjeux humains propres aux litiges médicaux.

Chapitre 2

Renforcer la confiance et l'équité dans le traitement des litiges médicaux

Pour renforcer la confiance et l'équité dans le traitement des litiges médicaux, il est essentiel de promouvoir la transparence des procédures, d'assurer une expertise médicale indépendante et de garantir l'accès à des mécanismes de médiation efficaces. La numérisation des dossiers et l'adoption de normes claires pour l'évaluation des préjudices peuvent également améliorer la fiabilité des décisions. En impliquant des experts qualifiés et en favorisant une communication ouverte entre les parties, le système judiciaire peut offrir des solutions équitables tout en renforçant la confiance des citoyens dans la justice médicale.

Section 1 : Formation juridique et éthique des professionnels de santé

Le but de la formation juridique et éthique des professionnels de santé est de renforcer leur responsabilité, leur discernement et leur capacité à agir dans le respect des droits des patients et des exigences légales qui encadrent l'exercice médical. En les dotant de connaissances solides en droit de la santé, bioéthique, consentement éclairé, secret médical et responsabilité civile ou pénale, cette formation favorise une pratique plus sécurisée, respectueuse de la dignité humaine et conforme aux standards internationaux. Elle permet aussi de prévenir les litiges, d'améliorer la qualité des soins et d'instaurer une culture professionnelle fondée sur l'intégrité, la transparence et la confiance.

Paragraphe 1 : Une nécessité face à la judiciarisation croissante de l'acte médical

La formation juridique et éthique des professionnels de la santé est devenue une nécessité impérieuse face à la judiciarisation croissante de l'acte médical, qui expose davantage les soignants à des contentieux civils, pénaux ou disciplinaires. Une telle formation permet non seulement de mieux comprendre les obligations légales, les droits des patients et les principes déontologiques encadrant la pratique médicale, mais aussi de prévenir les risques de litiges par une conduite professionnelle éclairée et conforme aux normes en vigueur. Elle constitue ainsi un levier essentiel pour renforcer la sécurité juridique des praticiens, promouvoir une culture de la responsabilité, et préserver la relation de confiance entre soignants et soignés dans un contexte de plus en plus exigeant sur le plan du droit à la santé.

A – La méconnaissance du droit de la santé et de la responsabilité médicale - À mesure que la société devient plus sensible à la question des droits des patients, l'acte médical est de plus en plus scruté et exposé à un risque de contentieux. La judiciarisation croissante de la médecine transforme la relation soignant-soigné en un espace juridiquement encadré, où la moindre erreur ou incompréhension peut déboucher sur une plainte. Dans ce contexte, la formation juridique et éthique des professionnels de la santé n'est plus un luxe, mais une exigence incontournable.

Trop souvent, les médecins, infirmiers ou autres acteurs du soin abordent leur pratique avec une solide formation scientifique, mais une méconnaissance des règles juridiques qui encadrent leurs gestes quotidiens. Cette lacune peut les conduire à des fautes d'apparence bénigne, comme le défaut d'information ou l'absence de consentement éclairé, qui ont pourtant des conséquences juridiques lourdes. Une formation adaptée permettrait d'éviter ces écueils en sensibilisant les professionnels à leurs obligations légales.

Par ailleurs, le droit de la santé ne cesse d'évoluer, influencé par la jurisprudence, les normes internationales et les mutations sociétales. Il est essentiel que les professionnels de santé soient mis à jour régulièrement, non seulement pour éviter les sanctions, mais aussi pour mieux intégrer les droits fondamentaux du patient dans leur démarche de soin. Une culture juridique de base devient ainsi un outil de protection, tant pour le soignant que pour le patient.

En complément du droit, la formation à l'éthique médicale est tout aussi essentielle. L'éthique permet de réfléchir aux dilemmes que le droit ne peut trancher seul : fin de vie, refus de soins, gestion de la douleur, confidentialité, etc. Elle offre aux professionnels un cadre de pensée qui les aide à agir avec discernement, au-delà des prescriptions techniques ou juridiques. Cette double approche, juridique et éthique, renforce la qualité humaine et morale du soin.

Former les professionnels de santé à ces dimensions transversales, c'est également renforcer leur capacité à prévenir les conflits. Un soignant qui connaît ses obligations, qui sait communiquer et respecter les droits du patient, désamorce bien souvent les tensions avant qu'elles ne deviennent litige. Ainsi, la formation est aussi un outil de pacification de la relation de soin, dans un environnement hospitalier ou libéral parfois sous pression.

En définitive, la formation juridique et éthique ne doit pas être perçue comme un fardeau supplémentaire, mais comme un levier d'amélioration de la pratique médicale. Elle participe à professionnaliser davantage le secteur de la santé, à protéger les soignants contre les risques contentieux, et à garantir aux patients un respect accru de leurs droits. Face à une judiciarisation inévitable, c'est par la connaissance et la responsabilité que les professionnels pourront continuer à soigner dans la confiance et la sérénité.

B – Les risques juridiques encourus par les soignants en cas de faute ou de manquement éthique - L'acte médical, bien que guidé par l'intention de soigner, n'est pas à l'abri de l'erreur. Lorsque cette erreur est qualifiée de faute ou qu'un manquement éthique est constaté, les professionnels de santé peuvent engager leur responsabilité devant plusieurs ordres de juridiction. Ces risques juridiques, de plus en plus fréquents à l'ère de la judiciarisation, exigent une vigilance constante dans l'exercice des soins.

Sur le plan civil, un patient estimant avoir subi un dommage du fait d'une faute médicale peut engager la responsabilité civile du soignant ou de l'établissement de santé. Il devra prouver l'existence d'une faute, d'un préjudice et d'un lien de causalité entre les deux. Les condamnations civiles se traduisent généralement par des indemnisations parfois très lourdes, prises en charge par l'assurance du praticien ou de l'établissement, mais pouvant aussi altérer la réputation professionnelle du soignant.

Au niveau pénal, un soignant peut être poursuivi pour des infractions telles que l'homicide involontaire, les blessures involontaires, la mise en danger de la vie d'autrui ou la non-assistance à personne en danger. Ces situations surviennent lorsqu'une négligence, une imprudence ou un non-respect des règles de l'art médical a causé la mort ou une altération grave de l'état de santé d'un patient. Les peines peuvent aller jusqu'à l'emprisonnement, assorties ou non d'amendes.

En matière disciplinaire, les professionnels de santé sont également redevables devant leur ordre professionnel (Ordre des médecins, Ordre des pharmaciens, etc.) qui peut engager des poursuites internes. Un manquement au code de déontologie, même sans préjudice grave, peut entraîner des sanctions allant du simple avertissement à la radiation. Ces sanctions ont une portée symbolique et morale forte et peuvent compromettre la carrière d'un praticien.

Le manquement éthique, bien qu'il ne soit pas toujours juridiquement qualifiable, peut néanmoins servir de fondement à des reproches professionnels, notamment lorsqu'il traduit un défaut de respect de la dignité, de la confidentialité ou de l'autonomie du patient. Dans une société où les patients sont de mieux en mieux informés, ces questions prennent une ampleur nouvelle et suscitent une attention accrue des juridictions comme des instances ordinales.

Un autre risque juridique, souvent négligé, est celui lié à l'absence ou à l'insuffisance de traçabilité. Le défaut de tenue rigoureuse du dossier médical peut être interprété comme un manquement aux règles de bonne pratique, et rend difficile la défense du soignant en cas de contentieux. En effet, ce dossier constitue une preuve essentielle pour démontrer la qualité des soins prodigués et le respect des obligations d'information et de consentement.

Il existe également des risques liés aux nouvelles technologies : la téléconsultation, la prescription électronique ou encore l'usage de l'intelligence artificielle en médecine soulèvent de nouvelles problématiques juridiques. Une mauvaise utilisation de ces outils, sans encadrement adapté, peut exposer le professionnel à des poursuites inédites, notamment en cas de violation du secret médical ou de défaillance technique ayant causé un dommage.

Dans le champ des responsabilités collectives, les soignants peuvent aussi être engagés lorsqu'ils exercent au sein d'un établissement de santé. Si l'établissement est responsable en tant que personne morale, le professionnel reste personnellement responsable de ses actes individuels. La notion de "faute détachable du service" est ici cruciale : elle permet de distinguer ce qui relève d'un manquement personnel de ce qui relève de l'organisation collective des soins.

La médiatisation de certains contentieux médicaux accentue également la pression juridique sur les soignants. Dans un climat de défiance croissante, la moindre erreur est amplifiée, parfois déformée, ce qui nuit à l'image du professionnel et peut engendrer des conséquences indirectes : plaintes abusives, perte de confiance, isolement professionnel, voire détresse psychologique. Le risque juridique devient alors aussi un risque humain.

Face à l'ensemble de ces risques, il est impératif pour les professionnels de santé de s'inscrire dans une démarche continue de formation, de prudence, et de respect scrupuleux des règles de droit et d'éthique. L'anticipation, la communication avec les patients, la transparence dans la pratique et la documentation rigoureuse sont autant de boucliers contre les contentieux. La maîtrise du risque juridique n'est pas une entrave au soin, mais une condition de sa pérennité et de sa qualité.

Paragraphe 2 : Les moyens de renforcer la culture juridique et déontologique des soignants

Le renforcement de la culture juridique et déontologique des soignants passe par l'intégration systématique de modules de droit de la santé, d'éthique médicale et de responsabilité professionnelle dans les cursus universitaires et les formations continues. Il convient également de développer des programmes de sensibilisation pratiques, fondés sur l'analyse de cas concrets, en partenariat avec les ordres professionnels, les institutions judiciaires et les experts en bioéthique. L'élaboration de guides de bonnes pratiques, l'accès facilité à des ressources juridiques actualisées et la mise en place de cellules de conseil juridique au sein des établissements de santé peuvent également jouer un rôle structurant. Ces actions combinées favoriseraient une meilleure appropriation des normes applicables et contribueraient à sécuriser la pratique médicale dans le respect des droits fondamentaux des patients.

A – L'intégration obligatoire de modules de droit et d'éthique dans les cursus médicaux - La transformation du paysage sanitaire et l'évolution du rapport entre les soignants et les patients imposent une nouvelle exigence dans la formation médicale : l'acquisition d'une culture juridique et déontologique solide. Cette nécessité découle de la complexité croissante des normes encadrant l'acte médical, de l'importance croissante des droits des patients, ainsi que de la judiciarisation de la médecine moderne. Pour répondre à ces enjeux, l'intégration obligatoire de modules de droit et d'éthique dans les cursus médicaux s'impose comme une réforme de fond.

Aujourd'hui encore, les formations médicales classiques insistent fortement sur les aspects biologiques, physiopathologiques et cliniques de la médecine, en reléguant au second plan les disciplines juridiques et éthiques. Or, le médecin moderne ne peut plus ignorer le cadre légal de son exercice. Il doit connaître ses responsabilités, ses devoirs, les procédures à respecter, ainsi que les droits fondamentaux des patients. Une méconnaissance en ce domaine peut entraîner des fautes évitables et lourdes de conséquences.

L'intégration de modules de droit de la santé permettrait de familiariser les futurs soignants avec des notions essentielles telles que le consentement éclairé, le secret médical, la responsabilité civile et pénale, les droits des patients, ou encore la gestion des contentieux médicaux. Une telle formation leur offrirait les outils nécessaires pour mieux anticiper les risques juridiques et adopter des comportements professionnels plus sûrs et plus transparents.

L'éthique médicale, quant à elle, doit être envisagée comme un complément indispensable au droit. Là où le droit fixe des normes, l'éthique invite à réfléchir aux dilemmes et aux situations limites que les textes ne suffisent pas à trancher. Face à des enjeux complexes tels que la fin de vie, la procréation médicalement assistée, le refus de soin, ou les soins en contexte de vulnérabilité, les futurs soignants doivent apprendre à conjuguer compétence technique, respect de la loi et humanité.

Ces modules pourraient être dispensés dès les premières années de formation, afin d'enraciner cette culture juridique et éthique au cœur même de l'identité professionnelle du soignant. Des enseignements progressifs, adaptés au niveau des étudiants et illustrés par des cas pratiques, renforceraient leur compréhension et leur capacité à appliquer ces connaissances dans leur exercice futur. L'objectif n'est pas de transformer les médecins en juristes, mais de leur donner une autonomie responsable.

En outre, il est essentiel de maintenir cette formation tout au long de la carrière. Des sessions de formation continue en droit médical et en déontologie devraient être rendues obligatoires, notamment dans le cadre du développement professionnel continu (DPC). Cela permettrait aux praticiens de rester à jour face aux évolutions législatives et jurisprudentielles, et d'intégrer les nouvelles attentes sociétales.

Le renforcement de la culture juridique permettrait également de pacifier les relations entre les professionnels de santé et les patients. Un soignant qui maîtrise ses obligations légales est plus à même d'informer clairement, de documenter rigoureusement, et de se prémunir contre les plaintes. Cette compétence réduit l'insécurité juridique, protège le professionnel, et renforce la confiance dans la relation de soin.

L'introduction de ces enseignements nécessite néanmoins une collaboration étroite entre les facultés de médecine, les juristes spécialisés en droit de la santé, les ordres professionnels et les institutions publiques. Il s'agit d'un projet transversal, qui doit s'inscrire dans une vision globale de la qualité et de la sécurité des soins. L'enjeu est autant pédagogique que culturel : il faut faire évoluer les mentalités au sein du monde médical.

Il serait également judicieux de valoriser ces compétences dans les parcours professionnels. Une certification en droit de la santé ou en éthique pourrait être exigée pour certains postes à responsabilité (chefferie de service, direction médicale, etc.), ou considérée comme un atout dans les concours. Cette reconnaissance formelle encouragerait les soignants à s'investir dans cette dimension essentielle de leur métier.

En définitive, l'intégration obligatoire de modules de droit et d'éthique dans les cursus médicaux est un levier stratégique pour élever le niveau de professionnalisme, garantir la sécurité juridique des actes de soin, et répondre aux exigences croissantes de la société. C'est une réforme ambitieuse mais indispensable pour bâtir un système de santé plus juste, plus sûr, et plus respectueux des valeurs fondamentales de la médecine.

B – La formation continue et l'actualisation régulière des connaissances en matière juridique et éthique - Dans un contexte de transformation permanente du cadre juridique et des exigences éthiques liées à l'exercice de la médecine, la formation initiale ne peut plus suffire. Les soignants doivent s'engager dans une démarche de formation continue afin de mettre à jour leurs connaissances et d'adapter leur pratique à l'évolution constante des normes, des jurisprudences et des attentes sociétales. Cette exigence n'est plus un simple idéal, mais une nécessité professionnelle et déontologique.

Le droit de la santé est un domaine vivant. Chaque année, de nouvelles lois, décrets, circulaires et décisions de justice viennent enrichir ou modifier les règles applicables aux professionnels. Qu'il s'agisse de l'élargissement des droits des patients, de l'encadrement des pratiques médicales, des obligations d'information ou de la gestion des données de santé, les soignants doivent suivre ces évolutions pour rester conformes au droit et éviter tout risque juridique.

Parallèlement, l'éthique médicale est elle aussi en constante mutation. Les débats sur la fin de vie, les pratiques reproductives, la place de la technologie dans la relation de soin ou encore la médecine prédictive posent des questions inédites. La formation continue permet aux soignants de réfléchir collectivement, d'échanger et de s'approprier ces enjeux, afin de répondre de manière éclairée aux situations complexes du quotidien.

Les institutions de santé et les ordres professionnels ont un rôle central à jouer dans l'organisation de cette formation continue. Il leur revient d'en faire une obligation encadrée et valorisée, intégrée au développement professionnel continu (DPC). Cette actualisation des connaissances devrait être périodique, accessible et adaptée aux réalités du terrain. Des modules spécifiques doivent être proposés en fonction des spécialités, des niveaux de responsabilité et du type d'exercice (public, privé, libéral…).

L'objectif est double : prévenir les erreurs ou fautes par manque d'information juridique, et renforcer la qualité des soins à travers une culture professionnelle plus mature. Un soignant bien formé est plus confiant, plus rigoureux, et plus enclin à adopter des comportements responsables. Il saura mieux rédiger une information éclairée, gérer un refus de soin, assurer la confidentialité, ou réagir face à une situation critique.

La formation continue constitue aussi un levier d'anticipation. Plutôt que de répondre aux contentieux a posteriori, elle permet de prévenir les conflits avant qu'ils ne surviennent. En maîtrisant leurs obligations, les professionnels réduisent considérablement les risques de mise en cause, et renforcent la confiance des patients et de leurs proches dans le système de santé.

Pour être efficace, cette formation ne doit pas se limiter à un apprentissage théorique. Elle doit intégrer des études de cas, des analyses de décisions de justice, des retours d'expérience et des simulations. Cette pédagogie active favorise la prise de conscience des risques, l'appropriation des bons réflexes, et le développement d'une posture éthique solide, fondée sur la prudence et le dialogue.

Un autre enjeu réside dans l'accessibilité. Il convient de multiplier les formats de formation : sessions présentielles, séminaires en ligne, MOOC, webinaires, groupes de travail locaux… Cette diversité permet de s'adapter aux contraintes de temps des soignants et à leurs préférences d'apprentissage. Elle rend la formation continue plus engageante, plus personnalisée et donc plus efficace.

La reconnaissance institutionnelle de cette démarche est aussi primordiale. La participation à des formations en droit et en éthique devrait être valorisée dans les carrières, faire l'objet de certificats ou d'attestations, et être prise en compte dans l'évaluation des pratiques professionnelles. Cette reconnaissance incitera les soignants à s'y investir pleinement, et montrera que l'institution considère le droit et l'éthique comme des piliers du soin.

En somme, la formation continue et l'actualisation régulière des connaissances en matière juridique et éthique ne sont pas un luxe, mais une condition essentielle pour garantir une pratique médicale sûre, responsable et conforme aux valeurs de la profession. Elle protège les soignants, rassure les patients, et contribue à l'amélioration durable de la qualité des soins. Elle doit devenir un réflexe professionnel, encouragé, structuré et intégré à l'identité du soignant moderne.

Section 2 : Protection des droits des patients et accompagnement juridique

Le but de la protection des droits des patients et de leur accompagnement juridique est de garantir l'accès équitable à des soins de qualité dans le respect de la dignité, de l'autonomie et de l'intégrité de chaque personne, tout en assurant une voie de recours claire en cas de violation ou de préjudice. Cet accompagnement permet aux patients, souvent en situation de vulnérabilité, de comprendre leurs droits, de faire valoir leurs intérêts face aux institutions médicales, et de bénéficier d'un soutien adapté dans les démarches administratives, disciplinaires ou judiciaires. Il vise ainsi à renforcer la justice sanitaire, prévenir les abus et restaurer la confiance entre soignés et soignants.

Paragraphe 1 : Les enjeux de la reconnaissance et de la protection des droits des patients

La reconnaissance et la protection des droits des patients constituent un enjeu fondamental pour l'humanisation du système de santé et le respect de la dignité humaine. Ces droits, tels que le droit à l'information, au consentement éclairé, à la confidentialité ou encore à la qualité des soins, participent à l'équilibre de la relation soignant-soigné et à la responsabilisation des acteurs médicaux. Leur mise en œuvre effective renforce la confiance dans les institutions sanitaires, prévient les abus, et favorise une médecine plus éthique, transparente et respectueuse des libertés individuelles. Dans un contexte marqué par la complexité croissante des soins et la montée des exigences citoyennes, garantir ces droits devient une condition essentielle de légitimité, de performance et de justice dans le domaine de la santé.

A – Le droit à l'information, au consentement éclairé et au respect de la dignité – La protection des droits des patients est devenue un pilier fondamental du droit de la santé. Face à la complexification des actes médicaux et à la montée des exigences éthiques et juridiques, garantir ces droits n'est plus une simple option, mais une nécessité absolue. La reconnaissance des droits des patients vise à rééquilibrer la relation entre le soignant et le soigné, en plaçant l'individu au cœur des décisions médicales qui le concernent.

Parmi ces droits fondamentaux, le droit à l'information occupe une place centrale. Un patient ne peut véritablement consentir à un acte médical que s'il est pleinement informé des bénéfices, des risques, des alternatives possibles et des conséquences potentielles. Cette information doit être claire, accessible et adaptée à la compréhension de chaque individu, sans quoi elle perd toute valeur. Une communication insuffisante ou biaisée peut entraîner des litiges et un sentiment de méfiance à l'égard du corps médical.

Le droit au consentement éclairé découle directement du droit à l'information. Aucun soin ou traitement ne peut être administré sans l'accord libre et éclairé du patient, sauf en cas d'urgence absolue ou d'incapacité à exprimer sa volonté. Ce droit vise à protéger l'intégrité physique et morale de la personne, en lui permettant de prendre des décisions en toute autonomie. Il implique également la possibilité de refuser un traitement, même si ce choix va à l'encontre de l'avis médical.

Le respect du principe de dignité est un autre enjeu crucial. La dignité du patient doit être préservée tout au long de son parcours de soins, qu'il s'agisse de son intimité, de son bien-être psychologique ou de la manière dont il est traité par les professionnels de santé. Cela signifie, par exemple, éviter toute forme de discrimination, respecter la douleur et la souffrance, et veiller à une prise en charge humaine et bienveillante.

L'accompagnement juridique des patients joue un rôle essentiel dans la mise en œuvre effective de ces droits. Trop souvent, les patients ignorent les recours dont ils disposent en cas de violation de leurs droits. Il est donc indispensable de renforcer l'accès aux dispositifs de médiation, aux associations de défense des droits des patients et aux structures de conseil juridique spécialisées en santé.

L'enjeu principal est d'éviter une judiciarisation excessive du soin tout en assurant une protection efficace des patients. Une meilleure sensibilisation des professionnels de santé aux obligations légales et éthiques permettrait de réduire les conflits et d'instaurer un climat de confiance. La formation continue en droit médical, comme évoqué précédemment, devient ici un levier stratégique pour sécuriser la relation soignant-soigné.

Les instances publiques ont également un rôle majeur à jouer. L'État doit garantir une régulation efficace en matière de droits des patients, en mettant en place des instances de contrôle, en sanctionnant les manquements graves et en veillant à ce que les établissements de santé respectent leurs obligations. Des campagnes d'information grand public sur les droits des patients contribueraient aussi à mieux les faire connaître et respecter.

Un autre défi majeur est celui des populations vulnérables, notamment les personnes âgées, en situation de handicap ou en grande précarité. Ces patients sont souvent moins informés de leurs droits et plus exposés aux abus. Il est donc impératif de renforcer leur protection, notamment en développant des dispositifs spécifiques d'accompagnement et en formant les soignants à une approche plus inclusive et respectueuse des besoins particuliers de ces publics.

En plus, la reconnaissance et la protection des droits des patients ne doivent pas être perçues comme une contrainte pour les soignants, mais comme une composante essentielle de la qualité des soins. Une relation de confiance, fondée sur la transparence et le respect mutuel, profite à tous : elle améliore l'adhésion des patients aux traitements, réduit les conflits et renforce la satisfaction des usagers du système de santé.

En définitive, la protection des droits des patients repose sur un équilibre entre information, autonomie et accompagnement juridique. Il s'agit d'un enjeu de société qui dépasse le cadre strictement médical, puisqu'il touche à des valeurs fondamentales telles que la liberté, la dignité et la justice. Pour garantir un système de santé à la hauteur des attentes modernes, il est impératif d'œuvrer en permanence pour renforcer ces droits et les faire respecter de manière effective.

B – Les lacunes dans l'effectivité de ces droits dans les pratiques médicales – Malgré les progrès juridiques accomplis depuis plusieurs décennies en matière de reconnaissance des droits des patients, leur effectivité dans les pratiques médicales quotidiennes demeure encore incomplète. Trop souvent, il existe un fossé entre les textes légaux et leur application concrète dans les établissements de santé, ce qui affaiblit la confiance des patients et fragilise la relation thérapeutique.

La première lacune réside dans le manque d'information délivrée aux patients. Si le droit à l'information est un principe fondamental, dans la pratique, nombre de patients se plaignent d'une communication insuffisante, technique ou précipitée. Parfois, les médecins omettent certaines informations, volontairement ou non, pensant préserver le patient, ou sous-estimant sa capacité à comprendre. Cela prive le patient d'une autonomie réelle dans la décision médicale.

De même, le consentement éclairé est souvent réduit à une simple formalité administrative, à travers une signature sur un formulaire, sans véritable dialogue préalable. Cette approche formaliste trahit l'esprit du consentement, qui devrait reposer sur un échange approfondi et compréhensible. Le patient devient alors spectateur plutôt qu'acteur de sa santé, ce qui est contraire aux évolutions modernes du droit médical.

Le respect de la dignité du patient souffre lui aussi de faiblesses. Les conditions d'hospitalisation, le manque de personnel ou la surcharge des structures de soins entraînent des atteintes à l'intimité et à la prise en charge individualisée. Certains patients, notamment en gériatrie ou en psychiatrie, rapportent des attitudes déshumanisantes ou des soins dispensés sans réelle considération de leur volonté ou de leur confort moral.

Une autre limite concerne les inégalités d'accès aux droits. Les patients les plus informés, les plus éduqués ou les plus aisés sont mieux armés pour faire valoir leurs droits. À l'inverse, les personnes en situation de précarité, les étrangers, ou celles ayant des difficultés de compréhension sont souvent exclues de ces dispositifs. Cette disparité engendre une médecine à deux vitesses, contraire aux principes d'équité et de justice.

Les dysfonctionnements dans les mécanismes de plainte ou de médiation constituent également une faille importante. De nombreux patients ignorent à qui s'adresser en cas de litige, ou n'ont pas confiance dans l'impartialité des structures internes. Les commissions des usagers (CDU), bien que prévues par la loi, sont parfois peu visibles, peu actives, ou perçues comme symboliques, ce qui nuit à leur rôle protecteur.

Sur le plan des soignants, le manque de formation en droit des patients contribue à l'ineffectivité de ces droits. Certains professionnels ne connaissent pas en détail les obligations juridiques qui leur incombent. D'autres, par crainte de sanctions ou par surcharge de travail, adoptent des comportements défensifs, voire autoritaires, ce qui nuit au dialogue et à la qualité du soin.

La culture médicale elle-même peut être un frein, lorsqu'elle reste marquée par un paternalisme résiduel. Certains praticiens considèrent encore qu'ils savent mieux que le patient ce qui est bon pour lui, et peinent à accepter un véritable partenariat dans la décision médicale. Ce décalage de posture est d'autant plus problématique que les patients revendiquent aujourd'hui davantage d'autonomie et de reconnaissance.

Enfin, le manque de suivi des décisions et des recommandations des autorités sanitaires en matière de droits des patients limite leur portée. Les audits sur la qualité de la prise en charge juridique et éthique des patients sont encore rares ou non contraignants. Sans mécanisme de contrôle robuste, les droits des patients restent théoriques et vulnérables à l'oubli ou à la négligence.

En somme, l'effectivité des droits des patients souffre de multiples lacunes structurelles, culturelles et organisationnelles. Il ne suffit pas de proclamer des droits pour qu'ils soient appliqués. Une réforme ambitieuse doit viser à faire descendre le droit dans la pratique quotidienne, à travers la formation, la sensibilisation, l'organisation des soins, et l'implication des patients. Ce n'est qu'à cette condition que ces droits, loin d'être des slogans, deviendront des garanties tangibles dans la réalité médicale.

Paragraphe 2 : Les mécanismes d'accompagnement et d'accès à la justice pour les patients

Les mécanismes d'accompagnement et d'accès à la justice pour les patients visent à garantir une protection effective de leurs droits en cas de litige ou de manquement dans la prise en charge médicale. Ils incluent notamment les dispositifs d'information et d'orientation juridique, les cellules d'écoute et de médiation au sein des établissements de santé, les commissions de conciliation et d'indemnisation, ainsi que l'aide juridictionnelle pour les patients économiquement vulnérables. L'existence de voies de recours claires, accessibles et adaptées, tant au niveau administratif que judiciaire, est essentielle pour assurer l'équité des traitements et la réparation des préjudices subis. Ces mécanismes jouent également un rôle pédagogique en sensibilisant les patients à leurs droits et en responsabilisant les professionnels de santé dans une logique de transparence et d'amélioration continue du système de soins.

A – Le rôle des structures de médiation, des associations et des représentants des usagers – Dans un contexte de judiciarisation croissante du système de santé, il est devenu essentiel de mettre en place des mécanismes d'accompagnement adaptés pour permettre aux patients de faire valoir leurs droits. L'accès à la justice ne doit pas être perçu uniquement sous l'angle contentieux, mais comme un ensemble d'outils et de ressources visant à restaurer la confiance, à prévenir les conflits et à offrir des solutions justes et rapides aux litiges médicaux.

Parmi les dispositifs majeurs, les structures de médiation hospitalières jouent un rôle fondamental. Instituées au sein des établissements de santé, elles permettent de traiter les réclamations des patients de manière amiable, en favorisant le dialogue entre les parties. Cette médiation, bien que facultative, peut désamorcer de nombreuses tensions, éviter des procédures longues et coûteuses, et renforcer la qualité de la relation soignant-soigné.

Ces médiations internes sont encadrées par les commissions des usagers (CDU), qui veillent au respect des droits des patients au sein des structures de soins. Elles analysent les plaintes, proposent des améliorations dans la qualité de la prise en charge, et peuvent orienter les patients vers les bons interlocuteurs. Toutefois, leur impact dépend largement de leur dynamisme, de leur indépendance réelle, et de la transparence dans la gestion des réclamations.

En dehors de l'hôpital, les associations de patients jouent un rôle irremplaçable d'accompagnement et de défense. Ces organisations permettent aux patients de ne pas rester isolés face à des institutions complexes et parfois intimidantes. Elles offrent une écoute, une assistance juridique, et un appui psychologique, tout en participant au débat public sur la qualité des soins et les politiques de santé.

Les représentants des usagers, souvent issus de ces associations, siègent dans les instances hospitalières et de santé publique. Leur présence permet d'introduire la voix des patients dans les processus de décision, de contrôle et d'évaluation. Ils agissent comme des relais entre les citoyens et les professionnels, et contribuent à une gouvernance plus démocratique et transparente du système de santé.

Lorsque les voies amiables échouent, les patients peuvent se tourner vers la justice administrative ou civile pour faire valoir leurs droits. Les juridictions permettent d'obtenir réparation en cas de faute médicale ou de manquement aux obligations d'information et de consentement. Toutefois, ces procédures sont souvent longues, techniques et coûteuses, ce qui peut décourager bon nombre de victimes.

Pour atténuer cette difficulté, l'État a mis en place des dispositifs comme l'ONIAM (Office National d'Indemnisation des Accidents Médicaux), qui permet une indemnisation amiable sans passer par un procès, dans certaines situations d'accidents médicaux graves. Ce mécanisme favorise une justice plus rapide et accessible, bien qu'il reste encore peu connu du grand public.

Par ailleurs, les maisons de justice et du droit, ainsi que les permanences juridiques dans les hôpitaux ou les centres de santé, peuvent orienter et conseiller les patients dans leurs démarches. Ces structures participent à la démocratisation du droit et permettent aux usagers de comprendre les recours disponibles, d'évaluer leurs chances et d'éviter des contentieux inutiles.

Malgré ces avancées, des efforts restent à faire pour garantir une égalité d'accès aux mécanismes d'accompagnement et à la justice. Les patients vulnérables – en situation de handicap, isolés socialement ou culturellement – rencontrent encore de nombreux obstacles pour faire entendre leur voix. Il est donc crucial de renforcer l'accessibilité, la visibilité et la lisibilité de ces dispositifs pour qu'ils profitent réellement à tous.

En définitive, les mécanismes d'accompagnement et d'accès à la justice pour les patients constituent un pilier essentiel du droit à la santé. Ils ne visent pas uniquement à sanctionner, mais surtout à restaurer la confiance, à réparer les injustices et à améliorer le fonctionnement global du système. Une politique volontariste en matière de médiation, d'accompagnement juridique et de représentation des usagers est donc indispensable pour garantir une santé plus juste, plus humaine et plus démocratique.

B – Le renforcement de l'assistance juridique et de l'accès aux recours en cas de litige médical - Dans un environnement médical de plus en plus technique et juridiquement encadré, les litiges entre patients et professionnels de santé tendent à se multiplier. Cette évolution rend nécessaire le renforcement de l'assistance juridique pour garantir aux patients un accès effectif à leurs droits, et aux soignants une défense équitable en cas de mise en cause. Le système de santé ne peut ignorer cet enjeu sans risquer de compromettre la confiance essentielle entre soignants et soignés.

L'assistance juridique permet aux patients de comprendre la nature de leurs droits et de leurs obligations, de qualifier juridiquement un éventuel manquement, et d'orienter leurs démarches. Cependant, dans de nombreux cas, cette assistance est difficilement accessible, notamment en raison du coût des services juridiques, de la complexité des procédures ou de la méconnaissance des dispositifs existants.

Les maisons de justice et du droit, ainsi que les permanences juridiques gratuites proposées par les barreaux ou les associations, jouent un rôle crucial dans l'orientation et la première prise en charge des dossiers. Mais leur maillage territorial reste insuffisant et leur capacité d'accueil limitée face à la demande croissante. Il importe donc de renforcer ces structures, tant en moyens humains que financiers.

Un autre levier d'amélioration réside dans la simplification et la lisibilité des procédures contentieuses. L'accès au juge doit être facilité par des formulaires clairs, des délais raisonnables et une information accessible au plus grand nombre. Le langage juridique, souvent hermétique, doit être traduit en termes compréhensibles pour les justiciables non avertis, afin d'éviter que des droits ne soient perdus faute de compréhension.

Par ailleurs, la mise en place d'un accompagnement spécialisé par des juristes formés au droit médical est essentielle. Le contentieux médical obéit à des règles particulières, mêlant droit civil, administratif et responsabilité médicale. Un accompagnement juridique non spécialisé peut donc s'avérer inefficace, voire préjudiciable pour le patient. Des cliniques juridiques spécialisées pourraient répondre à ce besoin avec compétence et humanité.

L'aide juridictionnelle constitue également un outil déterminant pour l'accès aux recours. Toutefois, son seuil d'éligibilité reste relativement bas, excluant une partie de la population aux revenus modestes. Son extension à certains contentieux médicaux, ou la création d'un fonds spécifique d'aide à l'accès au droit en matière de santé, permettrait de mieux répondre aux besoins réels de la population.

Au-delà de l'aide individuelle, il convient de renforcer la protection collective des droits des patients. Les associations agréées, les collectifs de victimes et les représentants des usagers peuvent jouer un rôle de médiation, de soutien et de représentation dans les contentieux sensibles ou complexes. Il faut leur accorder plus de moyens et de reconnaissance institutionnelle.

Le développement des modes alternatifs de règlement des différends, tels que la médiation ou la conciliation, doit également s'accompagner d'une assistance juridique. Trop souvent, ces dispositifs sont proposés sans véritable accompagnement du patient, ce qui peut conduire à des accords déséquilibrés ou à des renoncements mal éclairés. Une médiation réussie est celle qui respecte les droits fondamentaux et le libre choix des parties.

Les soignants eux-mêmes doivent bénéficier d'une assistance juridique adaptée, notamment face aux risques de mise en cause pénale ou civile. Le soutien des ordres professionnels, des assurances et des avocats spécialisés est essentiel pour éviter des pratiques de médecine défensive ou des situations d'épuisement professionnel face aux contentieux.

En somme, le renforcement de l'assistance juridique et de l'accès aux recours constitue une condition incontournable d'un système de santé juste et équilibré. Il s'agit de garantir non seulement la réparation des préjudices, mais aussi le respect des droits, la prévention des conflits, et l'instauration d'une culture du dialogue et de la transparence au sein du monde médical.

Section 3 : Création de l'agence de régulation du système sanitaire

Le but de la création d'une Agence de régulation du système sanitaire au Congo est de garantir la qualité, l'équité, la transparence et la performance du système de santé, en assurant un contrôle indépendant et permanent des établissements, des pratiques médicales, des professions de santé et de la politique sanitaire nationale. Cette agence aurait pour mission de veiller au respect des normes éthiques, techniques et juridiques, d'évaluer les politiques publiques de santé, de réguler les tarifs et les autorisations d'exercice, ainsi que de protéger les droits des patients. Elle constituerait ainsi un instrument stratégique de gouvernance sanitaire, au service de la sécurité des soins, de la responsabilisation des acteurs et du redressement durable du secteur.

Paragraphe 1 : Les raisons et les enjeux de la création d'une agence de régulation sanitaire

La création d'une agence de régulation sanitaire répond à la nécessité de garantir une gouvernance efficace, indépendante et scientifiquement fondée du système de santé, dans un contexte marqué par des défis croissants en matière de sécurité sanitaire, d'équité d'accès aux soins et de qualité des prestations. Une telle structure permettrait d'assurer la coordination entre les différents acteurs publics et privés, de réguler l'offre de soins, de contrôler les pratiques professionnelles, et de veiller au respect des normes sanitaires. Elle constituerait également un levier stratégique pour anticiper les crises, évaluer les politiques de santé, et renforcer la transparence, la responsabilité et la confiance des citoyens dans le système de santé. Les enjeux sont à la fois éthiques, sanitaires, économiques et sociaux, justifiant ainsi la nécessité d'un organe autonome, doté de moyens suffisants et de compétences multisectorielles.

A – L'absence de régulation centralisée et les disparités dans les services de santé - Le système de santé congolais souffre aujourd'hui de nombreuses faiblesses structurelles, parmi lesquelles l'absence d'un véritable organe de régulation figure au premier rang. En l'absence d'une agence centrale de régulation sanitaire, les services de santé fonctionnent de manière désordonnée, sans normes uniformes, ni coordination effective entre les acteurs. Cette carence nuit gravement à la qualité des soins, à la sécurité des patients et à l'équité d'accès aux services de santé.

Dans ce contexte, la création d'une agence de régulation sanitaire apparaît comme une nécessité stratégique. Elle permettrait d'assurer une supervision globale du système, de fixer les normes en matière de qualité des soins, de contrôler les pratiques médicales et de veiller à la répartition équitable des ressources. Ce rôle central de pilotage est essentiel pour éviter que le secteur de la santé ne reste entre les mains de logiques locales, commerciales ou informelles.

L'un des problèmes majeurs du système actuel est l'absence de centralisation des données sanitaires. Les informations sur les pathologies, les performances hospitalières, les ressources humaines et matérielles sont éparses, parfois inexistantes, ce qui empêche toute planification sérieuse. Une agence de régulation aurait pour mission de collecter, traiter et analyser ces données afin de guider les politiques publiques sur des bases factuelles.

De plus, le Congo est confronté à de fortes disparités régionales dans l'accès aux soins. Certaines zones rurales ou enclavées n'ont pratiquement pas de structures de santé fonctionnelles, tandis que les grandes villes concentrent la majorité des établissements et des professionnels. Une régulation efficace permettrait d'orienter les investissements et les affectations de personnel vers les zones les plus démunies, rééquilibrant ainsi l'offre de soins.

Sur le plan de la qualité, il n'existe actuellement aucun mécanisme rigoureux de contrôle des pratiques médicales, ni de certification des établissements de santé. Des cliniques privées non autorisées prolifèrent, parfois avec du personnel non qualifié ou du matériel obsolète. Une agence de régulation pourrait établir des standards nationaux de fonctionnement, et délivrer des accréditations en fonction de critères objectifs et transparents.

En matière de formation et de ressources humaines, l'agence jouerait un rôle de coordination avec les universités, les écoles de santé et les ordres professionnels. Elle veillerait à l'adéquation entre les profils formés et les besoins sanitaires du pays, tout en instaurant des règles de déontologie et de discipline applicables à tous les professionnels de santé, qu'ils exercent dans le public ou dans le privé.

Par ailleurs, l'absence de contrôle sur les produits de santé, notamment les médicaments, constitue un grave danger pour la population. L'agence pourrait intégrer une mission de régulation pharmaceutique, en lien avec les autorités douanières, pour lutter contre la contrefaçon, la mauvaise conservation des médicaments et l'usage abusif d'antibiotiques. Cela renforcerait la sécurité sanitaire nationale.

L'agence pourrait également jouer un rôle clé dans la régulation des coûts des soins et des pratiques tarifaires, en définissant des grilles de prix de référence, en contrôlant les facturations abusives et en encadrant le remboursement des prestations dans les systèmes d'assurance santé. Cela contribuerait à rendre les soins plus accessibles pour la population, tout en renforçant la transparence du système.

Un autre enjeu important est celui de la gestion des crises sanitaires. Le pays a montré ses limites lors des épidémies passées (choléra, COVID-19, etc.) en raison de la fragmentation des interventions et de l'absence de plan de riposte structuré. Une agence de régulation permettrait d'avoir une instance réactive, dotée d'un pouvoir de coordination et d'un réseau d'alerte rapide à l'échelle nationale.

En définitive, la création d'une agence de régulation sanitaire au Congo constituerait une avancée majeure pour moderniser, harmoniser et sécuriser le système de santé. Elle incarnerait une autorité technique indépendante, au service de l'intérêt général, capable d'élever les standards, de réduire les inégalités, et de protéger efficacement les droits des patients comme ceux des professionnels. C'est une réforme d'intérêt public, qui doit s'inscrire au cœur des priorités de l'État congolais.

B – La nécessité de garantir la qualité des soins, la transparence et la responsabilité dans le système sanitaire - L'une des missions fondamentales de l'agence de régulation sanitaire au Congo serait d'assurer la qualité des soins dans l'ensemble du système de santé. Actuellement, l'absence de contrôle rigoureux sur les pratiques médicales entraîne une grande hétérogénéité dans les prestations offertes, avec des écarts considérables entre établissements publics et privés, ou entre zones urbaines et rurales. Une telle agence aurait pour mandat d'élaborer et d'imposer des normes nationales de qualité, applicables à tous les prestataires de soins.

La qualité des soins implique également un suivi régulier des pratiques cliniques et de la sécurité des patients. L'agence pourrait mettre en place des procédures d'évaluation périodique, incluant des audits internes et externes des établissements sanitaires. Elle instaurerait des indicateurs de performance, tels que les taux de mortalité évitable, les infections nosocomiales ou les erreurs médicales, permettant d'objectiver les progrès réalisés et de détecter les dysfonctionnements.

Dans le contexte congolais, la transparence constitue un enjeu capital. Trop souvent, les patients ignorent leurs droits, les coûts réels des soins ou la qualification du personnel soignant. L'agence de régulation aurait pour mission d'exiger des établissements une communication claire sur leurs prestations, leurs tarifs, leurs résultats cliniques et leur statut légal. Cela favoriserait une relation de confiance entre patients et structures de santé.

La lutte contre la corruption et les pratiques opaques dans le secteur sanitaire passerait également par cette exigence de transparence. Des procédures de signalement des abus, des contrôles réguliers et des sanctions en cas de fraude contribueraient à moraliser le secteur. L'agence jouerait ainsi un rôle de gardien de l'intégrité, en étroite collaboration avec les inspections sanitaires, les ordres professionnels et la justice.

La responsabilité, troisième pilier de cette mission, suppose que les actes médicaux soient traçables, évaluables, et que chaque professionnel puisse rendre compte de ses décisions. L'agence encouragerait la mise en place de dossiers médicaux numériques, accessibles au patient, garantissant la continuité et la traçabilité des soins. Elle favoriserait aussi une culture de la déclaration des événements indésirables, non pour sanctionner systématiquement, mais pour comprendre et prévenir les erreurs.

L'agence pourrait également instituer un système d'agrément et de renouvellement des autorisations d'exercer pour les professionnels et les structures. Cet agrément reposerait sur des critères précis de compétence, d'équipement, de respect des normes sanitaires et de formation continue. Les établissements ou praticiens ne remplissant pas ces critères pourraient voir leur autorisation suspendue ou retirée, protégeant ainsi la population contre les pratiques dangereuses.

Dans la logique de la qualité et de la responsabilité, la formation et le renforcement des capacités seraient au cœur de l'action de l'agence. Elle pourrait établir un référentiel national de compétences, promouvoir la formation continue obligatoire, et encourager la spécialisation dans des domaines clés comme la chirurgie, la gynécologie, la pédiatrie ou la gestion hospitalière. Ces initiatives rehausseraient globalement le niveau des soins dans le pays.

En matière de responsabilité, l'agence veillerait également à l'accessibilité des recours pour les patients victimes de fautes médicales. Elle pourrait créer un service d'écoute, d'orientation et de médiation, en lien avec les structures existantes, pour éviter que les conflits ne dégénèrent en crises. En cas de contentieux avéré, elle s'assurerait que les mécanismes de réparation soient effectifs et équitables.

L'indépendance de l'agence serait une garantie pour sa crédibilité. Placée sous l'autorité du Parlement ou d'un conseil multipartite, et non directement subordonnée au ministère de la Santé, elle pourrait exercer ses missions de contrôle et de régulation sans interférence politique ou corporatiste. Son autonomie financière et administrative serait essentielle pour mener à bien ses investigations et prendre des décisions en toute impartialité.

En définitive, garantir la qualité des soins, la transparence et la responsabilité dans le système sanitaire congolais n'est pas seulement un objectif technique, c'est une exigence éthique et politique. C'est ce à quoi devra œuvrer l'agence de régulation sanitaire, en tant qu'acteur central d'un système plus juste, plus efficace, et résolument tourné vers l'intérêt des patients et la dignité humaine.

Paragraphe 2 : Les missions et le fonctionnement de l'agence de régulation

L'agence de régulation sanitaire aurait pour missions principales la veille sanitaire, l'évaluation et le contrôle de la qualité des soins, la régulation de l'offre de services de santé, ainsi que la formulation d'avis techniques et stratégiques auprès des autorités publiques. Elle assurerait également la supervision des pratiques professionnelles, la délivrance d'autorisations sanitaires, la collecte et l'analyse des données de santé, tout en jouant un rôle de médiation entre les usagers et les acteurs du système. Son fonctionnement s'appuierait sur une organisation interne structurée en départements spécialisés (médical, pharmaceutique, juridique, inspection, etc.), une autonomie administrative et financière, ainsi qu'un conseil d'administration composé de représentants de l'État, des professionnels de santé, de la société civile et des partenaires techniques. La transparence des procédures, l'indépendance scientifique, et l'obligation de rendre compte de ses activités seraient les garanties de son efficacité et de sa légitimité.

A – Le contrôle des standards de qualité, la certification des établissements de santé et la gestion des plaintes - L'amélioration du système de santé congolais passe nécessairement par la mise en place de mécanismes rigoureux de contrôle des standards de qualité. En l'absence de normes claires et de suivi efficace, les pratiques médicales sont aujourd'hui marquées par une grande hétérogénéité, exposant les patients à des risques importants. Une agence de régulation sanitaire aurait pour mission première de fixer des standards nationaux, adaptés aux réalités du pays, mais conformes aux principes de sécurité, d'éthique et d'efficience.

Le contrôle de ces standards consisterait à établir des référentiels pour chaque type d'établissement (centre de santé, hôpital général, clinique spécialisée, etc.), en définissant les conditions minimales d'hygiène, d'équipement, de personnel et de fonctionnement. Des inspections périodiques permettraient de s'assurer du respect de ces exigences. En cas de manquement, des mesures correctives, voire des fermetures temporaires, pourraient être ordonnées pour protéger les usagers.

L'une des innovations majeures que l'agence pourrait introduire serait la certification des établissements de santé. Ce processus, basé sur l'évaluation continue de la qualité des soins et de la gestion, permettrait de distinguer les structures conformes aux standards des autres. Cette certification deviendrait un gage de confiance pour les patients et un levier de compétitivité pour les établissements. Elle stimulerait une dynamique vertueuse d'amélioration continue.

Pour que cette certification soit crédible, elle devrait être encadrée par des critères transparents, fondés sur des audits menés par des experts indépendants, et renouvelée régulièrement. Elle porterait aussi bien sur les pratiques médicales que sur la gouvernance, la formation du personnel, la gestion des risques et la satisfaction des patients. Les résultats seraient rendus publics afin d'informer les citoyens et d'encourager la transparence.

Parallèlement à ces mécanismes de contrôle et de certification, la gestion des plaintes représenterait une autre mission essentielle de l'agence. Aujourd'hui, les patients victimes de mauvais traitements ou d'erreurs médicales n'ont souvent ni information, ni recours efficace. L'agence pourrait mettre en place un guichet unique de réception des plaintes, accessible physiquement et en ligne, garantissant écoute, neutralité et réactivité.

Ce service de gestion des plaintes permettrait d'identifier les dysfonctionnements récurrents, d'alerter les autorités sanitaires compétentes et d'initier des enquêtes en cas de faute présumée. Il jouerait aussi un rôle de conciliation, en proposant des solutions amiables entre les patients et les structures mises en cause. L'objectif n'est pas uniquement de sanctionner, mais aussi de prévenir les conflits et de restaurer la confiance.

Dans les cas les plus graves ou en cas d'échec de la médiation, l'agence pourrait transmettre les dossiers aux juridictions compétentes ou aux ordres professionnels. Elle jouerait alors un rôle de veille et de relais, tout en accompagnant les plaignants dans leurs démarches juridiques. Ainsi, le droit des patients à la réparation et à la justice serait renforcé, tout en désengorgeant les tribunaux.

Pour garantir l'efficacité de cette mission, une politique de formation continue des agents de l'agence serait nécessaire, notamment en matière de droit médical, de communication avec les usagers et de résolution des litiges. Le professionnalisme et la neutralité de ce personnel seraient déterminants pour asseoir la légitimité de l'agence auprès du public et des professionnels de santé.

L'implication des associations d'usagers, des représentants de la société civile et des professionnels de santé dans la gouvernance de ces processus de contrôle, de certification et de gestion des plaintes permettrait une régulation participative et transparente. Cela renforcerait la légitimité des décisions prises et encouragerait une culture du dialogue dans le secteur sanitaire.

En somme, le triptyque "standards de qualité – certification – gestion des plaintes" constitue une colonne vertébrale incontournable pour professionnaliser et moraliser le système de santé congolais. Il s'agit de bâtir un cadre structuré, équitable et efficace, où la qualité prime sur l'improvisation, la transparence remplace l'opacité, et la responsabilité devient la norme. C'est là une étape clé vers une gouvernance sanitaire moderne et au service du citoyen.

B – L'élaboration de politiques sanitaires nationales et la coordination avec les autres acteurs du secteur public et privé - L'un des rôles essentiels d'une agence de régulation sanitaire au Congo réside dans sa capacité à élaborer, proposer et suivre la mise en œuvre de politiques sanitaires nationales. Dans un contexte marqué par des inégalités d'accès aux soins, des disparités régionales et une gouvernance souvent fragmentée, l'existence d'une instance centrale, dotée d'une vision stratégique, devient indispensable. Elle permettrait de mettre en cohérence les priorités de santé publique, les ressources disponibles et les besoins réels de la population.

L'élaboration de politiques sanitaires suppose une capacité d'analyse fondée sur des données fiables. L'agence devrait ainsi disposer d'un observatoire national de la santé chargé de collecter, traiter et publier des statistiques sanitaires. Ces données porteraient sur l'épidémiologie, l'état des infrastructures, la démographie médicale, la couverture vaccinale, ou encore l'offre de soins. C'est à partir de ces indicateurs que des orientations éclairées et des plans d'action pertinents pourraient être définis.

Ces politiques ne doivent pas être élaborées de manière technocratique ou descendante. Elles nécessitent la concertation avec l'ensemble des acteurs du secteur, à commencer par le ministère de la Santé, les directions départementales sanitaires, les établissements hospitaliers publics et privés, les professions de santé, les partenaires techniques et financiers, ainsi que la société civile. L'agence jouerait ici un rôle de catalyseur, de facilitateur et d'arbitre.

La coordination entre ces différents acteurs est aujourd'hui l'un des grands défis du système congolais. Trop souvent, les initiatives sont menées en silos, sans communication ni complémentarité. L'agence de régulation aurait pour mission d'organiser un cadre de concertation permanent, afin d'assurer une synergie entre les interventions. Elle veillerait à ce que les plans nationaux soient déclinés au niveau local, avec un suivi et une évaluation coordonnée.

Dans ses fonctions de régulation, l'agence devrait aussi établir des mécanismes de contractualisation avec les prestataires de soins, notamment les structures privées agréées. Cette contractualisation reposerait sur des obligations de service public : continuité des soins, accueil des patients indigents, respect des normes de qualité. En contrepartie, les établissements pourraient bénéficier de financements publics, de formations ou de dotations en matériel.

La coordination s'étendrait également aux partenaires extérieurs et aux bailleurs de fonds. Actuellement, les projets de santé mis en œuvre par les ONG, les agences internationales ou les fondations privées échappent souvent à un pilotage national cohérent. L'agence aurait la responsabilité de veiller à leur insertion dans les stratégies nationales, à la transparence de leur action et à leur complémentarité avec les efforts publics.

Un autre axe de coordination stratégique serait le lien entre le secteur de la santé et les autres secteurs publics tels que l'éducation, l'eau, l'assainissement ou l'environnement. L'agence pourrait impulser des politiques intégrées de santé publique, notamment pour lutter contre les maladies transmissibles, améliorer la nutrition ou promouvoir la santé maternelle et infantile. Cette approche intersectorielle est indispensable pour un développement durable de la santé.

La mobilisation des ressources financières nationales et internationales devrait aussi être pilotée de manière centralisée. L'agence aurait pour tâche d'élaborer des plans de financement, d'optimiser l'utilisation des budgets sanitaires, et de lutter contre les gaspillages et la corruption. Une gestion rigoureuse et transparente renforcerait la confiance des partenaires et des citoyens dans le système.

Pour que son action soit crédible, l'agence devrait publier régulièrement des rapports d'évaluation des politiques sanitaires, accessibles au grand public et aux institutions. Ces bilans serviraient à mesurer les progrès réalisés, à identifier les freins persistants, et à ajuster les orientations stratégiques. Une telle culture de la redevabilité est encore trop faible dans le système sanitaire congolais, et l'agence pourrait en être le moteur.

En définitive, en coordonnant les acteurs, en structurant les politiques, en assurant la cohérence des actions et en suivant les résultats, l'agence de régulation sanitaire deviendrait le cœur stratégique du système de santé congolais. Elle garantirait non seulement une meilleure gouvernance, mais aussi une vision de long terme, capable de transformer les réalités sanitaires du pays au profit de toute la population.

TITRE DEUXIEME

ETUDES DES CAS DE JURISPRUDENCE DE LA JUSTICE MEDICALE

Dans cette partie, nous allons examiner la pratique de la justice médicale au Congo à travers l'analyse de quelques jurisprudences significatives que nous avons sélectionnées pour les besoins de la cause. Ces décisions illustrent la manière dont les juridictions congolaises appréhendent les litiges liés aux actes médicaux, qu'il s'agisse d'erreurs de diagnostic, de négligence dans les soins, ou encore de manquements au devoir d'information. L'étude de ces cas permettra de mieux comprendre les tendances jurisprudentielles, les obstacles rencontrés par les justiciables, ainsi que les marges d'évolution possibles pour une justice médicale plus efficace et équitable.

Chapitre 1

Le contrôle de la pratique médicale par le juge civil et pénal

Le contrôle de la pratique médicale implique l'intervention du juge civil ou pénal pour résoudre des litiges liés à des actes médicaux. Devant le juge civil, elle se concentre sur la réparation des préjudices subis par les patients, souvent sous forme d'indemnisation financière, en cas de faute médicale ou de non-respect des obligations contractuelles. En revanche, devant le juge pénal, elle vise à établir la responsabilité pénale des professionnels de santé en cas de négligence grave, de mise en danger délibérée ou d'actes contraires à la loi, pouvant entraîner des sanctions comme des amendes ou des peines d'emprisonnement. Ces deux dimensions reflètent la complexité croissante des relations entre droit et médecine, nécessitant une expertise rigoureuse pour garantir justice et équité.

Section 1 : La judiciarisation de la pratique médicale devant le juge pénal

Le but de la judiciarisation de la pratique médicale devant le juge pénal médical est de répondre avec rigueur et équité aux fautes les plus graves commises dans le cadre de l'exercice médical, notamment celles constituant des infractions pénales telles que l'homicide involontaire, les violences médicales ou la mise en danger de la vie d'autrui, tout en respectant la spécificité de l'acte de soigner. Ce cadre permet d'examiner concrètement des cas pratiques où la responsabilité pénale du personnel soignant est engagée, à la lumière des faits, des expertises médicales, et des éléments intentionnels ou négligents. Il s'agit de préserver les droits des victimes, sanctionner les comportements déviants, mais aussi de distinguer clairement l'erreur humaine excusable de la faute pénalement répréhensible, dans une logique de justice équilibrée et de prévention.

Paragraphe 1 : Affaire Ministère public c/ les anesthésistes de l'hôpital général de Dolisie[82]

L'affaire de l'hôpital général de Dolisie, où des anesthésistes ont vendu des drogues périmées, met en évidence une double crise : celle de l'offre pharmaceutique sanitaire, marquée par des ruptures de stock et un défaut de contrôle, et celle de l'éthique médicale, gravement compromise par de telles

[82] Affaire tirée du Tribunal correctionnel de Dolisie

pratiques. Cet épisode révèle non seulement un dysfonctionnement institutionnel en matière de régulation et d'approvisionnement, mais surtout une violation manifeste des principes fondamentaux de la déontologie médicale, notamment le respect de la vie, la sécurité des soins et la dignité du patient. Il souligne l'urgence d'un encadrement plus rigoureux, d'une formation continue des professionnels en éthique et d'un renforcement des mécanismes de sanction disciplinaire, afin de restaurer la confiance du public et garantir la qualité des soins dans le respect des normes professionnelles.

A – Les faits de la cause - Courant 2020, Monsieur Jean a accompagné son épouse enceinte à l'Hôpital général de Dolisie pour l'accouchement. Après examen médical, les praticiens ont décidé de procéder à une césarienne, et une ordonnance a été délivrée pour préparer l'intervention, incluant notamment un anesthésique indispensable à l'opération. Monsieur Jean s'est rendu dans plusieurs pharmacies de la ville pour se procurer les médicaments, mais il s'est rapidement heurté à une difficulté majeure : l'anesthésique prescrit était introuvable dans toutes les pharmacies de Dolisie.

Face à cette situation, Monsieur Jean est retourné à l'hôpital pour informer le personnel soignant, notamment l'anesthésiste, de l'indisponibilité du produit. Ce dernier lui a alors indiqué de se rapprocher d'un individu tenant un kiosque de services Mobile Money, prétendant que ce dernier détenait ledit médicament. Monsieur Jean s'y rendit et, à sa grande surprise, constata que l'homme proposait effectivement le médicament recherché. Il procéda à l'achat.

Cependant, sur le chemin du retour, Monsieur Jean s'aperçut que le médicament était périmé, la date de péremption étant largement dépassée. Immédiatement, il alerta les services de police. Une intervention rapide permit l'interpellation du vendeur, qui, lors de son interrogatoire, révéla que les médicaments lui avaient été remis par des agents de santé de l'Hôpital général de Dolisie, en particulier des anesthésistes.

Dans le cadre de l'enquête préliminaire, plusieurs membres du personnel médical ont été interpellés. Il ressort de cette enquête que, dans le cadre de la politique de gratuité de la césarienne instaurée par l'État congolais, des lots de médicaments anesthésiants avaient été distribués gratuitement aux hôpitaux. Malheureusement, un important stock de ces produits, non utilisé à temps, était arrivé à expiration. Plutôt que de les éliminer conformément aux normes sanitaires, certains agents hospitaliers ont choisi de les écouler illicitement, par l'intermédiaire du détenteur du kiosque Mobile Money, transformé de fait en revendeur clandestin de produits pharmaceutiques périmés.

Les personnes mises en cause ont été déférées devant le procureur de la République près le Tribunal de grande instance de Dolisie, lequel a ouvert une information judiciaire pour faire toute la lumière sur ces faits d'une extrême gravité tant sur le plan sanitaire que pénal.

B – Les poursuites et jugement - Le procureur de la République près le Tribunal de grande instance de Dolisie a pris un réquisitoire introductif d'instance en vue de la saisine du juge d'instruction, sur la base de deux qualifications pénales : tentative d'empoisonnement et vente illégale de médicaments assortie de complicité. Ainsi saisi, le juge d'instruction a procédé à l'inculpation de l'ensemble des personnes mises en cause.

Dans le cadre de son instruction, et afin de déterminer les effets potentiels d'un médicament périmé, le juge d'instruction a interrogé plusieurs membres du personnel soignant sur la dangerosité du produit administré. Ces derniers ont unanimement déclaré qu'un médicament périmé ne constituait pas un poison, mais qu'il perdait simplement son efficacité thérapeutique. Par conséquent, selon leur analyse, l'on ne pouvait raisonnablement parler d'empoisonnement au sens pénal du terme.

Souhaitant obtenir un avis officiel sur la question, le juge d'instruction a également saisi, par courrier, le service compétent du ministère de la Santé, pour savoir si un médicament périmé pouvait être assimilé à un poison. Toutefois, aucune réponse n'a été donnée par l'administration, malgré l'importance de la demande.

Faute d'éclairage scientifique complémentaire, et après avoir recueilli tous les éléments utiles à la manifestation de la vérité, le juge d'instruction a clôturé son enquête et rendu une ordonnance de non-lieu partielle, écartant ainsi les faits de tentative d'empoisonnement, renvoyant ainsi les prévenus devant la chambre correctionnelle du Tribunal de grande instance de Dolisie, pour y être jugés conformément à la loi, particulièrement les faits de vente de produit périmé et d'abus de confiance.

Après une instruction contradictoire conduite dans le strict respect des droits de la défense, les faits établis ont révélé que les prévenus, agents de santé en fonction à l'hôpital général de Dolisie, s'étaient livrés à la vente de produits médicaux périmés. Cette pratique, non seulement contraire aux règles déontologiques du secteur sanitaire, mais également dangereuse pour la santé publique, a été qualifiée d'acte frauduleux engageant leur responsabilité pénale. Par ailleurs, les investigations ont mis en lumière un abus de confiance, les mis en cause ayant utilisé leur position pour détourner à des fins personnelles des produits destinés au service hospitalier.

En considération des éléments retenus, et tenant compte de l'absence d'antécédents judiciaires ainsi que de la reconnaissance partielle des faits par les prévenus, le tribunal a prononcé une peine de 24 mois d'emprisonnement assortie du sursis. Cette décision vise à sanctionner les manquements constatés tout en offrant aux intéressés une chance de réinsertion, sous réserve du respect rigoureux de la loi durant la période de sursis. Elle constitue également un signal fort en matière de lutte contre les pratiques illicites au sein des structures sanitaires publiques. Soucieux de la protection des patients, le tribunal a ainsi rappelé l'impératif de probité auquel sont astreints les professionnels de santé.

Paragraphe 2 : Analyse et apport scientifique

L'analyse scientifique de l'affaire de l'hôpital général de Dolisie permet de mettre en lumière plusieurs manquements systémiques, tels que l'absence de contrôle rigoureux des stocks pharmaceutiques, la défaillance des protocoles de vérification des produits médicaux avant leur usage, et le déficit de formation continue en éthique professionnelle. Sur le plan scientifique, cette situation révèle une rupture entre les pratiques médicales et les standards de sécurité sanitaire fondés sur l'evidence-based medicine. Elle appelle à des mesures correctives telles que l'instauration de systèmes automatisés de gestion des médicaments, le renforcement des audits internes, la création d'un organe national de pharmacovigilance, ainsi que la responsabilisation des professionnels par la certification périodique. Ces propositions visent à prévenir de telles dérives et à promouvoir une culture de qualité et de responsabilité dans les soins de santé.

A – Analyse – Un médicament, pour être autorisé à la consommation, doit répondre à un triptyque fondamental : qualité, efficacité et innocuité. La qualité renvoie à la conformité du produit pharmaceutique à ses normes de fabrication, de conservation et de présentation. L'efficacité signifie que le médicament atteint l'effet thérapeutique attendu dans des conditions normales d'utilisation. Enfin, l'innocuité garantit que le médicament, aux doses prescrites, ne présente pas de danger pour la santé du patient. Ce triptyque est la base de toute évaluation pharmaceutique et conditionne l'autorisation de mise sur le marché d'un produit de santé.

Lorsqu'un médicament atteint sa date de péremption, il ne répond plus automatiquement à ces trois exigences. En effet, la qualité peut être altérée du fait de la dégradation chimique ou microbiologique des composants. L'efficacité diminue, car le principe actif peut perdre ses propriétés thérapeutiques. Quant à l'innocuité, elle est remise en question : la décomposition du produit peut produire des substances secondaires inconnues, parfois dangereuses, qui peuvent causer des effets indésirables graves, notamment chez des personnes vulnérables comme les femmes enceintes ou les enfants. Un médicament périmé cesse ainsi d'être un outil de soin pour devenir une menace potentielle.

L'utilisation ou la distribution d'un médicament périmé, en milieu hospitalier ou ailleurs, constitue une violation grave des règles de sécurité sanitaire. Elle expose à des poursuites pénales en cas de conséquences dommageables, mais aussi à des responsabilités disciplinaires pour les professionnels impliqués. L'analyse judiciaire d'un tel acte exige donc une expertise rigoureuse pour établir si le médicament concerné a perdu sa qualité, son efficacité ou son innocuité.

L'expertise médicale dans un contentieux lié à un médicament périmé nécessite une évaluation approfondie de la toxicité du produit. Un pharmacologue-toxicologue est l'expert le mieux placé pour déterminer si la dégradation d'un médicament a produit des substances toxiques pouvant nuire à la santé. En effet, les médicaments ne sont pas conçus pour être utilisés après leur date de péremption, car au-delà de cette date, les principes actifs peuvent se dégrader, perdant leur efficacité ou, dans certains cas, générant des composés potentiellement dangereux. Le rôle de l'expert est d'étudier cette dégradation chimique et d'en évaluer les conséquences pour la santé publique.

Dans le cas d'espèce, le juge d'instruction de Dolisie aurait dû, conformément aux principes régissant les contentieux médico-pharmaceutiques, prendre une ordonnance d'expertise afin de désigner un expert médical qualifié, en l'occurrence un pharmacologue-toxicologue. Ce professionnel possède les compétences scientifiques nécessaires pour analyser la nature des principes actifs contenus dans le médicament périmé, évaluer leur degré de dégradation, et déterminer s'ils présentent ou non un danger pour la santé humaine. Une telle expertise est indispensable pour qualifier juridiquement les faits, notamment pour statuer sur l'existence ou non d'un empoisonnement.

Le recours au ministère de la Santé, bien qu'institutionnellement lié à la gestion des produits pharmaceutiques, ne constitue pas le bon auxiliaire de justice en matière de preuve scientifique. En effet, ce ministère ne dispose ni de laboratoire spécialisé dans l'analyse toxicologique, ni de personnel assermenté pour rendre une expertise judiciaire. Son avis, même s'il peut éclairer sur des aspects réglementaires, ne peut remplacer l'analyse technique et indépendante d'un expert judiciaire inscrit au tableau de la cour d'appel. Le choix du juge d'instruction, dans ce cas, a donc manqué de rigueur méthodologique, affaiblissant la solidité de l'enquête et limitant la portée probatoire des éléments recueillis.

Or, il convient de rappeler que le ministère de la Santé n'est pas un auxiliaire de justice à proprement parler, d'autant plus qu'il ne dispose pas, en l'état actuel, d'un laboratoire technique approprié pour mener ce type d'analyse médico-scientifique. En République du Congo, le premier véritable auxiliaire de la justice médicale est le Laboratoire national, chargé des analyses techniques sur les produits de santé. Ensuite viennent les experts inscrits sur le tableau de la Cour d'appel, puis, à titre subsidiaire, les institutions médicales privées, que le juge peut solliciter pour avis ou renseignements dans le cadre de la manifestation de la vérité.

Il apparaît donc clairement qu'en l'espèce, le juge d'instruction n'a pas saisi l'auxiliaire approprié, compromettant ainsi la rigueur scientifique de son instruction. Si certains magistrats ont pris pour habitude d'adresser leurs demandes d'expertise directement au ministère de la Santé, il faut reconnaître que cette pratique repose sur une erreur, et devrait être corrigée à l'avenir pour garantir la qualité et la fiabilité des procédures en matière de justice médicale.

L'abandon des charges relatives à la tentative d'empoisonnement par le juge d'instruction dans cette affaire soulève une préoccupation majeure sur la manière dont la justice pénale traite les contentieux médicaux sensibles. En effet, le juge semble avoir tranché sur la base d'émotions ou de convictions personnelles, et non sur la base d'une analyse scientifique rigoureuse. Or, face à des faits aussi graves impliquant l'administration possible de médicaments périmés à des femmes enceintes, la seule attitude juridiquement fondée aurait été de recourir à une expertise médico-scientifique indépendante. Faute de cela, le doute demeure entier sur les effets réels de ces substances périmées, tant à court qu'à long terme, sur les patientes concernées.

Cette carence dans l'établissement de la vérité scientifique crée une insécurité juridique, et laisse un vide dans la protection des droits des patients, en particulier les plus vulnérables. En l'absence de preuve scientifique formelle, nul ne peut affirmer aujourd'hui si ces médicaments périmés ont causé ou causeront des préjudices graves, ce qui empêche de statuer sereinement sur la responsabilité pénale des auteurs. Cette situation affaiblit le fondement même de la politique pénale en matière de santé publique, car elle laisse les victimes potentielles sans réponse, et les responsabilités sans véritable sanction. La justice semble ainsi passer à côté de sa mission de prévention et de réparation.

Enfin, un tel dénouement envoie un mauvais signal aux délinquants pharmaceutiques, qui pourraient y voir un aveu d'impuissance de la justice pénale médicale au Congo. Le sentiment d'impunité risque alors de s'accroître, encourageant la prolifération des circuits illégaux de médicaments, y compris dans les milieux hospitaliers. La crédibilité de l'action judiciaire dépend de sa capacité à réprimer efficacement les atteintes à la santé publique. Si les magistrats ne s'appuient pas sur la science pour asseoir leurs décisions, le droit pénal médical restera inefficace, voire complice involontaire d'un système défaillant.

B – Apport scientifique – L'affaire du Tribunal de Grande instance de Dolisie révèle l'impérieuse nécessité pour la justice pénale de s'adosser à une approche scientifique rigoureuse lorsqu'elle est confrontée à des dossiers médicaux. La science, dans ce contexte, ne joue pas un rôle accessoire, mais constitue le socle fondamental de l'établissement de la vérité. Dans le cas d'espèce, seul un expert en pharmacologie ou en toxicologie pouvait déterminer si le médicament périmé administré présentait des risques réels pour la santé. C'est à partir de cette évaluation scientifique que la qualification pénale des faits aurait pu être solidement établie, notamment en ce qui concerne l'infraction de tentative d'empoisonnement.

La pharmacologie-toxicologie est la discipline médicale qui étudie l'effet des substances chimiques, dont les médicaments, sur l'organisme. Dans le cadre judiciaire, un pharmacologue-toxicologue est en mesure de dire si une substance est devenue toxique après sa péremption, et si cette toxicité est de nature à nuire à la santé humaine. Dans cette affaire, l'expertise d'un tel spécialiste aurait permis de dire avec exactitude si le médicament anesthésiant périmé conservait une innocuité partielle ou s'il s'était transformé en poison, justifiant ainsi ou non l'accusation de tentative d'empoisonnement.

Le recours à l'analyse moléculaire aurait permis d'identifier les composés dégradés issus du médicament périmé. Certains médicaments, après leur date limite de consommation, peuvent en effet se décomposer en substances secondaires potentiellement toxiques. La science pharmaceutique aurait pu démontrer si les molécules restantes étaient encore actives, inoffensives ou dangereuses. C'est cette investigation technique qui fait souvent défaut dans le traitement judiciaire des affaires de santé au Congo, où l'on se contente parfois d'appréciations générales ou d'avis administratifs au lieu d'analyses en laboratoire.

Un autre enseignement scientifique de cette affaire concerne la faiblesse structurelle du système judiciaire congolais, notamment l'absence d'un réflexe institutionnel de recours au laboratoire national ou à des experts accrédités. Cette lacune révèle un vide dans la chaîne de traitement des affaires médico-pharmaceutiques. Il est indispensable que les magistrats intègrent systématiquement les laboratoires d'analyse scientifique et les experts judiciaires dans le traitement de ce type de contentieux, afin d'assurer une prise de décision éclairée et objective.

Enfin, cette affaire met en lumière l'urgence de promouvoir une culture judiciaire fondée sur la preuve scientifique dans les contentieux médicaux. La justice médicale ne peut plus s'accommoder de décisions rendues sur la base d'émotions, de croyances ou d'avis administratifs. Elle doit s'adosser à la rigueur de la méthode scientifique, qui seule peut garantir la manifestation de la vérité. Ce dossier rappelle que toute infraction touchant à la santé publique, notamment dans le cadre de la manipulation de produits pharmaceutiques, exige l'intervention d'experts spécialisés, afin de concilier droit, science et justice.

Le juge pénal, lorsqu'il est confronté à un contentieux médical, doit impérativement connaître les différents auxiliaires de la justice pénale médicale. En effet, selon la nature de l'affaire, la spécificité des faits et les éléments techniques à analyser, il est essentiel d'identifier l'expert ou la structure scientifique la mieux qualifiée pour contribuer à la manifestation de la vérité. Il peut s'agir du laboratoire national, des experts médicaux inscrits sur le tableau de la Cour d'appel, ou encore d'institutions privées spécialisées, notamment en biologie, toxicologie ou pharmacologie. Une bonne connaissance de cette cartographie permet au juge d'éviter des erreurs d'aiguillage, comme saisir une autorité administrative sans compétence technique approfondie.

Cette connaissance n'est pas simplement théorique : elle conditionne la qualité de l'instruction et la crédibilité des décisions rendues. Saisir un organe incompétent, comme cela peut être le cas en sollicitant un ministère qui ne dispose ni d'un laboratoire, ni d'expertises techniques certifiées, revient à fonder une procédure sur des bases incertaines. À l'inverse, une saisine pertinente garantit une analyse scientifique objective, ce qui permet au juge d'opérer une qualification pénale solide. Ainsi, le juge pénal médical est appelé à être non seulement juriste, mais aussi stratège dans l'art de mobiliser les bons outils scientifiques pour rendre une justice éclairée.

Par contre, le non-lieu prononcé sur l'infraction de tentative d'empoisonnement dans l'affaire de l'hôpital général de Dolisie apparaît en contradiction avec les principes fondamentaux du droit pénal médical. En effet, la définition classique de l'empoisonnement met en lumière l'intention de nuire par l'usage d'une substance dangereuse, administrée ou simplement destinée à l'être. Cette incrimination repose sur la conscience que possède l'auteur du caractère toxique ou nocif du produit utilisé. Dès lors, lorsqu'un agent de santé tente d'utiliser sciemment une substance périmée sur un patient, les éléments constitutifs de la tentative d'empoisonnement semblent réunis.

Dans cette affaire, il a été établi que les agents de santé savaient pertinemment que les drogues anesthésiantes en question étaient périmées, donc formellement interdites à l'usage médical. Le personnel médical, en raison de sa formation et de ses responsabilités, ne peut ignorer les dangers liés à l'administration de produits pharmaceutiques obsolètes. L'usage de telles substances constitue un acte délibéré, fondé sur une intention manifeste de passer outre les protocoles de sécurité sanitaire. Ce comportement dépasse la simple négligence et entre dans le champ de la responsabilité pénale intentionnelle.

Le droit pénal médical, qui vise la protection de l'intégrité physique et morale du patient, interdit formellement toute action susceptible de compromettre sa santé. L'article du code pénal applicable à la tentative d'empoisonnement exige deux éléments : une intention coupable et un commencement d'exécution. Dans le cas de Dolisie, ces deux critères sont réunis : le personnel a voulu administrer une drogue reconnue comme dangereuse, et cette action a été interrompue avant sa consommation finale, ce qui caractérise une tentative au sens de la loi.

Accorder un non-lieu dans un tel contexte revient à banaliser la gravité de l'acte posé. Cela pourrait laisser penser que l'usage de produits périmés, pourtant dangereux, ne relève pas de la répression pénale la plus stricte. Or, il s'agit là d'une mise en danger volontaire de la vie d'autrui, dans un cadre où la confiance du patient envers le soignant est primordiale. La jurisprudence en matière de tentative d'empoisonnement est constante : elle retient la qualification dès lors que l'auteur agit avec la conscience du danger, indépendamment du résultat.

Par ailleurs, un produit pharmaceutique périmé n'est pas un simple médicament inefficace : il devient instable, toxique, et potentiellement létal. Son usage n'est donc pas une simple irrégularité administrative, mais bien un acte susceptible de causer un grave préjudice à la santé. En ce sens, toute tentative d'administration devrait être analysée avec rigueur par les juridictions répressives, surtout lorsque l'auteur de l'acte est un professionnel de santé investi d'un devoir de vigilance et de protection.

En conclusion, la décision de non-lieu sur la tentative d'empoisonnement, dans ce dossier, constitue un précédent inquiétant en matière de droit pénal médical. Elle affaiblit la portée préventive du droit pénal, et envoie un signal ambigu aux acteurs du système de santé. Une requalification des faits, au regard des éléments du dossier, aurait permis d'affirmer clairement que l'intention de nuire par l'usage d'un produit dangereux ne peut être tolérée, même à l'état de tentative. Cela aurait renforcé la sécurité des patients et la crédibilité de la justice en matière de santé publique.

Section 2 : La judiciarisation de la pratique médicale devant le juge civil

La judiciarisation de la pratique médicale devant le juge civil traduit une évolution sociétale où les patients, mieux informés de leurs droits, n'hésitent plus à engager la responsabilité civile des professionnels ou des établissements de santé en cas de préjudice lié à un acte médical. Cette dynamique repose sur la recherche d'une réparation intégrale du dommage, qu'il soit corporel, moral ou matériel, et impose au juge civil d'apprécier, à la lumière des règles de droit et des expertises médicales, l'existence d'une faute, d'un lien de causalité et d'un préjudice certain. Elle souligne également l'exigence d'un encadrement juridique plus rigoureux de l'exercice médical, tout en renforçant le rôle de l'assurance en matière de responsabilité civile professionnelle.

Paragraphe 1 : L'opération chirurgicale ratée de madame Laure

Dans cette affaire, Madame **Laure**, opérée pour l'ablation de myomes utérins, a subi une intervention au cours de laquelle le chirurgien a procédé à l'ablation non consentie de ses trompes, entraînant une atteinte irréversible à sa fertilité. Ce cas illustre une faute médicale grave, caractérisée à la fois par un manquement au devoir d'information et au respect du consentement éclairé de la patiente, ainsi que par une atteinte disproportionnée à son intégrité physique et à son projet de vie. Devant le juge civil, cette situation peut fonder une action en responsabilité pour obtenir réparation du préjudice corporel, moral et patrimonial subi, reposant sur le principe fondamental du respect de la personne humaine et de son autonomie en matière de santé.

A – Les faits de la cause - Madame **Laure**, une femme mariée désireuse de concevoir un enfant, s'est rendue dans une clinique privée afin de subir une intervention chirurgicale pour le retrait de fibromes utérins (myomes), qui, selon les médecins, constituaient un obstacle à la grossesse. L'opération a été confiée au docteur **YAMBA,** gynécologue-obstétricien, qui a procédé à l'intervention dans les règles de l'art selon son appréciation. Toutefois, quelques mois après l'opération, Madame **Laure** n'arrivant toujours pas à concevoir, a consulté un autre centre médical pour des examens approfondis.

Les examens médicaux post-opératoires ont révélé une situation alarmante : la patiente ne possédait plus ses trompes de Fallope. Cette absence anatomique expliquait son incapacité à concevoir naturellement. Or, avant l'opération, aucun diagnostic ni document médical ne mentionnait que les trompes de la patiente étaient atteintes ou devaient être enlevées. Stupéfaite, Madame **Laure** est retournée vers la clinique afin de comprendre les raisons de cette ablation inattendue.

La clinique, après avoir été informée de la situation, a proposé une médiation. Un acte transactionnel a alors été établi dans lequel elle reconnaissait, sans l'écrire expressément, une faute et acceptait de verser une indemnisation à la patiente. Cependant, malgré cet engagement écrit, la clinique a exécuté très difficilement ses obligations financières, ne versant que partiellement ou avec retard les sommes dues à Madame **Laure**, qui s'est sentie méprisée et lésée.

Face à cette exécution défaillante, Madame **Laure** a saisi le juge civil pour faire reconnaître officiellement la faute médicale et obtenir réparation intégrale. Au cours de l'instance, la clinique, bien qu'ayant accepté une transaction antérieure, a tenté de remettre en cause l'expertise médicale initiale, contestant notamment le lien de causalité entre l'opération pratiquée et la stérilité de la patiente. Elle a allégué qu'il n'était pas certain que les trompes aient été enlevées lors de l'opération.

B – Instruction et jugement – Pour éclaircir la religion du tribunal, le juge a ordonné une nouvelle expertise médicale confiée à un gynécologue expert inscrit. Cette seconde expertise a confirmé de manière formelle l'absence des trompes chez Madame **Laure**, et a établi que cette ablation s'était faite au cours de l'intervention pratiquée par le docteur **YAMBA**, sans justification thérapeutique préalable. Fort de ces constatations, le dossier a été mis en délibéré, en attendant que le juge statue sur la responsabilité du médecin et de la clinique, ainsi que sur l'étendue du préjudice subi par la patiente.

Lors de l'instruction de l'affaire à la barre du tribunal, l'avocat du docteur **YAMBA** a tenté de minimiser la gravité des faits reprochés à son client. Il a soutenu qu'il ne s'agissait pas d'une faute médicale au sens strict du terme, mais d'une erreur médicale, commise de bonne foi dans le feu de l'action opératoire. Selon lui, cette erreur relevait de l'imperfection humaine et devait être analysée avec bienveillance. Il a plaidé qu'en médecine, certaines situations peuvent amener un praticien à prendre des décisions rapides, qui peuvent par la suite apparaître comme inadaptées.

S'appuyant sur cette argumentation, la défense a demandé au tribunal de ne pas appliquer une réparation lourde, mais plutôt de reconnaître le caractère humain de l'erreur, et d'en tirer les conséquences juridiques modérées. Pour cela, l'avocat du docteur a suggéré au tribunal de retenir uniquement un montant symbolique de dommages et intérêts, estimant que son client n'avait pas agi par négligence ou dans une intention de nuire, et que la qualification de faute lourde ne pouvait être retenue.

En réponse, l'avocat de la patiente a présenté une argumentation rigoureuse fondée sur le principe de la réparation intégrale du préjudice. Il a souligné que sa cliente, jeune femme mariée, avait été privée de manière irréversible de toute possibilité de procréation naturelle, et ce, sans consentement ni nécessité médicale établie. Il a rappelé que l'ablation des trompes constitue un acte chirurgical grave, qui engage la responsabilité pleine et entière du praticien, d'autant qu'aucun document médical ne justifie une telle intervention lors de l'opération initialement prévue pour un myome.

L'avocat de la patiente a insisté sur le caractère irréversible du préjudice subi, affectant à la fois l'intégrité physique, le projet de vie et la dignité de sa cliente. Il a démontré que la perte des trompes, outre la souffrance physique et morale, représente un préjudice d'une portée exceptionnelle, qui ne peut être compensé par une somme symbolique. Il a demandé que le tribunal prenne la mesure de la gravité du dommage causé et statue sur une réparation juste, proportionnée et intégrale, conformément aux principes de la responsabilité civile.

Dans sa conclusion, la partie civile a rappelé que l'émotion humaine ne doit jamais servir à éluder les responsabilités techniques en matière médicale.

Si l'erreur est humaine, elle n'exonère pas de réparer les conséquences quand elle est source d'un préjudice aussi profond. Le tribunal, ainsi saisi des deux positions, a mis l'affaire en délibéré afin de trancher entre ces deux lectures : celle de l'erreur excusable, et celle de la faute engageant une responsabilité pleine et entière.

2/ Le jugement - Dans son jugement, le juge civil a d'abord rappelé que la responsabilité médicale s'apprécie à la lumière du comportement attendu d'un professionnel normalement diligent et compétent, placé dans les mêmes circonstances. S'appuyant sur les conclusions claires et circonstanciées du rapport d'expertise médicale judiciaire, le juge a relevé que le docteur **YAMBA** avait procédé à l'ablation des trompes de Madame **Laure** sans justification thérapeutique valable ni consentement préalable éclairé de la patiente. Ce manquement constituait une violation grave des règles fondamentales de la pratique médicale.

Le juge a qualifié les agissements du médecin de faute civile au sens des articles applicables en matière de responsabilité. Il a retenu à la charge du docteur **YAMBA** plusieurs éléments constitutifs de la faute : imprudence dans le geste opératoire, maladresse dans l'évaluation du risque, et manquement aux protocoles médicaux, notamment l'absence d'information complète et d'autorisation éclairée de la patiente sur l'étendue réelle de l'intervention. Cette accumulation d'erreurs ne pouvait être assimilée à une simple erreur médicale excusable.

Le tribunal a estimé que le préjudice subi par la demanderesse était particulièrement grave : il portait non seulement atteinte à son intégrité physique, mais également à son projet de vie, à sa dignité en tant que femme et à son équilibre psychologique. En effet, la perte irréversible de ses trompes a ôté à Madame **Laure** toute chance de concevoir un enfant naturellement, bouleversant son avenir familial. Il s'agissait donc d'un dommage corporel, moral et existentiel, justifiant une réparation intégrale.

Dans son appréciation du préjudice, le juge n'a pas suivi l'argumentation de la défense qui plaidait pour un dédommagement symbolique. Il a au contraire affirmé que la réparation intégrale s'impose, conformément aux principes généraux du droit civil, dès lors que le lien de causalité entre la faute du médecin et le dommage est établi. Le montant de l'indemnisation a été fixé en tenant compte de la gravité du préjudice, de la souffrance endurée, de la perte de chance de maternité, ainsi que de l'impact durable sur la vie de la patiente.

En conclusion, le tribunal a condamné le docteur **YAMBA** à verser à Madame **Laure** des dommages et intérêts couvrant l'ensemble des postes de préjudice identifiés, y compris le recours éventuel à la procréation médicalement assistée. Il a également ordonné à la clinique, solidairement responsable, de garantir le paiement. Ce jugement marque une étape importante dans la reconnaissance du droit des patients à une information claire et à un consentement éclairé, tout en rappelant aux praticiens leur obligation de prudence et de rigueur dans l'acte médical.

Paragraphe 2 : Analyse et apport scientifique

L'analyse et l'apport scientifique de cette affaire se concentrent sur la qualification et la gestion du lien de causalité entre l'ablation des trompes de Madame **Laure** et l'acte médical pratiqué, à savoir l'opération des myomes. Sur le plan médico-légal, il s'agit d'établir si l'ablation des trompes était médicalement justifiée en lien direct avec une complication imprévisible ou si elle constitue une intervention non autorisée, indépendante de l'objectif initial de l'opération. L'expertise médicale permet ici de déterminer si le geste du chirurgien respectait les protocoles thérapeutiques, si une alternative moins radicale existait, et si les conséquences de l'ablation sont imputables à une faute. Cette démarche scientifique éclaire le juge civil sur la réalité du dommage, la nécessité médicale alléguée et la légitimité ou non de l'acte pratiqué sans consentement.

A – Analyse - L'analyse juridique de cette affaire repose d'abord sur le fondement de la responsabilité civile médicale, en particulier la faute du praticien dans l'exercice de ses fonctions. En droit civil, la responsabilité du médecin est engagée lorsqu'il commet une faute, qu'elle soit de diagnostic, de traitement ou d'exécution d'un acte médical, et que cette faute cause un préjudice à la victime. En l'espèce, l'acte chirurgical litigieux, l'ablation des trompes sans indication médicale avérée ni consentement éclairé, constitue une violation manifeste des devoirs professionnels.

Le principe du consentement éclairé, reconnu tant en droit interne qu'en droit international (ex. : Convention d'Oviedo), impose au médecin d'informer pleinement le patient des risques, de la nature et de l'étendue de l'intervention envisagée. L'ablation des trompes étant un acte grave et irréversible, l'absence d'une information préalable et d'un accord explicite constitue un manquement particulièrement grave. Ce défaut de consentement rend l'intervention non conforme au droit, même si elle a été réalisée techniquement sans erreur opératoire.

La qualification de la faute retenue par le juge – imprudence, maladresse et manquement aux protocoles médicaux – renvoie à la jurisprudence constante selon laquelle le praticien doit agir avec prudence, diligence et selon les règles de l'art. Le rapport d'expertise a permis de démontrer objectivement que le médecin avait agi en dehors de ces exigences, ce qui a conforté le juge dans sa décision. Ce cas illustre le rôle essentiel de l'expert judiciaire dans les litiges médicaux, en tant qu'auxiliaire de justice permettant d'éclairer les faits sous un angle technique et scientifique.

Sur le plan de la réparation, le juge a fait application du principe de la réparation intégrale, lequel vise à replacer la victime, autant que possible, dans la situation où elle se serait trouvée si le dommage ne s'était pas produit. En refusant d'accorder une réparation symbolique, le tribunal a pris en compte la nature irréversible du dommage, notamment la perte de la fertilité naturelle de la patiente. Cette reconnaissance d'un préjudice moral et existentiel est conforme à l'évolution moderne du contentieux civil médical, qui tend à prendre en compte la totalité de l'impact de la faute sur la vie de la victime.

Enfin, cette affaire met en lumière la question de la responsabilité conjointe des établissements de santé, dès lors que l'acte fautif a été commis dans le cadre d'un service hospitalier. La clinique étant tenue à une obligation de moyens renforcée envers ses patients, sa responsabilité a également été engagée, au moins au titre de la responsabilité du fait d'autrui (article 1384 du Code civil congolais). Cela renforce l'idée d'un système judiciaire qui protège non seulement les droits du patient, mais impose aussi aux professionnels et établissements de santé des obligations de rigueur, de transparence et d'humanité dans la pratique médicale.

B – Apport scientifique - L'apport scientifique dans cette affaire est fondamental, car il a permis de donner un éclairage technique aux allégations de la patiente, de vérifier les faits médicaux et d'établir la réalité du préjudice subi. En effet, la patiente affirmait qu'elle avait été rendue stérile à la suite d'une opération pour un fibrome (myome), au cours de laquelle les trompes de Fallope avaient été retirées. Cette affirmation, pour être recevable juridiquement, nécessitait une confirmation scientifique par voie d'expertise médicale.

Le premier apport scientifique a été réalisé par l'expertise médicale initiale, qui a objectivé l'état de santé de la dame après l'opération. L'expertise a permis de constater l'absence des trompes utérines, et donc l'impossibilité physiologique d'une grossesse naturelle. Ce constat, appuyé par des examens cliniques et par imagerie, a été décisif pour établir le lien de causalité entre l'acte médical et la perte de fertilité. Sans cette preuve scientifique, il aurait été difficile de dépasser la simple affirmation de la patiente.

Ensuite, l'expertise médicale a également analysé le compte rendu opératoire et les éléments du dossier médical. Elle a permis de constater que l'ablation des trompes n'était ni indiquée par l'état de santé de la patiente ni justifiée par une urgence médicale. Ce point est essentiel, car il démontre l'absence de nécessité thérapeutique, critère majeur pour qualifier la faute du médecin. L'expertise a donc permis de réfuter l'argument du médecin qui parlait d'« erreur » et non de « faute ».

L'expert a aussi confirmé que l'opération avait été réalisée en violation des règles de l'art, notamment celles relatives au protocole opératoire et au devoir d'information. Sur ce plan, l'apport scientifique ne se limite pas à l'aspect anatomique, mais englobe également l'évaluation des pratiques médicales et des standards professionnels. En cela, l'expert joue le rôle d'interprète entre le monde médical et le monde juridique, traduisant les actes techniques en éléments juridiques compréhensibles.

Enfin, l'expertise a permis au juge de fonder son raisonnement sur des éléments objectifs et vérifiables. Le juge civil, n'ayant pas lui-même les compétences médicales pour trancher ce type de litige, s'est reposé sur le rapport d'expertise pour qualifier juridiquement les faits : faute, lien de causalité et préjudice. Ainsi, l'apport scientifique dans cette affaire a été central, en permettant à la justice de passer de l'émotion ou de la suspicion à une vérité juridiquement exploitable et conforme aux exigences du droit à un procès équitable.

Chapitre 2

La judiciarisation de la pratique médicale devant Le juge administratif, social et constitutionnel

La judiciarisation de la pratique médicale devant le juge administratif concerne principalement les litiges liés aux services publics de santé, où l'État ou ses agents peuvent être tenus responsables en cas de faute ou de dysfonctionnement. Devant le juge social, elle se concentre sur les droits des travailleurs du secteur médical, comme les conditions de travail ou les accidents professionnels. Enfin, devant le juge constitutionnel, elle vise à garantir que les lois et pratiques médicales respectent les droits fondamentaux, comme l'accès équitable aux soins ou la protection de la vie privée des patients. Ces trois dimensions reflètent l'importance d'un cadre juridique équilibré pour répondre aux enjeux complexes de la santé publique.

Section 1 : La judiciarisation de la pratique médicale devant le juge administratif

La judiciarisation de la pratique médicale devant le juge administratif se manifeste de manière poignante dans l'affaire survenue au Centre Hospitalier Universitaire de Brazzaville, impliquant la mort tragique d'un enfant venu subir une simple intervention chirurgicale des amygdales. Au cours de la procédure d'anesthésie, une erreur dans l'administration de la drogue anesthésiante a provoqué un coma irréversible, suivi du décès de l'enfant trois jours plus tard. Saisie par les parents, la juridiction administrative a été amenée à examiner la responsabilité du service public hospitalier, notamment au regard de la faute médicale commise par l'équipe d'anesthésie et du manquement aux obligations de prudence et de sécurité. Cette affaire illustre de manière saisissante comment l'acte médical, dès lors qu'il est exercé dans un cadre public, peut faire l'objet d'un contrôle juridictionnel strict, soulignant la place croissante du juge administratif dans la régulation de la qualité des soins et la protection des droits des usagers du service public de santé.

Paragraphe 1 : Affaire de la surdose de la drogue anesthésiste

Dans cette affaire tragique, le décès d'un enfant de cinq ans suite à une surdose de drogue anesthésiante soulève des interrogations majeures tant sur le plan de la responsabilité médicale que de la sécurité des protocoles d'anesthésie en milieu hospitalier. L'analyse se concentre sur la chaîne de préparation, d'administration et de surveillance de l'anesthésie, afin de déterminer si une erreur humaine, un défaut de dosage, ou un manquement dans le contrôle du matériel est à l'origine du drame. Cette situation met en lumière les failles éventuelles du système de vigilance et de formation continue du personnel soignant, ainsi que la nécessité de renforcer les procédures de traçabilité, de double vérification et d'encadrement des actes anesthésiques, particulièrement chez les patients pédiatriques.

A – Les faits de la cause - Un père, agissant au nom de son fils mineur de cinq ans, a engagé une action devant le juge administratif à l'encontre d'un hôpital public à la suite d'un drame médical survenu lors d'une intervention chirurgicale. Son fils souffrait d'hypertrophie des amygdales, ce qui avait conduit les médecins à recommander une intervention chirurgicale visant à les retirer. L'opération, considérée comme courante et sans risque majeur, devait se dérouler dans une salle d'opération de l'hôpital public concerné.

Le jour prévu, l'enfant a été conduit au bloc opératoire et remis entre les mains des anesthésistes pour l'induction anesthésique préalable à l'intervention. C'est à cette étape que le drame s'est noué : peu après l'administration de la drogue anesthésiante, l'enfant a présenté des signes de détresse vitale et est rapidement tombé dans un coma profond. Malgré la gravité de la situation, le personnel soignant a dans un premier temps évité d'informer les parents de l'état réel de l'enfant, leur donnant des réponses vagues et rassurantes.

Ce n'est que plusieurs heures plus tard que les parents, inquiets de ne pas revoir leur fils, ont appris la vérité : l'enfant avait été admis en salle de réanimation, dans un état comateux. Les parents ont été dévastés par cette révélation brutale. Pendant deux jours, l'enfant est resté dans un état critique, placé sous assistance respiratoire, sans amélioration de son état de santé. Finalement, l'enfant est décédé des suites de cette complication, laissant la famille dans une grande douleur.

Face à ce drame, le père a tenté une première démarche amiable en saisissant le directeur de l'établissement hospitalier public pour obtenir des explications, voire réparation. Cependant, cette requête est restée sans réponse claire ni action concrète de la part de l'administration hospitalière. Devant ce silence administratif et la gravité des faits, le père a décidé d'introduire une action contentieuse devant la juridiction administrative compétente.

L'action portée devant le juge administratif vise à engager la responsabilité de l'hôpital public pour défaillance dans la prise en charge médicale et anesthésique de l'enfant, défaut d'information aux parents, ainsi qu'un possible manquement aux protocoles de sécurité liés à l'anesthésie pédiatrique. Le requérant demande réparation intégrale du préjudice moral, psychologique et matériel subi, en mettant en cause la responsabilité pour faute du service public hospitalier.

B – Instruction et jugement - Saisi de l'affaire, le juge administratif a ouvert l'instruction contradictoire pour permettre aux différentes parties de s'exprimer. Les anesthésistes, représentés par leur avocat, ont rejeté toute responsabilité dans la survenue du drame. Selon eux, la procédure anesthésique a été conduite dans les règles de l'art, avec une dose conforme au protocole en vigueur pour un enfant de cet âge et de ce poids. Ils ont affirmé que la drogue anesthésiante utilisée était de qualité conforme, provenant d'un circuit légal et qu'aucun défaut de conservation n'avait été signalé.

Ils ont alors plaidé l'existence d'un aléa thérapeutique, une complication rare et imprévisible qui peut survenir même lorsque tous les actes médicaux sont effectués dans les normes. À leurs yeux, la réaction de l'enfant ne pouvait être anticipée, car aucun antécédent médical ou signe précurseur ne permettait de penser qu'une telle complication aurait pu se produire. L'équipe soignante, ont-ils ajouté, a tout mis en œuvre pour réanimer l'enfant, sans succès.

Face à cette position, l'avocat de la famille du défunt a opposé une analyse différente. Selon lui, les éléments du dossier médical révèlent une maladresse professionnelle, notamment en ce qui concerne le dosage administré. Il soutient que la dose injectée dépassait la fourchette moyenne recommandée pour un enfant de cinq ans, et qu'une telle imprudence constitue une faute médicale, et non un simple aléa. Il a aussi mis en cause un éventuel défaut de surveillance post-anesthésique.

L'avocat de la famille a souligné que la jurisprudence administrative distingue clairement la faute de l'aléa, et qu'en présence d'un doute sérieux sur la conformité du geste anesthésique, il appartient au juge de privilégier l'expertise médicale indépendante. Il a donc sollicité la désignation d'un expert en anesthésie pédiatrique pour évaluer de manière scientifique si la dose et la technique utilisées étaient appropriées. Il a également insisté sur le devoir d'information et de transparence du personnel médical envers les parents, obligation non respectée dans cette affaire.

Au lieu de désigner un expert médical indépendant comme le prévoit la procédure en matière de contentieux médical, le juge administratif a préféré entendre en audience des professeurs de médecine pour donner leur avis scientifique. Le problème est que ces professeurs travaillent dans le même hôpital que les anesthésistes poursuivis dans cette affaire. Ce choix a immédiatement soulevé des doutes sur leur objectivité et leur impartialité, car ils se trouvent dans une position délicate vis-à-vis de leurs collègues mis en cause.

Comme on pouvait s'y attendre, ces professeurs ont tous soutenu les anesthésistes, affirmant qu'il n'y avait pas eu de faute, mais plutôt une complication imprévisible liée à l'anesthésie, qualifiée d'aléa thérapeutique. Cette situation a fortement été critiquée par la famille du défunt, qui estime que le juge n'a pas respecté les principes d'indépendance et de neutralité nécessaires à une bonne administration de la justice. En choisissant de ne pas recourir à une expertise extérieure, le juge a affaibli la crédibilité de la procédure et compromis la recherche de la vérité.

2/ le jugement – Dans son jugement, le juge administratif a fondé sa décision sur les témoignages des professeurs de médecine entendus au cours de l'audience. Ces derniers, exerçant dans le même hôpital que les anesthésistes poursuivis, ont unanimement conclu à l'absence de faute dans la prise en charge de l'enfant. Selon eux, la réaction négative de l'enfant à la drogue anesthésiante n'était pas prévisible et relevait d'un aléa thérapeutique, c'est-à-dire un risque inhérent à tout acte médical, même bien exécuté. Le juge a donc suivi cette analyse sans désigner un expert indépendant.

En adoptant cette position, le juge administratif a retenu que la mort de l'enfant était liée à une complication imprévisible, et non à une erreur ou faute médicale. Il a ainsi écarté la responsabilité directe du personnel soignant tout en reconnaissant l'existence d'un dommage subi par la famille, lié à un acte médical accompli dans un service public hospitalier. Cette reconnaissance engageait indirectement la responsabilité de l'administration hospitalière, non pas pour faute, mais sur le fondement du risque.

En effet, dans le cadre du droit administratif, l'aléa thérapeutique peut engager la responsabilité de l'État même en l'absence de faute, dès lors que le patient subit un préjudice grave, anormal et sans lien avec son état de santé initial. En l'espèce, le juge a considéré que la mort d'un enfant de cinq ans, en bonne santé générale et pris en charge pour une simple opération des amygdales, constituait un dommage grave et anormal. Ce critère a donc été rempli, ce qui a permis au juge d'ouvrir droit à indemnisation.

Sur cette base, le tribunal a condamné l'État à verser des dommages et intérêts à la famille de l'enfant au titre du préjudice moral et matériel subi. Le montant de l'indemnisation a été fixé en tenant compte de la douleur morale causée par la perte brutale de l'enfant, des frais liés à l'inhumation ainsi que de la carence de l'hôpital à informer les parents en temps utile. Le juge a également rappelé que l'information claire et loyale du patient et de sa famille fait partie intégrante des obligations de l'établissement public de santé.

Paragraphe 2 : Analyse et apport scientifique

Dans cette affaire, le juge administratif a fondé sa décision sur les avis techniques de professeurs en médecine exerçant dans la même structure hospitalière que les anesthésistes mis en cause, soulevant ainsi un doute sérieux sur l'objectivité et l'impartialité de l'expertise retenue. Bien que le juge ait reconnu la responsabilité de l'établissement public de santé et ordonné la réparation du préjudice subi par la famille de la victime, la méthode adoptée pour la recherche de la preuve s'est éloignée des exigences de transparence et d'indépendance inhérentes à une procédure juridiquement rigoureuse. Ce recours à une expertise interne, non contradictoire et potentiellement biaisée, a fragilisé la crédibilité du processus juridictionnel, révélant la nécessité d'un encadrement plus strict de l'expertise administrative, notamment par la désignation d'experts tiers et indépendants, pour garantir le respect du droit à un procès équitable.

A – Analyse – Cette décision, bien qu'elle apporte une forme de réparation à la famille, soulève plusieurs critiques quant à la méthode d'instruction adoptée. Le fait que le juge n'ait pas eu recours à une expertise indépendante, mais ait fondé sa conviction sur les propos de professionnels travaillant dans le même établissement que les mis en cause, a laissé planer des doutes sur l'impartialité de la procédure. Elle relance ainsi le débat sur les garanties d'une véritable justice médicale administrative dans les pays en développement.

La décision rendue par le juge administratif dans cette affaire, bien qu'elle reconnaisse le droit à réparation de la famille endeuillée, laisse transparaître plusieurs faiblesses sur le plan procédural. En ne sollicitant pas une expertise médicale indépendante, le juge a compromis le principe fondamental d'objectivité dans la recherche de la vérité. Le fait d'avoir fondé son appréciation sur les dépositions de professeurs en médecine exerçant dans le même hôpital que les anesthésistes mis en cause introduise un sérieux doute sur la neutralité des avis recueillis.

Dans toute procédure contentieuse, surtout en matière médicale, l'impartialité et l'indépendance des experts sont essentielles pour garantir une justice équitable. En l'espèce, la proximité entre les témoins scientifiques et les parties mises en cause pouvait créer un conflit d'intérêts, volontaire ou non, influençant la sincérité de leurs dépositions. Cette situation pouvait naturellement orienter la décision judiciaire vers une lecture favorable aux praticiens poursuivis, et donc défavorable à la famille plaignante.

L'absence d'expertise formellement désignée par ordonnance judiciaire constitue une entorse à la bonne administration de la justice. Un expert médical agréé, inscrit sur la liste de la cour d'appel, ou un laboratoire indépendant aurait pu fournir un avis scientifique neutre, basé sur des analyses rigoureuses. Cette démarche aurait permis d'évaluer objectivement la nature de l'acte médical, la dose d'anesthésie administrée, la réaction physiologique de l'enfant et, par conséquent, de déterminer s'il s'agissait réellement d'un aléa thérapeutique ou d'une faute médicale.

Par ailleurs, cette manière de procéder interroge sur la place du patient dans le système hospitalier public, notamment dans les pays en développement où les familles vulnérables peuvent se retrouver désarmées face à l'opacité des institutions de santé. L'impression laissée par cette décision est celle d'une justice qui protège l'institution publique au détriment des usagers, ce qui alimente le sentiment d'injustice et de défiance à l'égard de l'appareil judiciaire et du système hospitalier dans son ensemble.

Enfin, cette affaire remet en lumière la nécessité de réformer les mécanismes de gestion du contentieux médical dans les États africains, en renforçant la formation des magistrats sur les enjeux médico-légaux et en garantissant l'indépendance des experts intervenant dans les litiges. Elle souligne aussi l'importance d'une justice plus humaine, plus transparente et plus scientifique, capable de concilier les intérêts des patients avec la protection de l'ordre médical, sans céder à la complaisance institutionnelle.

B – Apport scientifique – L'affaire opposant un père, agissant pour le compte de son fils décédé à la suite d'une anesthésie, à un hôpital public, soulève des enjeux scientifiques importants en matière de contentieux médical. L'apport scientifique dans cette affaire se situe d'abord dans la compréhension des mécanismes de l'anesthésie générale chez les enfants. En effet, l'acte anesthésique repose sur un calcul précis du poids, de l'âge, de l'état de santé du patient et des antécédents médicaux. Une erreur, même minime, dans le dosage ou dans l'appréciation de la tolérance du corps à la substance peut entraîner des réactions graves, voire irréversibles, comme ce fut le cas ici.

L'un des aspects scientifiques clés porte sur la notion d'aléa thérapeutique. Il s'agit d'un événement imprévisible et non fautif, résultant d'un acte médical réalisé selon les règles de l'art, mais qui produit malgré tout un effet dommageable. Pour pouvoir reconnaître un aléa thérapeutique, encore faut-il écarter toute imprudence, négligence ou erreur de la part du corps médical. Cela implique donc une investigation scientifique rigoureuse, menée par des spécialistes capables d'analyser les données cliniques, les substances utilisées et les conditions d'administration de l'anesthésie.

Dans cette affaire, le recours à des professeurs de médecine issus du même hôpital que les praticiens mis en cause posent un véritable problème d'objectivité scientifique. Un apport scientifique fiable suppose une expertise indépendante, souvent réalisée par un anesthésiste-réanimateur expert, capable d'évaluer si les protocoles ont été respectés et si les doses injectées étaient adaptées. Cela aurait permis de départager l'hypothèse d'un aléa d'une éventuelle faute médicale liée à une maladresse, une précipitation ou un manque de précaution.

L'analyse scientifique aurait également pu s'étendre à l'étude des effets biologiques de la drogue anesthésiante utilisée. Chaque médicament possède une pharmacocinétique et une pharmacodynamie propres, et certaines molécules peuvent entraîner des effets imprévus en fonction de la sensibilité particulière du patient. Des tests biologiques, post-mortem ou lors de l'hospitalisation, auraient pu établir si une réaction allergique ou une mauvaise métabolisation de la substance anesthésiante était responsable du coma puis du décès de l'enfant.

De plus, l'aspect scientifique aurait permis de mettre en lumière les conditions matérielles de l'hôpital : qualité du matériel d'anesthésie, présence des équipements de surveillance, réactivité du personnel en cas de complications, respect du protocole d'urgence. Tous ces éléments sont essentiels pour déterminer si la chaîne médicale s'est déroulée dans les règles, ou si des manquements ont aggravé la situation.

Enfin, l'affaire rappelle la nécessité d'instaurer une culture de la médecine basée sur l'évaluation scientifique, l'audit des pratiques hospitalières et la transparence des incidents médicaux. Dans des pays à système de santé fragile, la science ne doit pas seulement servir à soigner, mais aussi à garantir la justice et la responsabilité dans l'acte de soin. En cela, l'expertise médicale indépendante devient un pilier fondamental pour éclairer les juridictions administratives et rétablir la confiance entre les patients et les institutions sanitaires.

Section 2 : La juridiction de la pratique médicale devant le juge social médical

La juridiction de la justice sociale médicale s'illustre pleinement dans le traitement des litiges liés à la reconnaissance d'une maladie professionnelle refusée par l'employeur. En réalité, lorsqu'un salarié estime que sa pathologie est directement liée à ses conditions de travail, il peut saisir le tribunal, compétent pour statuer sur la reconnaissance du caractère professionnel de la maladie. Ce juge évalue les éléments médicaux, les rapports d'expertise, ainsi que les conditions d'exposition au risque, afin de déterminer l'imputabilité au travail. Ce contentieux illustre la dimension médico-juridique du droit social, où la protection du salarié passe par l'intervention du juge pour garantir ses droits face aux réticences de l'employeur ou de l'organisme assureur.

Paragraphe 1 : Affaire sur la maladie professionnelle

La reconnaissance de la maladie professionnelle constitue fréquemment un point de discorde entre l'employé et l'employeur, car elle implique des enjeux financiers, juridiques et sociaux importants. Pour le salarié, il s'agit d'obtenir une indemnisation équitable et la reconnaissance de la responsabilité professionnelle de l'employeur dans la survenance de sa pathologie, ce qui peut également ouvrir droit à des aménagements de poste ou à une prise en charge spécifique par la sécurité sociale. L'employeur, de son côté, peut contester cette reconnaissance afin d'éviter une hausse de ses cotisations ou d'éventuelles actions en responsabilité. Cette divergence nécessite souvent l'intervention d'un médecin expert et, dans certains cas, l'arbitrage des juridictions compétentes, tant les critères médicaux et juridiques d'imputabilité peuvent être complexes à établir.

A – Faits de la cause - Un agent de surface employé depuis six ans dans une société de transformation industrielle commence à développer des troubles respiratoires, des douleurs chroniques et des éruptions cutanées. Travaillant dans un environnement constamment exposé à des produits chimiques sans équipement de protection adéquat, il consulte un médecin du travail qui établit un lien direct entre sa pathologie et ses conditions de travail. Le praticien préconise alors un arrêt de travail prolongé, assorti d'une demande de reconnaissance de maladie professionnelle.

L'agent saisit la direction des ressources humaines pour la prise en charge de ses soins et pour bénéficier des indemnités prévues par la législation sociale. Contre toute attente, l'employeur refuse catégoriquement de reconnaître la responsabilité de l'entreprise dans la dégradation de l'état de santé du salarié. Pour se justifier, il avance que la maladie dont souffre l'agent serait le résultat de pratiques mystiques initiées par certains membres de sa famille, notamment en raison de conflits connus dans son village natal. L'employeur va jusqu'à produire des témoignages de collègues relatant des "visions" et des "soupçons de malédiction familiale".

Devant cette attitude, l'employé, soutenu par un syndicat, décide de porter l'affaire devant l'inspection du travail, puis devant le tribunal du travail compétent. Il joint à sa requête les certificats médicaux, le rapport du médecin du travail et des photos de l'environnement de travail démontrant l'absence de protections sanitaires adéquates. Il demande que la maladie soit reconnue comme professionnelle, que l'employeur soit condamné à prendre en charge les frais médicaux et qu'il soit indemnisé pour le préjudice physique et moral subi.

L'audience devant le tribunal est marquée par des débats houleux. L'avocat de l'entreprise insiste sur l'absence de preuve formelle reliant les produits chimiques à la pathologie, et tente de décrédibiliser les certificats médicaux en les qualifiant d'influencés ou incomplets. Il revient à plusieurs reprises sur la dimension "culturelle" de la maladie, demandant au juge de prendre en compte "le contexte sociologique africain où certaines maladies ont une origine surnaturelle". Une telle approche choque les représentants syndicaux et les professionnels de santé présents à l'audience.

Cette affaire soulève un véritable enjeu de justice médicale sociale : comment faire prévaloir l'analyse scientifique et médicale face à des croyances culturelles encore fortement ancrées dans certaines sphères de la société, y compris au sein de l'entreprise ? Le juge du travail se retrouve ainsi à devoir arbitrer entre une vérité médicale objectivée et une rhétorique superstitieuse utilisée pour se dédouaner de toute responsabilité sociale.

B – Instruction et jugement – Lors de l'instruction de l'affaire, le juge social, soucieux d'établir la vérité scientifique, a pris une ordonnance d'expertise pour désigner un médecin spécialisé en pathologies professionnelles. La mission confiée à l'expert était de déterminer s'il existait un lien de causalité entre les conditions de travail du requérant et l'apparition de sa maladie. Cette décision du juge traduisait la volonté de s'éloigner des considérations subjectives ou culturelles, pour se recentrer sur une analyse fondée sur des données médicales et scientifiques.

L'expert, après avoir examiné le dossier médical du requérant, visité les lieux de travail et analysé les substances chimiques utilisées dans le processus industriel, a rendu un rapport sans équivoque. Il y était clairement indiqué que l'exposition prolongée à ces produits toxiques, sans mesures de protection adéquates, était directement responsable de la pathologie développée par le salarié. L'expert a souligné que les symptômes présentés étaient typiques des intoxications chimiques dans des environnements mal sécurisés.

Ce rapport a eu un impact décisif dans le cours de la procédure. Il a permis de mettre fin aux spéculations avancées par l'employeur sur une prétendue origine mystique ou familiale de la maladie. Le juge a désormais entre ses mains un élément objectif, conforme au principe de rationalité scientifique qui fonde le droit social médical. L'expertise a également mis en lumière le manquement de l'employeur à son obligation de sécurité et de protection de la santé de ses travailleurs.

Dans leurs conclusions finales, les conseils du requérant ont insisté sur la valeur probante de l'expertise et sur l'urgence pour les juridictions sociales de renforcer la crédibilité de la médecine du travail. Ils ont également évoqué la nécessité d'une réparation intégrale du préjudice, englobant les soins médicaux, la perte de revenus et le dommage moral causé par le refus initial de reconnaissance de la maladie. Pour eux, cette affaire devait servir d'exemple pour lutter contre la banalisation des maladies professionnelles dans certains secteurs négligents.

Le juge social, disposant désormais d'un fondement solide, était ainsi en mesure de statuer sereinement. Grâce à l'apport de l'expertise, il pouvait replacer le débat sur le terrain du droit et de la santé publique, loin des interprétations culturelles déviantes. Ce recours à un expert indépendant a renforcé la légitimité de la procédure et illustré le rôle fondamental de l'expertise médicale dans l'établissement des faits, surtout dans des contextes où les employeurs tentent de se soustraire à leurs responsabilités sociales.

Dans son jugement, le juge social a d'abord rappelé les principes fondamentaux qui gouvernent le droit du travail, notamment l'obligation de sécurité de l'employeur. Cette obligation impose à tout employeur de prendre les mesures nécessaires pour assurer la sécurité et protéger la santé physique et mentale des travailleurs. Après avoir exposé les faits, le juge a estimé que la position de l'employeur, reposant sur des considérations non médicales et des allégations de nature mystique, manquait de fondement sérieux et était manifestement contraire à la logique du droit social.

Le juge s'est ensuite appuyé sur le rapport de l'expert médical désigné par ordonnance. Ce dernier avait conclu de manière claire et documentée que la maladie contractée par le requérant était liée à l'exposition répétée à certains produits toxiques sur le lieu de travail. Ce lien de causalité direct entre l'environnement professionnel et l'état de santé du salarié a été déterminant dans l'analyse du tribunal, qui a qualifié la maladie de professionnelle au sens du droit du travail.

Le tribunal a rejeté l'argumentaire de l'employeur qui tentait de nier sa responsabilité en invoquant des causes externes ou personnelles. Le juge a fermement rappelé qu'un employeur ne peut s'exonérer de sa responsabilité en invoquant des croyances culturelles ou des considérations irrationnelles. Il a souligné que seul un raisonnement fondé sur des éléments médicaux et scientifiques pouvait être pris en compte devant une juridiction sociale.

Le jugement a aussi mis en lumière le manquement de l'employeur à son devoir de prévention. Il a été établi qu'aucune mesure de protection n'avait été mise en place pour éviter les risques liés à la manipulation des produits chimiques. Ce défaut manifeste de vigilance a été considéré comme une faute lourde, aggravant la responsabilité de l'employeur.

En conséquence, le tribunal a condamné l'employeur au paiement de dommages et intérêts en réparation du préjudice subi par le requérant. Ces dommages comprenaient non seulement la prise en charge des frais médicaux, mais également une compensation pour la perte de revenus, les souffrances endurées, et le préjudice moral. Le juge a insisté sur la nécessité de garantir une réparation intégrale, conformément aux principes de justice sociale.

Ce jugement marque un précédent important dans la lutte contre la négligence des conditions de travail dans les milieux professionnels. Il rappelle à tous les employeurs l'obligation impérieuse de mettre en œuvre des mesures de sécurité et de reconnaître, en toute honnêteté, les pathologies professionnelles. Il constitue également un appel à la rationalité et à la rigueur scientifique dans l'administration de la justice sociale, loin des mythes et des superstitions.

Paragraphe : Analyse et apport scientifique

L'analyse et l'apport scientifique permettent de clarifier les mécanismes physiopathologiques à l'origine de certaines affections liées aux conditions de travail, contribuant ainsi à une meilleure identification des maladies professionnelles. En croisant les données cliniques, épidémiologiques et toxicologiques, les experts peuvent établir un lien de causalité crédible entre l'exposition professionnelle et la pathologie développée, renforçant ainsi les arguments médicaux devant les instances administratives ou juridictionnelles. Cette approche scientifique rigoureuse permet d'objectiver les débats souvent conflictuels entre employeurs et employés, et oriente la suite à donner en matière de reconnaissance, de réparation, et de prévention des risques professionnels, en posant les bases d'une réforme plus équitable et fondée sur des critères transparents et actualisés.

A – Analyse - Ce litige met en lumière les tensions persistantes entre rationalité juridique et croyances socioculturelles dans le traitement des contentieux sociaux en Afrique. Le refus initial de l'employeur de reconnaître la maladie professionnelle sur la base de considérations mystiques révèle une tendance préoccupante à banaliser la responsabilité patronale sous couvert de traditions ou de superstitions. Ce comportement est non seulement juridiquement infondé, mais il porte également atteinte à la dignité du salarié et à la crédibilité du système de protection sociale.

L'analyse du juge social, en revanche, s'inscrit dans une démarche rationnelle et conforme aux exigences du droit du travail. En ordonnant une expertise médicale indépendante, le magistrat a respecté le principe du contradictoire et assuré l'objectivité de la preuve. Ce choix méthodologique montre l'importance des auxiliaires scientifiques dans les litiges de santé au travail. Il confirme aussi que le juge social, loin de se substituer à l'expert, doit s'appuyer sur des données scientifiques pour statuer en toute impartialité.

Le jugement rendu est également un rappel fort de l'obligation de sécurité qui pèse sur l'employeur. Il rappelle que toute négligence dans l'identification et la prévention des risques professionnels peut engager la responsabilité civile de l'employeur. En cela, cette décision participe à la consolidation du droit de la santé au travail et à l'affirmation du principe de réparation intégrale du préjudice.

Sur le plan symbolique, cette affaire constitue un signal fort envoyé à la société : la justice sociale repose sur la preuve, la raison, et non sur des croyances irrationnelles. Elle démontre que le prétoire ne peut être un espace de validation des superstitions, mais doit rester un lieu de vérité, de rationalité et de protection des droits fondamentaux des travailleurs.

Enfin, cette décision devrait inciter les autorités compétentes à renforcer les campagnes de sensibilisation sur les maladies professionnelles et l'importance des équipements de protection. Elle appelle aussi à mieux former les employeurs et à rendre les expertises médicales plus accessibles afin d'assurer une justice sociale plus scientifique, crédible et efficace.

B – Apport scientifique - Ce litige met en lumière les tensions persistantes entre rationalité juridique et croyances socioculturelles dans le traitement des contentieux sociaux en Afrique. Le refus initial de l'employeur de reconnaître la maladie professionnelle sur la base de considérations mystiques révèle une tendance préoccupante à banaliser la responsabilité patronale sous couvert de traditions ou de superstitions. Ce comportement est non seulement juridiquement infondé, mais il porte également atteinte à la dignité du salarié et à la crédibilité du système de protection sociale.

L'analyse du juge social, en revanche, s'inscrit dans une démarche rationnelle et conforme aux exigences du droit du travail. En ordonnant une expertise médicale indépendante, le magistrat a respecté le principe du contradictoire et assuré l'objectivité de la preuve. Ce choix méthodologique montre l'importance des auxiliaires scientifiques dans les litiges de santé au travail. Il confirme aussi que le juge social, loin de se substituer à l'expert, doit s'appuyer sur des données scientifiques pour statuer en toute impartialité.

Le jugement rendu est également un rappel fort de l'obligation de sécurité qui pèse sur l'employeur. Il rappelle que toute négligence dans l'identification et la prévention des risques professionnels peut engager la responsabilité civile de l'employeur. En cela, cette décision participe à la consolidation du droit de la santé au travail et à l'affirmation du principe de réparation intégrale du préjudice.

Sur le plan symbolique, cette affaire constitue un signal fort envoyé à la société : la justice sociale repose sur la preuve, la raison, et non sur des croyances irrationnelles. Elle démontre que le prétoire ne peut être un espace de validation des superstitions, mais doit rester un lieu de vérité, de rationalité et de protection des droits fondamentaux des travailleurs.

Enfin, cette décision devrait inciter les autorités compétentes à renforcer les campagnes de sensibilisation sur les maladies professionnelles et l'importance des équipements de protection. Elle appelle aussi à mieux former les employeurs et à rendre les expertises médicales plus accessibles afin d'assurer une justice sociale plus scientifique, crédible et efficace.

Section 3 : La judiciarisation de la pratique médicale devant le juge constitutionnel

La judiciarisation de la justice constitutionnelle médicale, dans le cadre de la validation des dossiers des candidats à l'élection présidentielle, soulève la question cruciale du contrôle juridico-sanitaire de l'aptitude physique et mentale des prétendants à la magistrature suprême. En effet, cette démarche vise à garantir que les candidats remplissent non seulement les conditions juridiques et politiques, mais également les exigences médicales, afin d'assurer une gouvernance responsable et efficace. L'intervention du juge constitutionnel dans cette évaluation médicale, bien que délicate, devient un enjeu d'intérêt public, notamment pour prévenir les risques d'incapacité en cours de mandat. Toutefois, cette judiciarisation doit s'inscrire dans un cadre transparent, respectueux des droits fondamentaux, tout en évitant les dérives politiques ou discriminatoires, afin de préserver la crédibilité du processus électoral. Soumettre les certificats médicaux à une vérification encadrée par des experts désignés par la Cour constitutionnelle renforcerait ainsi la légitimité des candidatures et la confiance des citoyens dans les institutions.

Paragraphe 1 : La validation de la candidature du Président Algérien et Gabonais[83]

La justice médicale constitutionnelle intervient notamment dans le cadre du contrôle de la validité des candidatures aux fonctions suprêmes, comme cela a été observé en Algérie et au Gabon. Dans ces deux cas, la question de l'aptitude physique et mentale des candidats à exercer la fonction présidentielle a suscité un débat juridique et éthique, mobilisant des expertises médicales sollicitées par les cours constitutionnelles. En Algérie, la candidature controversée du président Abdelaziz Bouteflika, affaibli par des problèmes de santé, a été validée par le Conseil constitutionnel malgré les doutes publics sur sa capacité à gouverner. De même, au Gabon, la réélection du président Ali Bongo a soulevé des interrogations suite à son AVC, alors que le rôle des experts médicaux et des institutions constitutionnelles fut déterminant dans la décision de maintenir sa candidature. Ces situations illustrent la portée politique de l'expertise médicale en matière constitutionnelle et la nécessité de garantir l'indépendance et la transparence des avis médicaux dans les processus de validation électorale.

A – Faits de la cause - La validation de la candidature des présidents algérien et gabonais sur leurs états de santé illustre l'importance de l'expertise médicale constitutionnelle dans les processus électoraux. En Algérie, l'état de santé de l'ancien président Abdelaziz Bouteflika a suscité des débats intenses, notamment après son AVC en 2013. Bien que son aptitude à gouverner ait été

[83] Affaire tirée sur l'actualité politique du Gabon

remise en question, il a continué à briguer des mandats, ce qui a alimenté des controverses sur la transparence et l'intégrité des examens médicaux requis pour valider sa candidature.

Au Gabon, la situation du président Ali Bongo Ondimba a également été marquée par des interrogations sur son état de santé après un AVC en 2018. Malgré les spéculations sur son aptitude physique et mentale à exercer ses fonctions, il a été candidat à sa réélection en 2023. Les examens médicaux réalisés dans ce cadre ont été entourés de secret médical, mais la question de leur rigueur et de leur impartialité a été au cœur des débats politiques.

Ces deux cas mettent en lumière les défis liés à l'évaluation médicale des candidats à la présidence. La transparence, l'impartialité et la qualité des examens médicaux sont essentielles pour garantir la crédibilité du processus électoral. Cependant, les pressions politiques et les enjeux institutionnels peuvent parfois influencer ces évaluations, compromettant ainsi la confiance publique dans les institutions démocratiques

En conclusion, la validation des candidatures sur la base de l'état de santé des présidents algérien et gabonais souligne la nécessité de renforcer les mécanismes d'expertise médicale constitutionnelle. Cela inclut la désignation d'experts médico-légaux qualifiés et l'utilisation de plateforme techniques modernes pour garantir des évaluations fiables et conformes aux normes constitutionnelles. Ces mesures sont indispensables pour préserver l'intégrité des processus électoraux et la stabilité institutionnelle.

B – Les contestations populaires – Les contestations populaires liées à l'état de santé des présidents Abdelaziz Bouteflika en Algérie et Ali Bongo Ondimba au Gabon ont marqué l'histoire politique récente de leurs pays. En Algérie, l'état de santé déclinant de Bouteflika, notamment après son AVC en 2013, a suscité une vague de mécontentement parmi la population. Les citoyens ont dénoncé son incapacité à gouverner et ont organisé des manifestations massives en 2019, exigeant sa démission. Ces protestations, connues sous le nom de Hirak, ont finalement conduit à son retrait du pouvoir, mettant fin à deux décennies de présidence.

Au Gabon, la situation d'Ali Bongo Ondimba a également généré des tensions après son AVC en 2018. Bien que sa santé ait été un sujet de préoccupation, il a continué à exercer ses fonctions, ce qui a alimenté des critiques et des doutes sur sa capacité à diriger le pays. Les élections de 2023 ont été marquées par des contestations populaires, avec des accusations de fraude électorale et des appels à la transparence concernant son état de santé. Ces tensions ont culminé avec un coup d'État militaire, mettant fin à son mandat et à une dynastie politique de plusieurs décennies.

Ces deux cas illustrent comment l'état de santé des dirigeants peut devenir un catalyseur de contestations populaires, révélant des frustrations plus profondes liées à la gouvernance et à la transparence. Les citoyens, confrontés à des dirigeants perçus comme inaptes, expriment leur mécontentement à travers des manifestations, exigeant des réformes et une meilleure gestion des affaires publiques. Ces mouvements reflètent une volonté collective de changement et de justice sociale.

En conclusion, les contestations populaires liées à l'état de santé des présidents Bouteflika et Bongo montrent l'importance de la transparence et de l'intégrité dans la gestion des institutions démocratiques. Elles soulignent également le rôle crucial des citoyens dans la défense de leurs droits et la promotion de la responsabilité politique, en particulier dans des contextes où la santé des dirigeants devient un enjeu national.

Paragraphe 2 : Analyse et apport scientifique

L'analyse et l'apport scientifique dans ces affaires soulignent l'importance d'une évaluation médicale rigoureuse, objective et indépendante dans le processus de validation des candidatures à des fonctions de haute responsabilité. La médecine légale et l'expertise médicale jouent ici un rôle déterminant pour apprécier la capacité physique et cognitive du candidat à exercer ses fonctions, en tenant compte des exigences constitutionnelles de santé et de disponibilité. Ces apports permettent non seulement de prévenir l'instrumentalisation politique de la médecine, mais aussi de garantir la crédibilité des institutions démocratiques. Ils plaident en faveur d'un cadre normatif clair, encadrant l'intervention des experts médicaux dans les décisions constitutionnelles, afin de concilier respect des droits politiques et impératifs de gouvernance efficace.

A – Analyse - Les cas des présidents Abdelaziz Bouteflika[84] en Algérie et Ali Bongo Ondimba au Gabon mettent en lumière les défis liés à la transparence et à la gestion de l'état de santé des dirigeants. Dans les deux situations, les AVC subis par ces présidents ont suscité des interrogations sur leur aptitude à gouverner, alimentant des tensions politiques et sociales. Ces événements soulignent l'importance de mécanismes clairs et rigoureux pour évaluer la santé des candidats à des fonctions de haute responsabilité, afin de préserver la stabilité institutionnelle et la confiance publique.

Ces cas révèlent également le rôle crucial de la justice médicale constitutionnelle. L'absence de transparence dans les examens médicaux et les décisions prises a contribué à des contestations populaires, les citoyens exigeant des réponses claires sur l'état de santé de leurs dirigeants. Cela montre que la gestion de ces situations doit inclure une communication

---

[84] Affaire tirée de l'actualité politique de l'Algérie

ouverte et des procédures impartiales pour éviter les suspicions de manipulation politique ou de favoritisme.

En outre, ces situations mettent en évidence les risques liés à la concentration du pouvoir dans des systèmes où la santé des dirigeants devient un enjeu national. Les contestations populaires qui en ont découlé, comme le Hirak en Algérie et les manifestations au Gabon, reflètent une volonté collective de changement et de justice. Ces mouvements ont été des catalyseurs de transformations politiques majeures, démontrant la capacité des citoyens à influencer les institutions lorsqu'ils perçoivent une crise de gouvernance.

En conclusion, l'analyse de ces deux cas souligne la nécessité de renforcer les mécanismes d'expertise médicale constitutionnelle et de garantir une transparence totale dans l'évaluation de la santé des dirigeants. Cela permettrait de prévenir les crises politiques et sociales liées à l'état de santé des présidents, tout en assurant une gouvernance efficace et une stabilité institutionnelle. Ces leçons doivent servir de base pour améliorer les pratiques démocratiques et renforcer la confiance entre les citoyens et leurs institutions.

B – Apport scientifique - L'apport scientifique dans les cas des présidents Abdelaziz Bouteflika et Ali Bongo Ondimba est marqué par la prise de conscience du rôle du juge constitutionnel et des experts médicaux. Un plateau technique sophistiqué est indispensable pour garantir la précision et la fiabilité des examens médicaux réalisés dans le cadre de la justice constitutionnelle. Des laboratoires équipés des technologies les plus avancées, tels que des dispositifs d'analyse biologique et neurologique, permettent de produire des résultats fiables et conformes aux standards internationaux. Ces infrastructures sont essentielles pour éviter toute contestation liée à des erreurs ou insuffisances techniques. De plus, leur modernisation régulière assure que les évaluations des candidats reposent sur des données scientifiquement valides, renforçant ainsi la crédibilité du processus électoral.

L'impartialité du juge constitutionnel est tout aussi cruciale dans ces contextes. Le juge, garant de l'application des dispositions constitutionnelles, doit veiller à ce que les évaluations médicales soient réalisées dans le respect des principes de transparence et d'équité. Sa supervision assure que les experts médico-légaux opèrent sans influence externe et que leurs conclusions reposent uniquement sur des critères objectifs. L'indépendance du juge est fondamentale pour protéger le processus électoral contre toute manipulation politique ou favoritisme, et pour garantir une application impartiale des lois.

En résumé, l'apport scientifique, la sophistication technique et l'impartialité judiciaire convergent pour assurer une justice médicale constitutionnelle rigoureuse. Ces éléments interconnectés permettent non seulement de préserver la crédibilité du processus électoral, mais aussi de renforcer la confiance des citoyens dans les institutions démocratiques. Ils soulignent l'importance d'un cadre solide et impartial pour évaluer les candidats à des fonctions de haute responsabilité.

CONCLUSION

La justice médicale constitue aujourd'hui un enjeu majeur pour la République du Congo. Dans un contexte de transformation du système de santé, où les attentes des citoyens sont croissantes et les exigences de qualité de plus en plus fortes, il devient impératif d'adapter les mécanismes juridiques, institutionnels et professionnels aux spécificités de l'acte médical. L'évolution de la relation entre soignants et patients, longtemps marquée par une asymétrie d'information, appelle désormais à une plus grande transparence, à la reconnaissance des droits des patients et à une meilleure responsabilisation des professionnels de santé. Le temps du paternalisme médical cède peu à peu la place à une médecine fondée sur l'éthique, la responsabilité et le consentement éclairé.

Il n'est pas rare, en effet, d'entendre dans la cité des citoyens comparer le personnel soignant à des commerçants, tant certains comportements mercantiles se sont infiltrés dans le milieu hospitalier. Cette perception naît souvent de la monétisation croissante des soins, des demandes informelles de paiement ou d'un accueil déshumanisé, donnant l'impression que l'hôpital, lieu sacré du soin et de la compassion, est devenu un espace de transaction. Pourtant, l'hôpital ne saurait être un lieu de commerce ; il est, par essence, un sanctuaire de la dignité humaine, où la vie doit être prise en charge non comme un produit, mais comme une valeur à préserver avec éthique, responsabilité et dévouement.

Chaque jour, dans de nombreux hôpitaux, des citoyens dénoncent des violations répétées des principes fondamentaux du droit à la santé : refus de soins, négligences, traitements inégaux ou encore exigences financières abusives. Pourtant, ces plaintes sont rarement traduites en actions judiciaires. Les patients, bien qu'ayant conscience de leurs droits, hésitent à saisir les juridictions compétentes, souvent par peur de représailles ou par méconnaissance des voies de recours. Ce déficit de recours fragilise la justice médicale et laisse place à l'impunité de certains comportements contraires à l'éthique professionnelle.

Une forme de crainte s'est installée, fondée sur la peur de la réaction du personnel soignant, qui peut parfois décider, en guise de représailles silencieuses, de suspendre ou de négliger les soins d'un patient jugé irrespectueux. Il arrive que l'on observe des cas où un soignant, au nom d'une solidarité de corps, refuse d'intervenir sur un malade ayant eu un différend verbal avec un collègue, au mépris du devoir de soin. Cette situation révèle une dérive préoccupante : celle de l'inversion des rapports entre soignants et patients, où la souffrance de l'homme devient secondaire face à des susceptibilités professionnelles. La justice médicale doit ici réaffirmer avec fermeté que le droit au soin ne saurait être conditionné par l'humeur ou l'orgueil d'un soignant, et qu'aucun motif personnel ne justifie la privation d'une assistance médicale à une personne en danger.

Une autre forme de méfiance, moins visible mais tout aussi grave, est celle que les patients nourrissent à l'égard de la justice médicale elle-même. Nombreux sont ceux qui estiment que cette justice, censée les protéger, se déploie dans un environnement rudimentaire, dépourvu des outils techniques indispensables pour mener une enquête objective et approfondie. L'absence de laboratoires médico-légaux modernes, de spécialistes en expertise médicale indépendants ou de dispositifs d'investigation fiables entrave considérablement la recherche de la vérité. Cette carence technique rend la justice médicale fragile, exposée à des approximations ou à des jugements rendus sur la base de preuves insuffisantes.

Cette défiance se renforce par le coût élevé que représente l'accès à cette justice. Dans bien des cas, les frais d'expertise médicale sont laissés à la charge du plaignant, souvent un patient ou une famille déjà affaiblie financièrement par le coût de l'hospitalisation, des traitements ou même du deuil. Loin d'être un levier de protection pour les plus vulnérables, la justice médicale devient alors un parcours d'obstacles, réservé à ceux qui ont les moyens de la financer. Ce système à double vitesse, où seuls les patients solvables peuvent faire valoir leurs droits, compromet gravement le principe d'égalité devant la justice.

Face à cette réalité, la justice médicale perd en légitimité. Elle est perçue non plus comme une institution impartiale et accessible, mais comme un mécanisme lointain, technique, et parfois complice d'un système hospitalier dysfonctionnel. Pour restaurer la confiance, il est urgent de repenser son organisation : création de structures médico-légales autonomes, instauration de fonds publics pour couvrir les frais d'expertise dans les affaires de santé, renforcement des formations spécialisées pour les magistrats et développement d'une justice de proximité en matière médicale. Car une société qui prétend protéger la vie humaine doit rendre sa justice médicale à la fois crédible, équitable et accessible à tous.

En parallèle, il importe de promouvoir les modes alternatifs de règlement des litiges. Médiation, conciliation et transaction doivent être encouragées comme des voies apaisées et souples, qui évitent la judiciarisation systématique et favorisent la réparation rapide des préjudices. Pour rendre ces dispositifs efficaces, le Congo doit investir dans la formation et l'accréditation de médiateurs et conciliateurs spécialisés en santé. Ces professionnels devront maîtriser à la fois le droit médical, la déontologie médicale, et les techniques de résolution des conflits, afin d'intervenir avec compétence et impartialité.

Par ailleurs, le droit à la santé et les droits des patients doivent être mieux reconnus et protégés. L'information claire, le consentement éclairé, le respect de la dignité humaine ne doivent pas rester de simples déclarations. Ils doivent s'incarner dans des pratiques médicales quotidiennes, encadrées par des textes clairs, contrôlées par des instances indépendantes. Les professionnels de santé, de leur côté, doivent bénéficier d'une culture juridique renforcée. Il est impératif d'intégrer des modules de droit de la santé et d'éthique médicale dans les cursus de formation, dès les premières années d'études, et de proposer des programmes de formation continue. Une meilleure compréhension des règles juridiques évite bien des erreurs, et améliore la relation avec les patients.

Le renforcement de l'assistance juridique aux patients est aussi essentiel. Beaucoup de citoyens ignorent leurs droits, ne savent pas vers qui se tourner en cas de litige, et renoncent à toute démarche. Il faut multiplier les guichets d'accompagnement, former des conseillers spécialisés, et favoriser la présence d'associations de défense des usagers de la santé.

La création d'une agence de régulation du système sanitaire représenterait un tournant décisif. Cette agence pourrait garantir la qualité des soins, certifier les établissements, gérer les plaintes, coordonner les politiques sanitaires, et assurer une régulation cohérente du secteur. Elle constituerait un pilier de la justice médicale, en amont des juridictions.

Cette justice médicale rénovée doit être vue non pas comme un instrument de sanction, mais comme un levier d'amélioration de la qualité des soins. Lorsqu'un patient obtient réparation, c'est tout le système qui se réforme, en tirant les leçons des erreurs passées pour mieux prévenir les suivantes. En outre, la justice médicale est un facteur de confiance. Un système qui sait réparer ses fautes, reconnaître les torts et garantir les droits inspire le respect, protège les soignants et rassure les patients. Elle renforce le lien social, au lieu de l'éroder.

Elle est aussi un indicateur de développement. Aucun pays ne peut prétendre à une couverture sanitaire universelle sans garantir à ses citoyens des voies de recours efficaces et équitables en cas de manquement. La justice médicale est ainsi un pilier de la bonne gouvernance en santé. Dans cette optique, le Congo gagnerait à inscrire la réforme de la justice médicale dans une stratégie plus large de réforme du système de santé. Elle doit aller de pair avec le renforcement des infrastructures, la revalorisation des carrières médicales, et la lutte contre les inégalités d'accès aux soins.

Les défis sont nombreux, mais les opportunités le sont tout autant. L'expérience d'autres pays africains et les recommandations des institutions internationales peuvent guider le Congo dans cette démarche ambitieuse et nécessaire. Il faut souligner que la justice médicale ne peut être pensée uniquement par les juristes ou les médecins. Elle doit être construite de manière participative, en impliquant les patients, les familles, les citoyens, les organisations de la société civile. C'est dans ce dialogue démocratique que pourra émerger une justice véritablement humaine et adaptée.

En somme, la justice médicale au Congo est à la croisée des chemins. Entre immobilisme et réforme, entre défiance et confiance retrouvée, elle appelle une volonté politique forte, des choix courageux et une mobilisation collective. C'est à ce prix qu'elle pourra remplir sa mission : protéger les droits, prévenir les fautes, et garantir une santé de qualité pour tous.

INDEX ALPHABETIQUE

Les index renvoient aux numéros des pages

TABLEAU DES ABREVIATIONS

ACE : Analyse Coût-Efficacité

ADR : Alternative Dispute Resolution

AMC : Acte Médical Controversé

AME : Aide Médicale d'État

ANAQ-Sup : Agence Nationale d'Assurance Qualité dans l'Enseignement Supérieur

ANRS : Agence Nationale de Recherches sur le Sida et les hépatites

ANSM : Agence Nationale de Sécurité du Médicament

ARS : Agence Régionale de Santé

ASF : Association des Soins et de la Formation

CDOM : Conseil Départemental de l'Ordre des Médecins

CEM : Comité d'Éthique Médicale

CHU : Centre Hospitalier Universitaire

CIRDH : Centre International de Recherche et de Documentation sur les Droits de l'Homme

CLIN : Comité de Lutte contre les Infections Nosocomiales

CNAM : Caisse Nationale d'Assurance Maladie

CNOM : Conseil National de l'Ordre des Médecins

CNDH : Commission Nationale des Droits de l'Homme

COBES : Community-Based Education and Services

COGESSA : Comité de Gestion du Secteur de la Santé

CPP : Comité de Protection des Personnes

CRDS : Contribution au Remboursement de la Dette Sociale

CSU : Couverture Sanitaire Universelle

DGAS : Direction Générale des Affaires Sanitaires

DMP : Dossier Médical Partagé

DPE : Dossier Patient Électronique

DRENA : Direction Régionale de l'Éducation Nationale et de l'Alphabétisation

EIG : Événement Indésirable Grave

EMA : European Medicines Agency

ENSP : École Nationale de Santé Publique

ESM : Éthique et Sécurité Médicale

HAS : Haute Autorité de Santé

HGD : Hôpital Général de District

INSP : Institut National de Santé Publique

IRSP : Institut Régional de Santé Publique

JCM : Justice Civile Medicale

JPM : Justice Penale Medicale

JAM : Justice Administrative Medicale

JSM : Justice Sociale Medicale

JCM : Justice Constitutionnelle

MARES : Modes Alternatifs de Règlement des litiges en Santé

MEF : Ministère de l'Économie et des Finances

MINSANTE : Ministère de la Santé

MJGS : Ministère de la Justice et des Garde des Sceaux

MP : Médiation Pénale

NGO : Non-Governmental Organization

OCDS : Observatoire Congolais des Droits en Santé

OCGS : Observatoire Congolais de la Gouvernance Sanitaire

OCM : Observatoire des Contentieux Médicaux

ODP : Offre de Droit et de Protection

OMD : Objectifs du Millénaire pour le Développement

ONDAM : Objectif National de Dépenses d'Assurance Maladie

ONG : Organisation Non Gouvernementale

OPP : Organisation de Protection des Patients

OSM : Observatoire de la Santé Mentale

PCU : Programme de Couverture Universelle

PDS : Permanence des Soins

PFV : Plateforme de Veille

PHC : Primary Health Care

PMS : Professionnels de Santé

PNS : Plan National de Santé

RA : Réseau d'Alerte

REME : Réseau d'Experts Médicaux Éthiques

RIP : Réparation des Injustices Médicales

RPV : Réseau de Plaidoyer pour les Victimes

SAMU : Service d'Aide Médicale Urgente

SFSS : Système de Financement du Soin de Santé

SPF : Santé Publique France

TGI : Tribunal de Grande Instance

UGS : Unité de Gestion Sanitaire

UNHCHR : United Nations High Commissioner for Human Rights

URPS : Union Régionale des Professionnels de Santé

USAID : United States Agency for International Development

WHO : World Health Organization (OMS)

BIBLIOGRAPHIE GENERALE

I. Ouvrages et manuels généraux

1. Pierre Sargos, Droit de la responsabilité médicale, Dalloz, 2020.

2. Jean-Marie Auby, Introduction au droit de la santé, LGDJ, 2018.

3. Jean-Louis Lortat-Jacob, Justice et médecine : un couple en crise, Éditions Odile Jacob, 2016.

4. Philippe Pierre, La médecine face au droit, PUF, 2019.

5. Hélène Gaumont-Prat, La responsabilité médicale, LexisNexis, 2021.

6. Alain-Sébastien Falaize, Les droits du patient : entre légalité et éthique, L'Harmattan, 2020.

II. Textes juridiques et instruments internationaux

1. Constitution de la République du Congo (version en vigueur).

2. Codes de procédures civiles, commerciales, administratives et financières.

3. Code de procédure Penale.

4. Code pénal.

5. Code de la santé publique (France), pour les références comparatives.

6. Loi n°003/2001 du 10 juillet 2001 portant organisation de la santé publique en République du Congo.

7. Loi n°003/2018 du 11 mars 2018 relative à la protection des personnes malades.

8. Déclaration universelle sur la bioéthique et les droits de l'homme, UNESCO, 2005.

9. Convention d'Oviedo, Conseil de l'Europe, 1997.

10. Charte africaine des droits de l'homme et des peuples, Union africaine, 1981.

11. Pacte international relatif aux droits économiques, sociaux et culturels, ONU, 1966.

III. Articles scientifiques et rapports spécialisés

1. OMS, Renforcer les systèmes de santé : stratégie mondiale 2030, Genève, 2020.

2. Banque Mondiale, La santé en Afrique subsaharienne : perspectives et défis, Rapport 2021.

3. OCDS (Observatoire Congolais des Droits en Santé), Rapport annuel sur les litiges médicaux et droits des patients au Congo, Brazzaville, 2024.

4. CNDH Congo, Rapport sur les droits à la santé et les plaintes enregistrées, 2023.

5. CNOM France, Éthique et responsabilité professionnelle, rapport annuel 2022.

IV. Sources juridiques congolaises utiles

1. Recueil des décisions de la Cour suprême de la République du Congo (sections administrative et judiciaire).

2. Jurisprudence des tribunaux de grande instance de Brazzaville, Pointe-Noire, Dolisie.

3. Travaux parlementaires sur les réformes sanitaires et l'assurance maladie.

V. Outils complémentaires et guides pratiques

1. HAS (Haute Autorité de Santé), Guide pour la gestion des événements indésirables graves, 2020.

2. CNAM Congo, Guide du patient assuré et mécanismes de recours, 2022.

3. Ministère congolais de la santé, Plan national de développement sanitaire 2021-2025.

TABLE DES MATIERES

Structures éditoriales du groupe L'Harmattan

L'Harmattan Italie
Via degli Artisti, 15
10124 Torino
harmattan.italia@gmail.com

L'Harmattan Hongrie
Kossuth l. u. 14-16.
1053 Budapest
harmattan@harmattan.hu

L'Harmattan Sénégal
10 VDN SICAP AMITIE 3
BP 45034 Dakar-Fann
direction@senharmattan.com

L'Harmattan Cameroun
Tsinga/Derrière polyclinique FECAFOOT
BP 11486 Yaoundé
Jacques.koukam@harmattan.fr

L'Harmattan Burkina Faso
Villa 281, secteur 23 623, rue 14.32
Ouagadougou
zagbie@outlook.fr

L'Harmattan Guinée
Almamya, rue KA 028 OKB Agency
BP 3470 Conakry
harmattanguinee@yahoo.fr

L'Harmattan RDC
185, avenue Nyangwe
Commune de Lingwala – Kinshasa
matangilamusadila@yahoo.fr

L'Harmattan Congo
219, avenue Nelson Mandela
BP 2874 Brazzaville
deunovmikhael@gmail.com

L'Harmattan Mali
Immeuble Mgr Jean Marie Cissé
Aci Hamadallaye
BP 145 Bamako
syllaka@yahoo.fr

L'Harmattan Togo
Djidjole – Maison Amela
face EPP BATOME
02 BP 20680 Lomé
didieramela11@gmail.com

L'Harmattan Côte d'Ivoire
Résidence Karl – Cité des Arts
Abidjan-Cocody
03 BP 1588 Abidjan
harmattan.ivoire@gmail.com

L'Harmattan Bénin
Rue 604, (Immeuble à l'entrée
de la rue UCAO- Cite de Saint-Jean)
Cotonou
stepcorpus@gmail.com

Nos librairies en France

Librairie internationale
16, rue des Écoles
75005 Paris
librairie.internationale@harmattan.fr
01 40 46 79 11
www.librairieharmattan.com

Librairie des savoirs
21, rue des Écoles
75005 Paris
librairie.sh@harmattan.fr
01 46 34 13 71
www.librairieharmattansh.com

www.ingramcontent.com/pod-product-compliance
Lightning Source LLC
LaVergne TN
LVHW011448061026
849535LV00004BA/1007